Minerva Shobo Librairie

新・国際平和論

対峙する理性とヘゲモニー

福富満久

[編著]

ミネルヴァ書房

はじめに

　米ソ冷戦終結以降，世界はフランシス・フクヤマが述べたように「歴史の終わり」，すなわち，世界に民主主義が広がることによって，それまでのような戦争や革命など大きな出来事はもはや過去のものとなるかに思われた。だが，ほどなくして，湾岸戦争が勃発，ユーゴスラビアやソマリアでも紛争が起き，2001年にはアルカイダが関与した米同時多発テロ事件が発生，2014年以降になるとイスラム国（IS）による大規模テロ事件が頻発した。世界的な貧困の改善はいっこうに進まず，2020年以降，新型ウイルス感染症COVID-19の世界的流行は，貧しい国により大きな影響を及ぼし，先進国と呼ばれる国家もまた，富の二極化とそれに伴う市民間の軋轢と暴力に苦しむことになった。

　冷戦終結から30年，冷戦に敗北したロシアがウクライナに突如侵攻し，今，500万人を超える難民が西側諸国に押し寄せている。ロシアによるウクライナ侵攻によって，「リベラル民主主義」が主導してきた「東西融和」の時代は終わりを告げたように見える。国際社会を率いてきた自由主義国家も，国連機関も解決の糸口さえ見つけることができずにいる。

　西側諸国は，ウクライナを独裁者の手に落ちることになすすべなく，市民を見殺しにすることになればその代償は大きい。ロシアがウクライナ支配の既成事実化に成功すれば，大国の小国略奪は今後も許される秩序なき弱肉強食の時代の幕開けとなるだろう。さらに目線を先に向ければ，「アラブの春」以降多くの難民が欧州諸国へ押し寄せ，外国人排斥運動により多くの諸国で極右・極左が台頭したように，左右のポピュリズムが欧州諸国を再び襲うことになるだろう。

　戦争がもはや政治の最終手段ではなく，ひとつの政治手段にまで下りてきた現代を理解することがこれほどまでに重要になっている時代はない。国際政治システム＝ウェストファリア体制が1648年に確立されて以降，国家主権や内政

不干渉の原則が国際政治の根幹を成してきた時代から，暴力がいとも簡単に国境を越える「新しい時代」に入ったことを，私たちは自覚する必要がある。

　本書は，激動するこの世界でどのような考えが平和に資するのか，近年の時代的要請に応えるべく，企画・編纂されたものである。先に述べた諸問題について解決策はあるのか，なければ何が問題なのか，どのような国際政治システムが必要とされているのか，現代世界を生きる上で，必須となるさまざまな思考・理論・実践を論じていきたい。

　世界は今やボーダレスな内戦状態にある，とはアントニオ・ネグリとマイケル・ハートの言葉だが，人類は，武力紛争のみならず，独裁国家による人権弾圧，貧富格差と低開発問題，ネオリベラリズム（新自由主義）による経済の不安定化や石油などの資源収奪による歪み，感染症の世界的蔓延等によるグローバルな「内戦状態」から脱却し秩序ある未来を構築していくことが，より一層求められている。

　本書では，こうした問題意識から，国際政治学と国際法学を基礎に，国際戦略学，地政学，法学，経済学，など隣接諸学を融合しながら，諸問題を学際的・包括的に理解し解決のためのフレームワークを構築・提示していきたい。

　そのため本書では，平和に関する事象を歴史的な視点で理解を深めていくという一般的なアプローチをとっていない。その代り冷戦以降に焦点を絞り，人間（Individual）を中心に置き，この世界を上から押さえつけている力（Power）・覇権（Hegemony）と，下から国際社会とその営みを支えている理性（Reason）・法（Law）の両面から諸問題にアプローチしていく。これにより現代を取り巻く諸問題全体についてあらゆる分析視角から検討し，現実的な解決策を探っていくことが可能となろう。

　序章第1講では，国際政治の基礎となる部分である「力と覇権」について，その形成と循環を中心に議論を進めてゆく。

　序章第2講では，国際社会の礎となる「理性と法」について，国際法を総論的に論じた上で，今日の国際社会が国連憲章に基づく「国連憲章体制」と捉えられることを明らかにする。

本書の構成イメージ

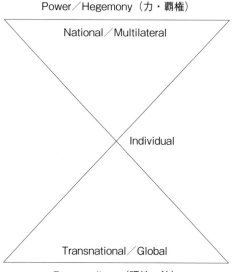

Power／Hegemony（力・覇権）

National／Multilateral

Individual

Transnational／Global

Reason／Law（理性・法）

　第Ⅰ部ナショナル／マルチラテラル　National/Multilateral では，具体的に力と覇権に親和性のある国家，多国間に関する問題を取り上げる。

　第1章では，ディプロマシー（Diplomacy）を取り上げ，伝統的外交と戦争，そして戦争の理論化について，国際政治学を代表する現実主義，理想主義，構造主義の3つの側面からアプローチする。

　第2章では，ユニラテラル・インターベンション（Unilateral Intervention）を取り上げる。本章では，一国の他国に対する一方的な干渉が軍事力を伴う場合，軍事干渉国が法的な正当化を主張してきたことを踏まえ，それぞれの法的根拠ごとに検討する。具体的には，冷戦期の主要な事例に加えて，コソボ空爆，米国同時多発テロ事件，「イスラム国」に対する武力行使，ウクライナ侵攻などにも言及する。

　第3章では，グローバル・ガバナンス（Global governance）を取り上げる。破綻した（あるいは今にも破綻しそうな）秩序では，どのような制度構築が望ましいのだろうか。規範を重視するコンストラクティビズムを中心にレジーム論，小国論について論じていく。ここでは，ウクライナ危機やユーラシア（旧ソ連

圏）のレジーム形成まで考察する。

　第4章では，デモクラシー（Democracy）について考える。2011年中東民主化運動「アラブの春」以降，内戦や飢餓が広まり，民主主義の価値が再考されている。民主化後に紛争化してしまった社会には強いリーダーによる権威主義型の統治の方が望ましいとする見方もある。「多元性」という観点から民主主義と権威主義の違いについて論じ，政教関係や今日のポピュリズム現象など，幅広く議論していきたい。

　第Ⅱ部インディビジュアル　Individualでは国際社会の核心である人間への視座を中心に議論する。

　第5章では，法とヒューマニティ（Law and Humanity）について，人間の安全保障を念頭に，ジェンダーと法，宗教と人間の開発，法制度と平和構築について包括的に論じる。

　第6章では，テロリズム（Terrorism）について，パルチザンの理論，国家権力に対する抵抗と逸脱，抵抗運動，麻薬戦争，9.11米同時多発テロ，03年米英によるイラク・アフガニスタン侵攻後のアルカイダ，イスラム国（IS）に至るまで，その本質と問題を包括的に理解する。テロの定義は一般に，広く恐怖・不安を抱かせることによりその目的を達成することを意図して行われる政治上その他の主義主張に基づく暴力主義的破壊活動と理解されている。暴力を解剖しそれへの処方箋について議論する。

　第7章では，コーペレーション（Cooperation）について，平和構築の視座から，援助機関や国際機関と人間社会の連携に焦点を当てる。世銀やIMFの活動，UNHCRなどの難民支援活動，PKOの活動や役割について論じる。国際公共財と新たなる概念「グローカル公共財」についても取り扱う。

　第8章では，アイデンティティ／ナショナリズム（Identity and Nationalism）について論じる。権力は，神から国家へ移譲され，主権概念とともに境界線が創られることになった。国境の現出とともに民族が生まれ，ナショナリズムが勃興することになる。アイデンティティとは何か，現代にいたるポピュリズムや極右・極左政党の問題まで過去と現在を行き来して深堀りする。

　第Ⅲ部トランスナショナル／グローバル　Transnational/Globalでは，トラ

ンスナショナル及びグローバルな問題を扱う。

　第9章では，オペレーション（Operation）をテーマに，主に国連憲章に基づく集団的な軍事行動について論じる。多国籍軍に介入を許可した湾岸戦争，リビアの事例，国連 PKO に許可した多数の事例について議論する。国際社会で最も重要なテーマのひとつ，国際社会はどのように紛争中の社会に手を差し伸べることができるのかについて，保護する責任などにも触れながら考察する。

　第10章では，エコノミー（Economy）の視点から資本主義モデルを中心にそのアイデンティティ・クライシスと経済の力について，包括的に議論する。COVID-19による地球規模の感染症拡大とその対処をめぐる諸問題を巨視的パースペクティブから議論する。

　第11章では，エマージング・カントリー／リージョン（Emerging country/region）について，アフリカに位置するスーダン，アジアに位置するミャンマーを中心に，新興国特有の問題を論じる。資源紛争，武器流入，難民，汚職，失業など，さまざまな要因が絡みつき，これら国や地域が貧困や政情不安から抜け出せない様を提示する。AU や ASEAN がどのように諸問題に取り組んでいるのかを考察し，新興国の未来について分析する。

　第12章では，コネクティビティ（Connectivity）について，ソーシャルネットワークでつながる個人と国家，AI と社会，企業活動などを中心に，人類が直面している現代世界の諸問題を細かく分析していく。デジタル世界がどのように発展するのか，人間世界は果たして支配されていくのか，についても考えを提示する。

　終章は，サステナビリティ（Sustainability）について考える。SDGs，環境，地球，資源，海洋，大気から未来の地球市民のかたち，難民や人権のありよう，地球の未来について提示して，本論を終えるとしたい。

　本書は，「国際平和論」のテキストとして大学で用いられることを念頭において編集されたものである。だが，大学院で国際政治を学びたいと考えている者や国際関係に従事する社会人の方々の要求に耐えられるだけの質についても十分に確保していると自負している。

自主学習を進めていく場合，力と覇権の第Ⅰ部から，あるいは人間への視座を中心とする第Ⅱ部から，というように，それぞれの関心に沿って頁を進めることも可能である。章末には，理解を深めるための読書案内と演習問題を3題ずつ付してある。社会科学は数学のように絶対的な正解はない。本論を手がかりにしてゼミナールや授業で議論を深めてもらえれば幸甚である。各章末の引用・参考文献は，第一級の最新の文献，外国語文献，日本語論文を挙げているので役立てていただきたい。

　また，「国際平和」について考えてみたいという方々に本書が見出される幸運に恵まれることがあれば，そして，日常の時間を止めて立ち止まって考えていただけるきっかけになれば欣幸の至りである。

　本書の執筆陣は，編著者の研究室に所属する（した）我が国及びジョージア出身の気鋭の若手研究者，国際関係・国際平和の最前線で活躍するコンサルタント・実務家・外交官，そして我が国及び英国出身の研究・学術の根幹を代表する学究者で構成されている。本書を完成することができたのも一重に，この強力な執筆陣の惜しみない協力を得ることができたからである。編集を代表する者として執筆者の方々にこの場をお借りして厚くお礼申し上げたい。

　本書は，企画から完成まで，ミネルヴァ書房の本田康広氏にその多くを負っている。最後にここに深く感謝の意を記したい。

2023年9月

福 富 満 久

新・国際平和論
対峙する理性とヘゲモニー

目　次

第2章　法は一方的な武力行使をどのように規制するのか　　阿部達也
　　　　Unilateral Intervention　　　　　　　　　　　　………55

第3章　国際制度，ガバナンスと小国　　トルニケ・スレセリ…………70
　　　　Global governance

序　章 第1講	Power/Hegemony 力と覇権，そして国際平和

Autoritas non veritas facit legem　　Thomas Hobbes

真理ではなく権威が法をつくる　　　　トーマス・ホッブス

瞞天過海（天を瞞きて，海を過る）　　古代中国『兵法三十六計』の第一計

　国内社会であれ，国際社会であれ，どんな政治社会も，人々がある一定の行動ルールに従わない限り存在することはできない。これはE・H・カーの言葉だが，これは究極の問いに突き当たる。すなわち，人間はなぜ法に従うのか，ということと，なぜ法は拘束力を持つとされるのか，という問題である。

　条約が拘束力を持つのかどうか，持つのであればいかなる理由によるのか。この問いかけに対する法的な答えは，条約は国際法上拘束力を持っていること，国際法の中に条約は守られなければならないという原則が含まれているということになる。この法の究極の権威という問題は，国際平和を考えるにあたって重要なテーマとなる。国際平和を考える舞台となる国際政治は，力と覇権，理性と規範がぶつかり合う場だからである。

　倫理と結びつけてものを考えるユートピアンと，権力と結びつけてものを考えるリアリストでは考え方が異なる。法学研究者の間では，ユートピアンは，一般に「自然主義者」として知られており，彼らは自然法の中に法の権威を見出す。一方，リアリストは「実証主義者」として知られており，彼らは国家意思の中に法の権威を見るのである（カー，2011：330-331）。

　法に関する自然主義者の見解は，かなり長い歴史をその背後に有している。自然法（Natural law）とは，特定の社会や国家の枠を超えて，理性によって作られた法の概念のことである。原始共同体においては，法は宗教と固く結びついており，神ないしは神によって指名された立法者から生み出されていた。ギ

リシャの世俗文明は法と宗教を切り離したが，法と道義を分離することはなかった。

　だがローマ帝国がキリスト教を受容したことによって，神の権威は復活し，ルネサンスになって自然法が非神学的倫理基準として確立された。グロティウスや彼の後継者たちが，ルネサンス後，新しい秩序である国民国家の要請に応えるために近代国際法をつくったのは，法律はそれが地上のありとあらゆる人民を支配するかぎりにおいて，人間理性のあらわれであるとされたからである。その意味で国際法は，その生まれからして極めてユートピア的であった（カー，2011：332-333）。

1　リアリストの見解

　他方，法に関するリアリストの見解を最初に明確にしたのはホッブスである。ホッブスは法を掟，すなわち，命令であると定義した。ホッブスにして法は，倫理から完全に切り離されることになる。法は圧倒的であるかもしれないし，さもなければ不道徳であるかもしれない。だが法は「国家意思の表現」である。国家を支配する人たちは，彼らの権力に反対する人たちへの強制手段として法を用いるのである。したがってその意味で法は強者の武器となる。

　マルクスやレーニンも述べているように，あらゆる法は「不平等の法」である。法は何も不動の倫理基準を映し出してはいない。「法は，権力関係を公式化したものであり，支配階級の意思を表明したもの」だ。その意味で特定の時代における特定の国家の支配集団が展開する政策・利益を反映するものである。

　カーは言う。「そこでもし我々が，この二つの見解，すなわち反面の真理でしかない相矛盾する不十分な見解を調和させたいなら，我々はこれを法と政治との関係に求めなければならない。もし法が拘束力をもたないのなら，そもそも政治社会なるものは存在しない。なぜなら，法は，社会的枠組みの中でのみ存在することができるからである。法は抽象的観念ではない。その法が実施される社会というものが存在しなければならないのである。同じことは，国際法についても言える。最小限の共通観念の上に立って，法を拘束力のあるものと認める国際共同体が存在するのでなければ，そもそも国際法というものは成り

立たない。国際法は，諸国家からなる政治共同体の一つの機能である」(カー，2011：337-342)。

　カーは，国際法の弱点は，何か技術的な欠陥によるものではなく，国際法の機能する共同体が未成熟であることに原因があると述べる。国際道義が国内道義よりも脆弱であるのと同様に，国際法が高度に組織化された現代国家の国内法よりもその内容において脆弱であるのは，国際法が法の他の分野よりももっとあからさまに政治化されるからである。

2　国際政治の5つの仮定

　だが，共同体が未成熟である，というカーの評価は妥当ではない。ネオリアリズムの大家ジョン・ミアシャイマーが指摘するように，国家がお互いに攻撃的なふるまいになってしまう以下の正当な理由があるからである。国際社会にはまず①中央権威が存在しない。②どの国家も軍事力を持っている。③国家は他の国家の今後の行動について確証を持つことができない。

　ミアシャイマーはそこから次の5つの仮定を提示する。①国際システムはアナーキーである。②大国は攻撃的軍事力を保有している。③諸国家は，それぞれの国が何をしようとしているか正確には把握できない。④大国の最重要課題は生き残りである。⑤大国は状況を把握して合理的に行動する。この5つの仮定から国家はアナーキーという国際システムの中で，自国の存続を第一使命として，パワーの最大化を図る。その時，大国が最も望むのは，「覇権国」になり，地理的に地続きの地域を支配することだ（「第1章4　リアリズム——支配的なパラダイム」も参照）。

　したがって覇権国となった国家は，万一，他の地域に潜在的覇権国が出現した場合，その国が覇権国になるのを阻止することが最大の課題となる。なぜなら，同じような地位に到達する国の出現を妨げなければ，自らが指導的地位から下りなければならなくなるからである。

　では，法は政治に対してより道義的・倫理的だろうか。実際，法は政治よりも道義的である，という一般的にもたれている幻想の誤りを見つけることは難しいことではない。カーが古い事例を引いて言うように，1871年（普仏戦争1870

3

–71年）のドイツによるフランス領土の併合（アルザス地方とロレーヌ地方の一部）と，1919年の連合国によるドイツ領土の併合は，道義的であったかもしれないし道義にもとるものであったかもしれない。近年の事例で言えば，イラクへの米英による2003年の侵攻とその後のイラク占領もしかりである。しかし，カーによれば，こうした併合や介入は，国際法上有効であるという事実のゆえに道義的なのだ，というわけではなく，その法律が「ある集団の人びとによって望ましいとされる目的をつねに果たそうとする」なら，その法律の倫理的性格は明らかにその目的によって決められるのである（カー，2011：343-344）。

3　正義とは何か　平和とは何か

　だが，この含意にも2つの問題がある。ひとつは，現代の国際政治が「望ましいとされる目的をつねに果たそうとする」意志がぶつかる場であるのであれば，一体，どの目的遂行者が正しい行動をとっているのか，誰が判断するのか，それをどうやって判断するのか，基準はどこにあるのか，必ずしも明らかでないことである。

　2022年2月，突如ウクライナで発生したロシアによる侵攻は，ロシアにとって望ましいとされる目的の遂行である。絶対的裁定者がいない国際社会の中で誰がこの行為を悪と判断し，罰するのだろうか。ロシアは経済制裁を課せられてはいるが，どの国からも軍事介入など強制的行動による妨げを受けていない。拒否権を持つロシアをどの国も止めることができない現実を白日の下にさらすことになったが，現代国際政治における正義，法とはまさにここにおいて臨界点を示しているといえる。

　もうひとつの問題は，相矛盾する正義と目的を調和させることは不可能なのか，ということである。

　確かに国際政治は常に力ある国家が考える「正義」を礎にして営まれてきた。第二次世界大戦以降，米国は，ある集団，すなわち「西側の人びと」によって望ましいとされる目的を常に果たそうとしてきた。保護関税，競争的為替相場切り下げ，原料の入手制限，自給自足経済政策が第二次大戦の遠因になったとの反省から，国際貿易の自由化と経済成長，雇用促進を目的として創設された

国際通貨基金（IMF），国際復興開発銀行（世界銀行），GATT（WTO の前身）を軸とする第二次大戦後の国際経済体制を築いた。

　他方でソ連はソ連で，「共産主義」を掲げ，1948年 6 月24日のベルリン封鎖，1949年の東西ドイツ分離独立によって対立は決定的となった。米国は，1949年 9 月に発足した北大西洋条約機構（NATO）で集団安全保障を確立してソ連の影響力を封じることを目指した[1]。それは欧州政治には関与しないとしてきた米国の伝統的な外交政策，モンロー主義の完全な転換を意味した。米国はより良い生活を保障するために莫大な資金を注入し，ソ連率いる社会主義圏に対する自由主義圏を築くために欧州復興計画（通称マーシャル・プラン）を推進して，欧州16ヵ国に軍事・経済的援助を行った。

　一方，ソ連は1955年に NATO に対する軍事的対抗措置としてポーランド・東ドイツ・チェコスロバキア・ハンガリー・ブルガリア・ルーマニア・アルバニアなど東欧の社会主義諸国とワルシャワ条約機構を結成した。

　カール・シュミットは，実力行使が伴ったこうした規範的正当化が，いわゆる「正戦」となるのだと喝破する。そして，これまでの歴史において，国際法共同体を構成してきた正統性原理に関して，19世紀まで機能していた勢力均衡や，その競合原理であった「自然国境」論，さらに19世紀以降の「国民性原理」など，国際法上の「正常」とされる状態は，すべて勝者の原理によるものだったと非難する（大竹，2009：110）。

　民主主義に立脚した立憲民主制国家であれば，いかなる国際法上のコントロールを必要とせず，その民主制国家から見て後進的で未発達の諸国民や諸民族は，西欧列強による管理と庇護を受けなければならない（Schmitt, 1939）。一方，真の敵と認められない者たちは，法の埒外において，民主主義国家の自由──すなわち植民地や委任管理地──になったのである。

　できあがった勝者による国際秩序の中で，武力行動は，正しい側にとっては，単に法の実現，執行，制裁，国際司法もしくは警察となる。「敵」はもはや敵ですらなくなり，法的フィクションの中で，ただただ捕らえられ処罰されるだけの「犯罪者」になる。

　米国は，キューバ，イラン，ニカラグア，その他数えきれない国に，直接的・

間接的なさまざまな手立てで国内政治に介入し，ベトナムやアフガニスタン，イラクには兵を送り，指導者を殺害あるいは捕らえ，関係のない市民を長い戦争に巻き込んできた。

2021年8月，米軍がアフガニスタンから撤退し，イスラム原理主義タリバン政権が誕生して世界が落胆したが，バイデン大統領は，20年に及ぶ戦争を終結させ，「米国は，今後，中国やロシアといった敵対国と相対するための外交と国際協調に重きを置く」として軍の撤退を正当化した。だが，米国は40年前からこの国で自らの「国益」のために戦争をしていたのだった。[(2)]

2003年に米国と英国による侵攻でイラクのサダム・フセイン政権が崩壊したのも，言い分が認められる「敵」ではなく，処罰されるための「犯罪者」だったからである。

4　中国の台頭とGゼロ

以上で見てきたように，権力にはそれが秩序維持のためなのか，暴力なのかという二面性が常につきまとう。

国際政治のリスク分析を専門とするコンサルティング会社，ユーラシア・グループの代表イアン・ブレマーは，2012年，著書『「Gゼロ後」の世界』で，国境を越えた問題について，リーダーとなる国は，多くの関係国を調整するのに必要な強い影響力を備えていなければならないが，米国はすでにこうした責任を引き受ける意思と能力を失っていると論じている。Gゼロ世界とは，まさに第二次大戦が終わって以降初めて，グローバル・リーダーシップという課題を引き受けられる国や国家連合がどこにも存在しない世界である。その予見通り，イラクやアフガニスタンから米国は撤退し，シリアのアサド政権も退陣させることはできず，ロシアによるウクライナ侵攻も野放しにしている。権威が崩壊すれば法秩序も瓦解する。

確かに世界は多国間協調主義なき多極化が進み，主要7ヵ国（G7）も20ヵ国・地域（G20）もグローバルガバナンス（統治）の仕組みを担うことができず米国主導で築き上げられてきた国際政治経済システムは有効性を失っているように見える。

　ブレマーはグローバル・リーダーシップの欠如が最大の影響を及ぼす地域は
アジアになるだろう，と予測さえしている。理由は，アジアは世界経済の未来
にとって極めて重要な地域であるが，同時に，中国が経済力を強めることでア
ジア諸国へ及ぼす影響力も強まっていくからである（Bremmer, 2012 : 29, 70-
71）。

　「覇権国」とはJ・ミアシャイマーの定義によれば，国際システムの中の全
部の国家を支配できるほど強力な国家のことを指す。中国がそれほど強力な国
家になれるとは思わないが，世界的コンサルティング大手プライスウォーター
ハウスクーパース（PWC）の予測では，2050年時点で中国のGDPは米国の約1.8
倍になり，圧倒的な経済大国として台頭していることが予測されている（**表序
-1**）。中国の習近平国家主席は「強中国夢」を掲げ，世界で唯一の超大国，つ
まり，経済的，軍事的，文化的な覇権を握るために邁進している。

　下の**図序-1**は，COW（Correlates of War v. 6.0）プロジェクトから，総合国
力指数（CINC : Composite Indicator of National Capability）と，国家間戦争（inter-state
war）の数を入れて図表化したものである。[3] CINC指数とは，国力を産出する
にあたって，国家の諸能力を「鉄鋼消費量」「エネルギー消費量」「軍事支出額」
「兵員数」「都市人口」「総人口」の6項目から割り出されたもので，それによ
れば，中国は1995年頃より，すでに米国を上回っている。[4]

　近年，その中国の動きで内外で最も注目されているのが，アジアインフラ投
資銀行（AIIB）と「一帯一路」構想だ。AIIBは，2013年の10月のAPEC首脳
会談で，習国家主席が提唱したもので2015年の設立以来，2022年9月時点で103
ヵ国・地域にまで拡大している。アジア向けの国際開発金融機関で米国主導の
IMF（国際通貨基金）や，日米主導のADB（アジア開発銀行）に対抗する意図が
ある。このAIIBの背後にあるのが，2013年に同じく習国家主席が提唱した「一
帯一路」構想だ。一帯一路は，シルクロード・ルートに沿った国々の経済統合
を加速することを目的とした長期的な大陸横断的な政策で71ヵ国（2023年3月
現在）が参加している。この親中華圏構想は，世界のGDPの3分の1以上，
世界の人口の3分の2が含まれる。一帯一路構想は，①シルクロード経済ベル
ト，②海上シルクロード，そして最近では③デジタル・シルクロードという3

表序-1　GDP PPP　順位

GDP PPP 順位	2014		2030		2050	
	国家	予想 GDP (10億米ドル)	国家	予想 GDP (10億米ドル)	国家	予想 GDP (10億米ドル)
1	中国	21269	中国	38008	中国	58499
2	米国	18562	米国	23475	インド	44128
3	インド	8721	インド	19511	米国	34102
4	日本	4932	日本	5606	インドネシア	10502
5	ドイツ	3979	インドネシア	5424	ブラジル	7540
6	ロシア	3745	ロシア	4736	ロシア	7131
7	ブラジル	3135	ドイツ	4707	メキシコ	6863
8	インドネシア	3028	ブラジル	4439	日本	6779
9	英国	2788	メキシコ	3661	ドイツ	6138
10	フランス	2737	英国	3638	英国	5369
11	メキシコ	2307	フランス	3377	トルコ	5184
12	イタリア	2221	トルコ	2996	フランス	4705
13	韓国	1929	サウジアラビア	2755	サウジアラビア	4694
14	トルコ	1906	韓国	2651	ナイジェリア	4348
15	サウジアラビア	1731	イタリア	2541	エジプト	4333
16	スペイン	1690	イラン	2354	パキスタン	4236
17	カナダ	1674	スペイン	2159	イラン	3900
18	イラン	1459	カナダ	2141	韓国	3539
19	オーストラリア	1189	エジプト	2049	フィリピン	3334
20	タイ	1161	パキスタン	1868	ヴェトナム	3176
21	エジプト	1105	ナイジェリア	1794	イタリア	3115
22	ナイジェリア	1089	タイ	1732	カナダ	3100
23	ポーランド	1052	オーストラリア	1663	バングラデシュ	3064
24	パキスタン	988	フィリピン	1615	マレーシア	2815
25	アルゼンチン	879	マレーシア	1506	タイ	2782
26	オランダ	866	ポーランド	1505	スペイン	2732
27	マレーシア	864	アルゼンチン	1342	南アフリカ	2570
28	フィリピン	802	バングラデシュ	1324	オーストラリア	2564
29	南アフリカ	736	ヴェトナム	1303	アルゼンチン	2365
30	コロンビア	690	南アフリカ	1148	ポーランド	2103
31	バングラデシュ	628	コロンビア	1111	コロンビア	2074
32	ヴェトナム	595	オランダ	1080	オランダ	1496

注：予想 GDP は PPP（購買力平価），2014年ベース
（出所）PWC The World in 2050 February 2017

つの柱からなる。

　現在パイプライン，道路，鉄道，港湾，5Gを含むデジタル・ネットワーク，及び多数の産業投資の促進を含む多くのインフラストラクチャ・プロジェクト

図序-1 総合国力指数・国家間戦争数

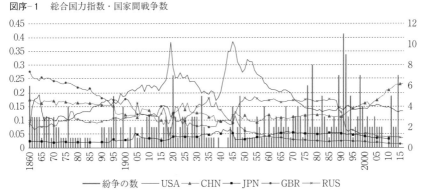

（出所）COW（Correlates of War v. 6.0）プロジェクト

が進行中だ。AIIBと「一帯一路」構想は，石油と資源を狙った中華経済圏構想でもある。中国は，2017年から世界1位の石油輸入国である。親中華圏構想は，**図序-2**で見ても分かる通り，内陸部の国々からも石油を輸入するための戦略である。原油を買うということは元で払うということになる。中国政府は，同時にペトロユアン（石油支払いの中国元）のプレゼンスを高めたいという狙いが背後にある。[5]

　軍事面においても，習近平中国国家主席は2022年10月，自らの任期制限2期10年を撤廃し，3期目に入った。2012年11月，総書記就任後の初めての演説の中で，「中国の夢」を実現するため，常に物質的及び文化的基盤を強化していかなければならないと述べたが，「中国の夢」「強軍の夢」の実現の途上にある。

　ストックホルム国際平和研究所（SIPRI）によると，2021年の中国の防衛予算はおよそ2,520億ドルで，米国の予算7,780億ドル半分に満たない（**表序-2**）。だが世界第2位の軍事予算規模であり，人員は230万人に及ぶ世界屈指の軍隊を持つ。中国はミサイル技術，核兵器，人工知能（AI）といった分野に力を入れており，大気圏内を飛行する極超音速滑空ミサイルや軍用のロボットやミサイル誘導システム，無人航空機，無人艦艇などの開発を行っているとの調査結果や，中国は大規模なサイバー作戦を実施しているという専門家の分析もある。[6]

　図序-2にあるのは，第1，第2，第3列島線だが，中国の軍事戦略上の概念のことであり，戦力展開の目標ラインであり，接近阻止・領域拒否（Anti-Ac-

表序-2　世界上位15ヵ国の軍事費

順位 2020	順位 2019	国家	軍事費 2021年 (10億ドル)	変化 2019-20 (%)	GDP に占める割合（%）2020	GDP に占める割合（%）2011	世界シェア（%）2020
1	1	米国	778.0	4.4	3.7	4.8	39
2	2	中国	[252.0]	1.9	[1.7]	[1.7]	[13]
3	3	インド	72.9	2.1	2.9	2.7	3.7
4	4	ロシア	61.7	2.5	4.3	3.4	3.1
5	6	英国	59.2	2.9	2.2	2.5	3.0
6	5	サウジアラビア	[57.5]	−10	[8.4]	[7.2]	[2.9]
7	9	ドイツ	52.8	5.2	1.4	1.2	2.7
8	7	フランス	52.7	2.9	2.1	1.9	2.7
9	9	日本	49.1	1.2	1.0	1.0	2.5
10	10	韓国	45.7	4.9	2.8	2.5	2.3
11	11	イタリア	28.9	7.5	1.6	1.5	1.5
12	12	オーストラリア	27.5	5.9	2.1	1.8	1.4
13	14	カナダ	22.8	2.9	1.4	1.2	1.1
14	16	イスラエル	21.7	2.7	5.6	5.8	1.1
15	13	ブラジル	19.7	−3.1	1.4	1.4	1.0
計			1603				
全世界計			1981	2.6	2.4	2.4	100

（出所）SIPRI Fact Sheet April 2021 から筆者作成　[　] は，SIPRI 推計

cess / Area Denial, A2/AD）を念頭に置いた対米防衛線でもあるが，中国は今後，アジアで覇権国としての存在感をさらに高めていくと考えられる[7]。

5　二極構造の世界

　ところで，中国が台頭する世界は，悲観しなければならないものだろうか。ネオリアリズムの代表的な国際政治学者ケネス・ウォルツは，国際政治では，多極構造下では，第一次大戦や第二次大戦の歴史が明らかにしたように極になる国家が少なければ少ないほど安定し，勢力均衡のジレンマは，二極システム（bipolar-system）で最小になると主張した（Waltz, 2010 : 220-227）。二極世界にお

図序-2　第1，第2，第3列島線と一帯一路構想

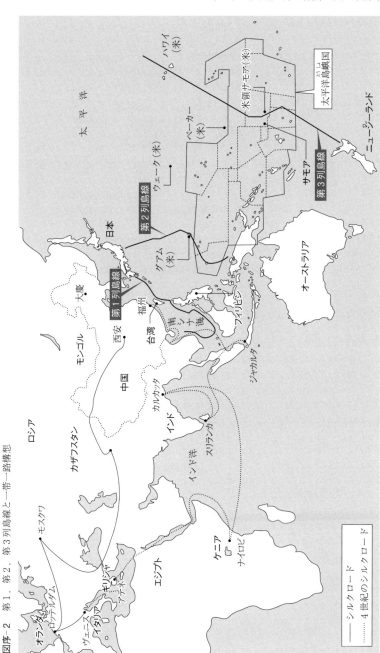

（出所）Xinhua（Silk Road Routes）U. S. Department of Defence, Guardian, Transneft（pipelines）：United Nations（rail entry points）をもとに筆者作成

図序-3　米・中を軸とする世界の未来

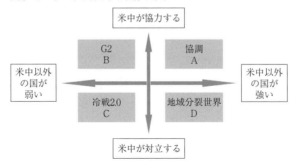

（出所）Bremmer, Ian（2012）*Every Nation for Itself : Winner and Losers in a G-Zero World*, Portfolio Penguin, p. 157., 邦訳『「G ゼロ」後の世界』197頁に加筆

いては，ソ連と米国は，軍事的に同盟国の能力に頼ったわけでなく，自らの能力に主に頼っていた。つまり，不確実性と誤算は，国家を適度に警戒させたり，平和の機会を増やしたりするだけでなく最悪の場合戦争の原因となる。しかし，二極システムであれば不確実性は少なく，計算は容易であることから，二分された権力構造の中で国家行動は制約され，秩序化された行動が構造の安定性を高めると説明するのである。

　実際，ミアシャイマーも冷戦期間中が軍人の死者数が少ない時代だということを明らかにして，この二極構造の理論的整合性を強化している（Mearsheimer, 2001 : 357 ; 2007 : 458）。

　図序-3では，A＞B＞D＞C という順に平和に近づくように見えるが，ネオリアリズムの理論から見ると，B＞C＞A＞D という順になる。右側の第１象限と第４象限は米中以外の国も力を有する多極世界であるため，実は極めて不安定な体制となる。むしろ逆説的だが，左側の第２象限と第４象限の方がより安全な対立構造の実現に資するのである。

　もう一度**図序-1**に戻ってみよう。ヒストグラムは国家間戦争の数を表している。定義は，国家によって組織化された武力による継続的な戦闘行為によって少なくとも1,000人以上の死者が出ているものである。

　英国と米国が覇権を分け合っていた時代，そして米国とロシアが覇権を競い

合っていた時に戦争が他の時代よりも少なかったこと，そして，冷戦終結以降，米ソによる覇権競争が終わってから国家間戦争が多く見られたことがここから分かる。実際**図序-1**の中に示されているように，国家間戦争が多くとも，戦闘による総死者数は，第二次，第一次世界大戦に比べてはるかに少ない。このことからも中国と米国が対立する世界は，直感に反して命を失う可能性が低い安定した世界を実現する可能性がある。

　より重大となる局面は，中国が米国を完全に抜き去っていく時である。近現代の国際関係について覇権循環論（hegemonic cycle theory）を唱えたジョージ・モデルスキーによると，世界のリーダーシップのサイクルは動的であり，上下する。各サイクルは，4つのフェーズで構成されている。世界大戦などによる①無秩序段階，②支配的大国の出現，③支配的大国の没落，④支配力の分散である。

　概ね16世紀以降，世界の政治・経済・軍事他覇権は欧米を中心にある特定の大国により担われ，その地位が「循環」してきた（**表序-3**）。この世界大国は16世紀のポルトガル，17世紀のオランダ，18世紀と19世紀の大英帝国，20世紀の米国といった具合に2世紀連続してその地位を務めた大英帝国を例外とし，おおよそ1世紀で交代する。その覇権に異議を唱え対抗するのはスペイン，フランス，ドイツ，ソ連といった大陸国で，決まって勝利することはない。新興大国が既存の世界大国に反旗を翻し世界の不安定性が増した際に世界戦争が起こり，そこで新興大国は敗北し先代の世界大国の側についてともに戦った国が新しい世界大国の地位を得るからである。

表序-3　覇権国の循環

覇権国	世紀	世界的戦争	挑戦国	同盟国
ポルトガル	15	1494–1516	スペイン	オランダ
オランダ	16	1580–1609	フランス	英国
英国	17	1688–1713	フランス	ロシア
英国	18	1792–1815	ドイツ	米国
米国	19	1914–1945	ソ連	NATO

（出所）Flint（2012），p. 221

　注目すべきは，モデルスキーのモデルから今後の可能性についての洞察を得

ることができるいくつかの歴史的パターンを見ることができることだ。特に，興味深いのは，次の世界のリーダーは通常，現在の世界のリーダーの挑戦者になることはない，という点である。これまでの歴史を鑑みると，むしろ，次の世界のリーダーは，覇権国との同盟国ないし連合国のひとつである。例えば，米国と英国の場合などがそうだ。ドイツは，2つの世界大戦を引き起こし，世界のリーダーとしての英国の役割に異議を唱えた。日本も同様である。挑戦者（ドイツと日本）の両方が，世界大戦の長い段階（第一次世界大戦と第二次世界大戦）で物質的な能力を使い果たしたことで，直接的に戦争で疲弊しなかった米国は，大戦後に，「卓越した世界的地位」を引き受けることができた。

　これは極めて興味深い示唆である。中国が覇権を確実にしたいのなら，米国と争ってはならない。ロシアと米国がウクライナ危機で対立しているが，中国は，米国秩序の挑戦者（ロシア）の側でなく，むしろ米国の側につく必要がある。[8]

　一方，米国は次の時代にスムーズな権力移行を望むのなら，英国がそうしたように，米国も中国と争ってはならない。

6　暗黒の未来か，輝かしい未来か

　2050年，世界はどのように変化しているだろうか。そもそもCOWプロジェクトが，ICTの技術力やドル覇権などを一切加味していないことから，その国力の測り方が十分でない，との批判もあるだろう。だが，冷戦が終結して法や制度，民主主義，人権，文化やコミュニケーションが当時よりはるかに進展した世界になったものの，私たちの世界は平和には程遠い姿を露呈させており，依然としてテロ，貧困，独裁国家，難民，暴力は常に私たちの隣にある。ICTテクノロジーの進化などCOWプロジェクトに投入すれば果たして違う世界の形が見られるだろうか。

　パリ政治学院教授で国際政治学者のベルトランド・バディは来るべき世界秩序の特徴を，大きく次の4点にまとめている。①空間・地理・境界・権威の曖昧性，②多元的な忠誠心の増大と脱国家的エリートの台頭，③欧米諸国による圧政や屈辱を歴史的に受けてきた国々の恒常的反乱（それはロシアのウクライ

ナ侵攻などにすでに見られている），④貧富の格差の拡大や環境破壊に伴う飢餓・
飢饉の蔓延（食料安全保障の世界的不安）などから，ますます覇権国の地位は切
り崩されていくことになる，としている。

　国際NGOのオックスファム（OXFAM）によれば，世界で最も裕福な26人が，
世界人口のうち所得の低い半数に当たる38億人の総資産と同額の富を握ってい
るとされているが，パンデミックによって，ワクチン開発に成功した製薬会社
や，もはや日常のインフラになっているインターネット企業，AI企業を含め
て，そのような巨大企業の影響力がますます強くなるだろう。今もすでに民間
軍事会社が活動しているが，国家に代わって企業が戦争を始める時代になるか
もしれない。だが，その一方で国家はその特権——殺傷能力，法制定能力，そ
れと関連するが強制的徴税能力——を強化していくだろう。市民に対する監視
能力もより一層強化していくことだろう。

　本書では，ここまで国際政治と覇権について，そして大国が権力を巡って争
う原因——バディはそれをあえて「病理」と呼ぶ——について考察してきた。
トゥキュディデスは，古代ギリシャ時代のスパルタとアテネの戦争，ペロポネ
ソス戦争について『歴史』の中で，人々が争う原因を，「利益」「名誉」「恐怖」
という3要素を挙げて説明したが，人間がその営みを続けるかぎり，ここから
逃れることは困難だと考える。だが，「混沌とした時代」と「見えない未来」
の中，私たちはそれでも前に進まなければならない。

　最後に，16世紀に活躍したイタリアの小説家・劇作家のルイジ・ダ・ポルト
（『ロメオとジュリエット』の作者）はこのように書き残している。

　　平和は富をもたらし，富は高慢をもたらし，高慢は怒りをもたらし，怒
　りは戦争をもたらし，戦争は貧困をもたらし，貧困は仁慈をもたらし，仁
　慈は平和をもたらす，そして平和は富をもたらす。

本書に収められている論考を読み，ぜひ平和に関する考えを深めてもらいた
い。楽観的でなく過度に悲観的でもなく。　　　　　　　　　　　　福富満久

注

(1)　当初は，ソ連を中心とする共産圏（東側諸国）に対抗するための西側陣営の多国間軍事同盟であり，「アメリカを引き込み，ロシアを締め出し，ドイツを抑え込む」というヘイスティングス・イスメイ初代事務総長の言葉が象徴するように，ヨーロッパ諸国を長年にわたって悩ませたドイツの問題に対するひとつの回答でもあった。

(2)　1970年代後半，アフガニスタンで共産主義政党である「アフガン人民民主党」政権が成立すると，同政権は反対勢力を抑えるためソ連に軍事介入を要請，ソ連の影響力下に入った。アフガニスタン直下のパキスタンがソ連の手に落ちれば，ソ連はペルシャ湾の出口に戦艦を配備し，西側経済に打撃を与えることが可能となる。そのため米国は，パキスタン当局とアラブの盟主サウジアラビアに協力を要請し，アフガニスタンの反政府勢力に対する軍事支援を開始した。これがイスラム戦士（ムジャヒディーン），のちにタリバンとなる人たちとの長い戦争の幕開けであった。

(3)　同プロジェクトは，1963年にミシガン大学で政治学者のJ・デビッドシンガーによって開始されたもので，戦争の歴史と国家間の紛争に関するデータの収集に関心を持っており，戦争の原因に関する定量的研究の世界的な発展に寄与してきた。https://correlatesofwar.org/

(4)　CINC指標の計算方法は，国ごとに6項目のそれぞれ世界全体の中での割合を出し，その総和を6で割り，年ごとに算出する。

(5)　2021年に中華人民共和国に輸出された原油のコストは，2,293億米ドルで，2017年から41.4%増加し，2020年から2021年にかけて30%増加した。2021年上位輸出国の5ヵ国はサウジアラビア，ロシア，イラク，オマーン，アンゴラで，中国の総原油輸入量の59.6%を供給した。アルバニア，アルジェリア，ボリビア，ブルネイ，コートジボワールなどの小規模なサプライヤーを含めると44ヵ国が中国本土に原油を供給している。

(6)　中国は，中国本土での内戦の勝利に貢献したことから，「陸軍こそ建国に貢献した存在だ」という意識が強く，ランドパワーを重視しているが，中国の主要戦艦は中国が348隻に対し，米国は296隻と米国を勝っている。ただし航空母艦の数は中国の2隻に対して米国は11隻を保有する（2021年米議会調査局）。

(7)　1992年に中国が制定した国内法「領海法」では，一方的に尖閣諸島，南沙諸島，西沙諸島の領有権を主張するだけでなく，東シナ海において大陸棚の自然延長を理由に沖縄近海の海域までの管轄権を主張している。

(8)　中国は1979年の中越戦争以来，自国軍を侵略戦争目的で派兵していないことも注意が必要だ。

演習問題

1．米，英，仏，ロ，中の5ヵ国が常任理事国である国連安全保障理事会は国際平和の実現に有効な組織だろうか。有効でなければ何が問題か。改革は可能だろうか。

2．中国に対する日本と米国の国益は一致するか。一致しているとしたら何が一致しているのか。日本の政治的思惑と経済的欲求は，ズレていないだろうか。米国と今後

も歩調を合わせ続けることが果たして日本の国益になるだろうか。日本が国際社会で影響力を保持し続けるためにはどのような外交戦略が望ましいといえるか。米国の「核の傘」を抜け出し，独自外交を推進することはできるだろうか。

3．国家だけが覇権を握る，という考えは正しいだろうか。国家が力を借りなければならない製薬会社や社会インフラとして欠かせない巨大 IT 企業など，力や経済規模を持つ「超企業体」が世界には存在している。果たしてそれらの存在が「国家」に代わりうるだろうか。

引用・参考文献

大竹弘二（2009）『正戦と内戦――カール・シュミットの国際秩序思想』以文社

カー，E. H. 原彬久訳（2011）『危機の二十年――理想と現実』岩波文庫

福富満久（2014）『岩波テキストブックス　国際平和論』岩波書店

―― (2015)『G ゼロ時代のエネルギー地政学』岩波書店

Badie, Bertrand（2019）*L'hégémonie contestée*, Odile Jacob

―― (2019), *Le Temps des humiliés*, Odile Jacob

―― (2021), *Les Puissances Mondialisées*, Odile Jacob

Bremmer, Ian（2012）*Every Nation for Itself : Winner and Losers in a G-Zero World*, Portfolio Penguin, 邦訳　北沢格訳（2012）『「G ゼロ」後の世界――主導国なき時代の勝者はだれか』日本経済新聞出版社

Flint, Colin（2012）, *Introduction to geopolitics*, Routledge

Mearsheimer, John J.（2001）*The Tragedy of Great Power Politics*, University of Chicago, W W Norton & Co Inc. 2014 Updated Edition, 邦訳　奥山真司訳（2007）『大国政治の悲劇』五月書房。

OXFAM（2019）*Inequality Report Highlights Wealth Disparity*

Waltz, Kenneth（1979）, *Theory of International Politics*, McGraw-Hill, 邦訳　河野勝・岡垣知子訳（2010）『国際政治の理論』勁草書房

理解を深めるための読書案内

Waltz, Kenneth（1979）*Theory of International Politics*, McGraw-Hill, ペーパーバック2010年，邦訳　河野勝・岡垣知子訳（2010）『国際政治の理論』勁草書房
　間違いなく現代国際政治学，国際関係学において最も影響力のある書籍であり，これによりネオリアリズムの体系的理論が確立された。米国の大学における国際関係学の大学院で最も多く読まれているテキストでもある。

Mearsheimer, John J.（2001）*The Tragedy of Great Power Politics*, University of Chicago., W. W. Norton & Co., 2014 Updated Edition, 邦訳　奥山真司訳（2007）『大国政治の悲劇』五月書房
　現代を代表する国際政治学者の主著。冷戦真っただ中に米ソ二極構造こそが最も安定すると示唆したウォルツの主張を精緻化した。世界中で読まれている国際政治学の書籍のひとつ。

松原望・飯田敬輔編（2012）『国際政治の数理・計量分析入門』東京大学出版会
　近年の国際政治学の議論は，データを使用して計量的に客観的に理解をすることが重要になっているが，数的・ゲーム論的・統計的手法を用いたアプローチを理解したい者には必読。

<table>
<tr><td>序　章
第 2 講</td><td>Law/Reason

法：理性と秩序</td></tr>
</table>

1　背景

　今日の国際社会は国際法によって規律されている。強制力や拘束力の観点から国際法の実効性に対する批判があるものの，国際社会の主たる構成員である主権国家がその存在を認識し，さらに国際法を実際に利用してきたことは事実である。本章では，国際法の合意規範としての性格を明らかにし，また国際法が国際社会に果たす機能を概観した上で，国際法の中でも特別な地位を占める国連憲章に焦点を当て，「国連憲章体制」の特徴を説明する。

2　国際法の存在意義

　「社会あるところに法あり (*ubi societas ibi ius*)」。これは，およそどのような社会であっても，社会が存在すればその社会を規律する法が存在することを述べたラテン語の格言である（柳原, 2017：1）。法とは，社会及びその構成員のために存在するという意味で社会性を持ち，恣意的・主観的な運用が排除されるという意味で客観性を持ち，広く類似の事案について同様に適用されるという意味で一般性を持ち，過去の適用の積み重ねが将来の行動に影響を与えるという意味で予見可能性を持つものである。これらのことは国際法についても当てはまる。

　国内法と同じ意味でまたは国内法との比較において，とく強制力の欠如を強調して，国際法は法ではないと主張されることがある。もっとも，国際法を国内法と同じ意味で，または国内法との比較においてとらえようとすること自体にそもそも無理があるように思われる（柳原, 2017：4-5）。社会規範たる法はその依拠する社会構造を反映しており，社会構造が異なれば法の性質や特徴も異なりうるからである。国際法に関していえば，国際社会の主たる構成員である主権国家がその存在を認識し，さらに国際法を実際に利用してきたという事

実がある。そうであれば，国際法にはその依拠する国際社会の構造を反映した性質や特徴を見出すことの方が有用であろう。

3　国際社会の構造

　それでは，国際法の依拠する国際社会はどのような構造をしているのだろうか。国際法について議論するに先立ってこの点を明らかにしておく必要がある。国際社会は，国内社会との比較において，中央政府に相当する集権的機関が存在せず，主たる構成員である主権国家が並立共存する分権的な構造となっている点に最大の相違がある（柳原，2017：5；岩沢，2020：17；浅田，2022：5）。まず，国内社会にいう立法機関は存在しない。国内社会では国民の代表者によって構成される議会が法を制定し，これがすべての国民を自動的に拘束することになるのに対して，国際法は定立方式も拘束力の根拠も国内法とは異なる独自のアプローチをとる。また，国内社会にいう行政機関は存在しない。国内社会では法が制定されると，その実施または執行は行政機関によって行われるのに対して，国際法の実施と執行は基本的に各国に委ねられている。条約によって国際機関またはこれに準ずる機関を設立して行政的な任務を与える場合はあるものの，そのためには条約の締結が必要となる。さらに，国内社会にいう司法機関は存在しない。国内社会では違反を含む法律上の訴訟が司法機関によって強制的に裁かれるのに対して，国際社会では，紛争当事国の間で同意がないと裁判にはならない。国際裁判所または準司法的な機関が増えてきているのは事実であるが，権利救済の「最後の砦」という位置づけが与えられているわけではない。

4　国際法の合意規範性と拘束力

　このように国際法の依拠する国際社会が分権的な構造であることから，必然的に国際法は合意規範としての性格を持つことになる。すなわち，国際法は国際社会の主要な構成員たる国家の相互関係の中で「共通意思」を基礎として形成されるのである（浅田，2022：4）。国際法の合意規範としての性格が最も顕著に現れるのが条約である。

　条約とは「国の間において文書の形式により締結され，国際法によって規律される国際的な合意」（条約法に関するウィーン条約（以下，「条約法条約」）第2条1項（a））をいう。条約は，関係国間の交渉を経た条約文の確定の後，各国による当該条約に拘束されることについての同意の表明を経て，条約の規定に従って効力を発生する。

　二国間条約の場合は両国が合意しない限り条約は成立しない。これに対して多数国間条約の場合は，実践上はコンセンサスが追求されるものの，条約法条約の一般規則は3分の2の多数による採択の可能性を認めている。例えば，国連海洋法条約は第3次海洋法会議で賛成130，反対4，棄権17の多数決で採択された。

　条約が成立した後，次の段階は各国による条約に拘束されることについての同意の表明である。条約に拘束されるのは同意した国に限られ，同意しない国を拘束しない。したがって，同意の表明は国家にとって極めて重要な行為である。同意の表明方式は大きく分けて2種類ある。1つ目は署名である。署名は行政府の行為であり，署名だけで同意の表明となる条約は多い。2つ目は批准または加入である。いずれも立法府の行為である。署名だけでは不十分の場合はさらに批准が求められ，また行政府が署名していない条約については，立法府の加入が同意の表明となる。批准または加入を要する条約は当該条約にその旨明記されている。例えば，インドとパキスタンは核兵器不拡散条約に，米国は国連海洋法条約に，中国は自由権規約に，日本はジェノサイド条約に，それぞれ署名せず加入もしていないため，これらの条約に拘束されることはない。国家間における条約の適用という観点に照らすと，ウクライナは対人地雷禁止条約の当事国であるものの，ロシアが非当事国であるため，ロシアがウクライナとの間の武力紛争において対人地雷を使用したとしても同条約に基づく国際義務の違反とはならない。

　条約が成立しかつ条約に拘束されることについての同意が表明された後は，条約の発効を待つだけである。発効の要件は当該条約に明記されていることが多い。多数国間条約の場合は一定数の国による批准または一定数の国による批准と特定の国による批准の組み合わせなどが要件となる。発効要件が厳しいと

条約の発効に時間がかかる可能性がある。例えば，包括的核実験禁止条約は，発効に必要となる条約に明示された44ヵ国の批准のうち8ヵ国の批准を得ていないため，依然として未発効であり，すでに批准を済ませた177ヵ国を拘束するものとなっていない。なお，条約が未発効のままであれば条約それ自体に拘束されることはないものの，未批准条約の署名国または批准国は条約の趣旨及び目的を失わせてはならない義務を負う（条約法条約第18条）。米国は包括的核実験禁止条約に署名し，ロシアはこれを批准しており，他方で同条約の趣旨及び目的は核実験の禁止と考えられることから，仮に米国またはロシアが核実験を実施すればこの義務に違反する行為となるだろう。

　一定の場合に条約または条約拘束力を持たなくなる場合のあることに留意する必要がある。第一に留保が付される場合である。留保とは，「国が，条約の特定の規定の自国への適用上その法的効果を排除し又は変更することを意図して条約への署名，条約の批准，受諾若しくは承認又は条約への加入の際に単独に行う声明」をいう（条約法条約第2条1項 (d)）。多数国間条約はより多くの国の参加を得ること（普遍性の確保）が望ましいため，条約の一体性を犠牲にすることと引き換えに条約の特定の規定に拘束されないことを条件とする参加を認める場合が多い。第二に運用停止または終了の場合である。他の当事国による重大な違反，後発的な履行不能，事情の根本的な変化などの事由が生じた場合は条約法条約の規定に従って，条約の運用を停止しまたは条約を終了することができ（条約法条約第60～62条），条約の拘束を免れることになる。第三に脱退の場合である。従来は条約に拘束されることについて同意し，当該条約の当事国としてこれに拘束されていたものの，立場を変更して当該条約から脱退する場合は，やはり条約の拘束を免れることになる。

　国際法の実効性に対する批判として，同意しない国を拘束しない点がよく指摘される。国際法の依拠する国際社会が分権的な構造をなし，それゆえ国際法が合意規範としての性格を持つことから，あくまでも同意を得る以外に方法はない。多数国間条約の場合は，関連物資の貿易を当事国間に限定したり，当事国に対する支援の枠組を設けるなど，参加のための誘因を与えるものもある。

5　国際法の機能

　国際法は国際社会を規律する社会規範として次の4つの一般的な機能を果たしている。

　1つ目の機能は秩序の維持である。この観点から，何よりもまず戦争をなくし平和を確立することが最も重要である。20世紀初頭までの伝統的国際法は国家が戦争に訴えることを許容していたものの，1928年の不戦条約において戦争が違法化され，1945年の国連憲章によって武力の行使及び武力による威嚇まで禁止されるに至った。また，国際社会の主たる構成員である国家が領域を基盤とする領域主権国家であることに照らすと，国家の存在基盤にかかわる領域を所有する法的根拠（領域権原）に関する国際法や国家間関係の規律に直接関連を持つ主権概念が，国際秩序維持のために極めて重要となる。国際法は主権概念に2つの意味を与える。一方で，国家は他国から独立した存在であって（対外主権），主権国家が平等に扱われるという国家平等原則及び他国から干渉されず，また他国に干渉してはならないという不干渉原則が導かれる。他方で，国家は自国領域内の人・物・事実を排他的に統治でき（対内主権），これらに対する国内法の制定・適用・執行を意味する国家管轄権を行使できる。国家管轄権は他国領域内の人・物・事実に対して行使できる場合もあることから，外交実務では国家管轄権の配分と調整が「国際法の最重要の役割のひとつ」と認識されている（小松，2022：14）。

　2つ目の機能は二国間関係の促進である。国家（政府）と民間のいずれのレベルであれ，二国間の交流が盛んになることは双方の発展にとって望ましい。国家（政府）間の公式な関係は外交関係の開設によって始まる。その継続・維持・発展を含めて外交関係に関するさまざまな規則が定められている。二国間で外交関係が開設されると，双方の国民の往来が盛んになる。相手国に渡航・居住する自国民の保護や相手国国民の自国への渡航などは領事関係に関する規則で取り扱われる。また，双方の国民の間の経済的な取引は通商条約や投資条約に詳細が定められる。他方で，犯罪人が国外に逃亡した場合のことを想定して犯罪人引渡条約が締結されることもあるだろう。

　3つ目の機能は一般利益の追求である。人権，人道，地球環境保護，軍縮，

国際犯罪の取締りなどは国際社会の一般利益といわれている。従来は国内問題と考えられていたものの，各国に委ねていたのでは不十分と認識されるようになった分野もあれば，国境を越える活動や影響のために一国では対処できない分野もある。各国が原則として同じ条件で義務を受け入れることによってはじめて，規制・規律の目的が実現できる分野もある。いずれも各国の協力により国際社会全体として取り組まなければならない課題である。国際法は主に多数国間条約の作成と実施という形で，一般利益の追求に貢献してきた。後述のように，国際監視機関による履行監視制度が導入される場合も多い。

　以上の３つの機能は，実際には行為規範（特に義務）の設定と国家によるその履行を通じて実現されるものである。行為規範の性質と内容はさまざまであるものの，一回限りではなく継続性のある行為を求められる場合が多く，その場合に国際法の実現は過程化することになる。国際法の実現過程においてほぼ必ずと言ってよいほど生じるのが行為規範の不履行の問題，要するに国際法違反の問題である。そこで，国際法の４つ目の機能として不履行または違反の是正を含む紛争解決が必要となる。具体的には，行為規範に違反した場合の法的帰結（責任規範）と是正のための手続・制度（紛争解決手続）を整えなくてはならない。

6　国際法の実現過程

　国際法が設定する行為規範（特に義務）の実現過程は不作為義務と作為義務との間で大きく異なることに留意する必要がある。

　一方で，作為義務は特定の行動を求めるものである。義務に合致した行動がとられていれば問題なく，義務に合致した行動がとられていなければ違反となる。二国間の相対的な関係における作為義務の履行状況は容易に把握できるであろう。相手国による義務の履行状況が自国に直接影響するからである。これに対して，多数国間の非相対的な関係における作為義務であって，例えば人権の保障，内戦において自由を奪われた者の待遇，地球環境保護のための国内規制，特定の兵器の廃棄など自国領域内で特定の行動を求めるものの場合は，その履行状況の把握が困難である。一国による義務の履行状況は他国に直接影響

するわけではないからである。このような性質の作為義務に関して，履行確保のために，国家が国際監視機関に対して義務の履行状況を報告し，これを国際監視機関が検討する制度が導入される場合も多い。そして，履行確保制度の実施は履行の状況だけでなく不履行の状況も明らかにする。不履行をどのように是正するかに取り組むのも国際監視機関である。

　他方で，不作為義務は特定の行動を行わないことによって履行と評価されるものである。そのような行動が行われない限り，そもそも履行の状況にあるため，何らかの制度を導入してまで履行状況を把握する必要はない。不作為義務に関しても，義務に合致した行動がとられていれば問題なく，義務に合致した行動がとられていなければ違反となる。対応が必要となるのは義務違反が生じた場合である。もっとも，実際には違反の有無それ自体がよく争われ，その際の関係国間の見解の相違も法ではなく事実にあることが多い。二国間の相対的な関係における不作為義務の違反は容易に把握できるであろう。相手国による義務違反は自国に対する損害を意味するからである。これに対して，特に多数国間の非相対的な関係における不作為義務であって，例えば差別の禁止，内戦における戦闘の手段・方法の禁止，有害物質の排出禁止，特定の兵器の開発生産等の禁止など自国領域内での履行が求められる場合は，違反の有無を評価することが難しい。一国による義務の不履行によって他国が直接の損害を被るわけではないからである。このような性質の不作為義務の場合，事実関係を明らかにするために事実調査が実施される場合も多い。

　いずれにしても，不作為義務であれ作為義務であれ，義務違反の状況が確定すると，これをどのよう是正するかが課題となる。

7　責任規範

　あらゆる法体系は義務違反の法的帰結を規律する責任規範を含んでいる。国際法では国家責任法がこれを扱い，具体的な内容として2001年「国家責任条文」の規定がよく参照されている。

　義務に違反した国は，当該行為が継続している場合はこれを停止し，事情により必要な場合には再発防止の適当な約束及び保証を提供しなければならない

（国家責任条文第30条）。違反国はまた，国際違法行為により生じた侵害に完全な救済を与える義務を負う（同第31条）。完全な救済は，原状回復，金銭賠償及び満足の形態をとる（同第34条）。原状回復が可能な場合は原状回復が優先され（同第35条），原状回復で埋め合わせができない場合は金銭賠償を行い（同第36条1項），これでも埋め合わせができない場合は満足を与えることになる（同第37条1項）。満足は，違反の確認，遺憾の意の表明，公式の陳謝その他適当な形態をとることができる（同第37条2項）。

　もっとも，違反国が救済を与えない場合，国連安全保障理事会による制裁を除けば，これを強制するメカニズムは存在しない。違反から侵害を受けた国が完全な救済を与える義務に従うよう促すために対応措置をとれるにとどまる（同第49条）。また，違反国がそもそも義務違反を認めない場合も，国連安全保障理事会による制裁を除けば，他に打つ手はない。肝心の国連安全保障理事会も，後述の通り，拒否権を持つ常任理事国による違反には何ら対応することができない。ロシアによるウクライナ侵攻を見ればそれは明らかである。

　国際法の実効性に対するいまひとつの批判として，強制力の欠如がよく指摘される。国際法の依拠する国際社会は分権的な構造であって，それゆえ国連安全保障理事会を除けば国内社会のような強制力を伴う執行機関は存在しない。この事実は否定することができない。それでも，国際法違反が日常茶飯事の出来事であるかと言えばそうではない。大国によるあからさまな国際法違反の事案が大きく取り上げられることによって，「国際法はよく破られる」というイメージが作られているものの，実際には国際法は概ね守られている（岩沢, 2020：14；浅田, 2022：6）。

　「国家責任条文」は，義務の性質・内容を問わず，およそすべての義務違反について上記のような法的帰結がもたらされるという立場に立つ。特に二国間の相対的な関係において生じた義務違反の場合は違反国（侵害国）と被違反国（被侵害国）という構図が明確であり，上記の法的帰結に基づく救済が適切だと考えられるものの，多数国間の非相対的な関係において生じた義務違反の場合はその妥当性を慎重に検討する必要がある。第一に，必ずしも被違反国（被侵害国）を特定できないからである。この点につき国家責任条文は「国際社会全

体に対して負う義務（obligation *erga omnes*）」という概念を導入して，被違反国（被侵害国）の範囲を広げてこれに違反国（侵害国）の責任を援用する権利を与えただけでなく（同第42条（b）），さらに被侵害国以外の国にも一定の範囲で違反国（侵害国）の責任を援用する権利を与えた（同第48条1項）。第二に，救済の形態として原状回復，金銭賠償または満足が適切かどうか分からないからである。廃棄義務に反して特定の兵器を密かに保有している場合などは，あくまでも義務の完全な履行を追求しなければ意味がないし，人権侵害や内戦における人道法違反などに対しては，むしろ国内で何らかの是正措置が取られるべきである。「国家責任条文」の規定はあくまでも国家責任に関する一般法であることに照らせば，多数国間条約に設定される義務違反の法的帰結については，当該条約の枠組の中で特別法として処理するのが適切であろう。

8　紛争解決手続

　義務の履行・不履行は紛争解決手続を通じて是正されるべきである。紛争当事国はさまざまな紛争解決手段の中から適切と考えるものを自由に選択することができる。外交交渉，仲介，周旋は協議の場を設定することが中心であって，第三者の関与の有無にかかわらず，特段の制度を必要とするものではないのに対して，審査，調停，仲裁，司法的解決（常設の国際裁判所）は組織された第三者と実施・運用のための手続を必要とする制度であるため，国際法がその制度の設計に貢献することになる。地域的機関または国際機関を通じた紛争解決も当該機関の設立条約が詳細な手続を定めている。

　紛争解決手段の中で国際法が最も貢献できるのは国際裁判である。紛争を法的観点から処理するからである。すなわち，いわゆる法的三段論法に依拠して，紛争の主題に対して適用可能な法を確定し（大前提），紛争に係る事実を認定し（小前提），事実を法に当てはめて結論を導くのである。多くの場合は，一国の他国に対する行為の違法性が争われ，国際裁判所は両紛争当事国の主張を踏まえて，客観的な第三者の立場から合法か違法かの判断を下すことになる。判決は紛争当事国を拘束し，その履行が義務づけられる。1920年に初の司法的解決として，常設国際司法裁判所が設立され，1945年には国際司法裁判所（ICJ）

がこれを引き継いだ。その後人権分野では欧州や米州で人権裁判所が誕生した。1990年代以降は，国際海洋法裁判所とWTO紛争解決手続が相次いで活動を開始し，さらに個人の国際犯罪を裁く国際刑事裁判所も登場するに至った。

　もっとも，国家間の紛争を解決する手段としての国際裁判には2つの大きな限界がある。ひとつの限界は原則として一方的付託が認められないという点である（岩沢，2020：17）。条約に拘束されることについて同意が必要であったように，最終的に当事者を拘束する判決が下される国際裁判への付託には同意が必要とされている。ここでいう同意はアドホックな同意に限られず，事前の同意も含んでいる。例えば，特定の条約において国際裁判所への一方的な付託を認める規定が盛り込まれていれば，一方的な付託が可能であるものの，正確には当該規定に事前に同意していたので「一方的な付託」が実現する。もっとも，実際には，事前の同意に基づく「一方的な付託」に対して，提訴された国が管轄権や受理可能性を争うことが多く，裁判所がこの主張を認めた場合には判決に至ることなく裁判が終了してしまう。いまひとつの限界は判決の履行を強制できないという点である。国際法上の義務の違反の場合と同様に，国連安全保障理事会による制裁を除けば，これを強制するメカニズムは存在しない。例えば，1986年のICJニカラグア事件判決は米国によって履行されず，判決の不履行について討議した国連安全保障理事会は米国の拒否権行使によって決議案を採択できなかった。また，2016年の南シナ海事件仲裁判断は違法で無効な紙屑だとして中国から受け入れを拒否された。

　以上のような限界とは反対に，特にICJが近年の判例を通じて当事者適格を拡大する方向に発展していることも忘れてはならない。従来は義務違反によって直接侵害を受けた国のみに当事者適格を認めてきたのに対して，2012年の訴追または引渡の義務事件では，条約当事国間対世的義務（obligation *erga omnes partes*）という概念に依拠し，直接侵害を受けていなくても拷問禁止条約の当事国であれば，他の当事国の条約違反についてICJに提訴する資格が認められるとの判断を示した。同様の判断は2022年のジェノサイド条約適用事件でも示された。このようないわゆる「客観訴訟」が他の条約の違反についても認められるかどうか，今後のICJの判断が注目されるところである。

9　国連憲章体制

　上述のように，今日の国際社会は国際法によって規律されている。国際法の
中でも特別な地位を占める多数国間条約がある。それは国連の設立文書たる国
連憲章である。国連憲章が有する意義に照らせば，今日の国際社会は国連憲章
に基づく「国連憲章体制」ととらえるべきである。

　第一に，国連憲章は国際の平和及び安全の維持を国連の第一の目的と定めて
いる。「われらの一生のうちに二度まで言語に絶する悲哀を人類に与えた戦争
の惨害」（国連憲章前文）を省みて，国連憲章は第二次世界大戦後の国連を中心
とする国際平和秩序の構築を目指した。すなわち，第1条1項において国際の
平和及び安全の維持を国連の4つの目的の中で最初に位置づけ，この目的を実
現するための原則として，第2条3項で紛争の平和的解決を義務づけるととも
に，第2条4項で武力の行使及び武力による威嚇を禁止したのである。第2条
4項は「国連憲章の礎石」（ICJ, 2005 : 223, para. 148）とも評される最も重要な規
定である。武力行使禁止原則の内容は1970年に国連総会が採択した「友好関係
宣言」（決議2625（XXV））によってその内容の拡充が図られている。国連憲章
は他方で，前文において「共通の利益の場合」には例外的に武力が行使される
ことを認め，特に第7章で集団安全保障制度の一環として軍事的措置を含めた。
第9章で詳述するとおり，第39条に記載の国際平和秩序を害するような事態が
認定された場合，最終的には軍事的措置によって平和及び安全の回復を図るの
である。

　第二に，国連憲章は第25条において加盟国の意に反して法的拘束力のある措
置がとられることを規定する。すなわち，国連加盟国は「安全保障理事会の決
定（decisions）を……受諾し且つ履行することに同意する」。合意規範たる国際
法が規律する国際社会において，国連安全保障理事会の決定は例外的に強制力
が働く場合であるといってよい（正確には，国連に加盟することによって強制力が
働くことに事前に同意したという説明となる）。ただし，第25条は「安全保障理事
会の決定（decisions）」と記述するのみであるため，具体的にどの決議・条項が
法的拘束力を持つかは決議・条項ごとに判断されなければならない（岩沢,
2020 : 496）。少なくとも，憲章第7章第41条（非軍事的措置）及び第42条（軍事

的措置）に基づく「決定」が法的拘束力を持つことは一般に認められている。他方で，「要求」が法的拘束力を持つか否かについて見解は分かれている。また，憲章第 7 章に言及しない決議であっても，「決定」であれば法的拘束力を持つか否かに関して，ICJ はナミビア事件勧告的意見で肯定的な立場を示した。国連安全保障理事会決議の法的拘束力の有無は，決議の文言，決議に至る議論，援用された憲章の規定，参考となりえるすべての事情を考慮してそれぞれの場合に決定されるべきだという（ICJ, 1971 : 53, para. 114）。最近のシリアに関する決議では，「平和に対する脅威」を認定した上で，第 7 章には言及せず第25条を直接引用して，シリアを法的に拘束する措置を「決定」するものがある（決議2118，2165など）。

　なお，国連安全保障理事会決議には常任理事国による拒否権の問題がある（**表序- 4** ）。すなわち，手続事項以外の事項に関する決議案は常任理事国の 1 ヵ国でも反対すれば採択されない（憲章第27条 3 項）。フランス語正文によれば決議の採択には常任理事国 5 ヵ国の賛成が必要となるものの，常任理事国の棄権は反対を意味しないという慣行が積み重なっている。拒否権の導入はソ連が強く主張し，1944年 2 月のヤルタ会談で英米がこれを受け入れたという経緯がある。いわゆる大国一致の原則には沿うものの，国連安全保障理事会の機能麻痺をもたらすため強い批判がある。周知の通り，米ソ両陣営が政治的に対立した冷戦期は拒否権の行使によって国連安全保障理事会がほとんど機能しなかった。冷戦後は拒否権が行使される場面が減少したものの，2000年代以降はパレスチナ問題とシリア問題で拒否権が投じられる場面が増えている。2022年 2 月にロシアがウクライナ侵攻に関する決議案に拒否権を行使したことを受け，国連総会は常任理事国が拒否権を投じた場合に国連総会で理由を説明する制度を導入した。

　第三に，国連憲章は「国連憲章に基く義務」の優位性を確立する。すなわち，第103条によれば，「国連憲章に基く義務」と「他のいずれかの国際協定に基く義務」が抵触する場合は「国連憲章に基く義務」が優先する。その趣旨は，要するに国連憲章に反する合意を認めないことにある。国際法は合意規範であるから従来は当事者国間の合意の内容は問われなかった。しかし，国連憲章は個

表序-4　拒否権行使回数

年代	中　国	フランス	ソ連／ロシア	英　国	米　国
2020	3		7		1
2010	9		19		3
2000	2		4		10
1990	2		2		6
1980		7	4	15	46
1970	2	7	7	14	21
1960			18	1	
1950	1	2	45	2	
1940		2	46		
合計	19	18	152	32	87

（出所）国連ホームページ　https://psdata.un.org/dataset/DPPA-S CVETOES

別的な義務のレベルで上下構造を設定することで，国際社会における国連憲章の優位的な位置づけを明確にしたのである。この点は国連憲章が有する最大の法的意義といって過言ではない。憲章第94条は ICJ 判決の履行を義務づけていることから，これも「国連憲章に基く義務」に該当する。ICJ の判決の後に裁判当事国の間で何らかの合意が成立したとしても，当該合意が ICJ の判決に抵触する場合はあくまでも ICJ の判決が優先することになる。また，「国連憲章に基く義務」は，国連憲章に規定される義務にとどまらず，国連憲章の実施を通じて新たに設定される義務まで含まれる。例えば，国際テロの容疑者引渡しを義務づけた国連安全保障理事会決議は「国連憲章に基く義務」に該当し，自国に所在する容疑者を関係国に引渡さない場合は自国で訴追することを義務づけたモントリオール条約第14条に優先する（ICJ, 1992：15, para. 39）。なお，「国連憲章に基く義務」は「他のいずれかの国際協定に基く義務」を緩和する場合もありえる。例えば，化学兵器禁止条約は化学兵器の廃棄のための他の締約国への移譲を認めていないものの，国連安全保障理事会決議による許可があれば，「国連憲章に基く義務」が優先されて化学兵器の廃棄のための他の締約国への移譲は合法となる。

最後に，国連憲章が普遍的な参加を得ていることを忘れてはならない。国連憲章それ自体は第二次世界大戦後の国際秩序を構築するために戦勝国によって作成されたものである。しかし，敗戦国及び新独立国のその後の加盟を通じて実質的な普遍性を獲得し，今日までに193ヵ国が参加するに至っている。「国連憲章体制」を揺るがす事態が生じることはあるものの，そのような事態を起こした国が脱退したことはない。さまざまな課題や問題を抱えつつも，「国連憲章体制」はその普遍的な参加を最大の拠り所として，国際秩序の維持システムとして機能してゆくことが求められるのである。　　　　　　　　　阿部達也

演習問題
1．国際社会において国際法が果たすべき機能とその限界について論じなさい。
2．紛争解決手段として国際裁判の可能性と限界について論じなさい。
3．国連憲章の意義について論じなさい。

引用・参考文献
浅田正彦編（2022）『国際法』［第5版］東信堂
岩沢雄司（2020）『国際法』東京大学出版会
小松一郎（2022）『実践国際法』［第3版］信山社
酒井啓亘・寺谷広司・西村弓・濱本正太郎（2011）『国際法』（本文で参照の場合は執筆者を特定した）
柳原正治・森川幸一・兼原敦子編（2017）『プラクティス国際法講義』［第3版］信山社
ICJ（1971），*Legal Consequences for States of the Continued Presence of South Africa in Namibia（South West Africa）notwithstanding Security Council Resolution 276（1970），Advisory Opinion, I. C. J. Reports 1971*, p. 1
――（1992），*Questions of Interpretation and Application of the 1971 Montreal Convention arising from the Aerial Incident at Lockerbie（Libyan Arab Jamahiriya v. United Kingdom），Provisional Measures, Order of 14 April 1992, I. C. J. Reports 1992*, p. 3
――（2005），*Armed Activities on the Territory of the Congo（Democratic Republic of the Congo v. Uganda），Judgment, I. C. J. Reports 2005*, p. 168

理解を深めるための読書案内
藤田久一（1998）『国連法』東京大学出版会
　国連憲章を中心に国連諸機関の活動を支える決定・決議・規則を有機的な法システムとしてとらえ「国連法」として体系化した専門書。
小寺彰（2004）『パラダイム国際法』有斐閣

国際法の基本的な枠組みをコンパクトに示した文献。各章の基本問題に取り組むことを通じて，学説・判例・事例について深く考えることができる。

森川幸一・森肇志・岩月直樹・藤澤巖・北村朋史（2017）『国際法で世界がわかる』岩波書店
　国際法の考え方や基礎知識を身につけるための入門書。ニュースなどで話題になった事項を取り上げて初心者にも分かりやすく解説している。

杉原高嶺（2018）『基本国際法』〔第3版〕有斐閣
　国際法の理解に不可欠な基本的制度について，有名な事例を取り上げながら，平易な表現で丁寧に説明した初学者向け入門書の第3版。

第Ⅰ部

ナショナル／マルチラテラル
National/Multilateral

<table>
<tr><td rowspan="3">第1章</td><td>Diplomacy</td></tr>
<tr><td>理論と歴史，そして現実</td></tr>
</table>

　自らの利益を主張または擁護するために暴力，脅迫，及び強制に頼る
のは，時代を超越した人間の営みである。それは人間が地球上に誕生し
て以来，ずっと存在してきたものである。そして同様に，人間が社会的
集合体（氏族，部族，そしてもちろん国民国家）を形成して以来，戦争
へ訴えること，つまり，敵に対して自分の意志を達成するために組織化
された武力による暴力を行使することは，ごく一般的なもので人間活動
の一面であった。それは昔からそうだったし，これからも変わらないだ
ろう。平和を築くためにはどのような方策があるだろうか。

キーワード
第二次世界大戦　冷戦　リアリズム　リベラリズム　ストラクチャリズ
ム　国際システム　ユートピア主義者　ネオリアリズム　ネオリベラリ
ズム　イギリス学派

　何世紀にもわたって，軍事思想家，武将，歴史家は，戦争の性質，意味，実
践，及び戦争が政治において果たす不可欠な役割について熟考するよう努めて
きた。孫子，トゥキュディデス，カール・フォン・クラウゼヴィッツは，戦争
をある程度の厳密さをもって理解しようとした古代と近代の思想家のほんの一
例である。
　近年になって，国際システムの研究に関心を持った人々は，戦争の性質を理
論化して，至る所で目にするこの人間社会特有の傾向を理解するのに役立つ可
能性のある分析的枠組みを確立しようとしてきた。
　国境をまたぐ社会的及び政治的現象としての戦争の影響を研究しようとする
人々は，それを「国際関係」の中で考えようとする。ところが，国際関係には
この研究を進めていく上での明らかな変数がない。国家または国内の政治に関

する考慮事項が，明確に国境を越えた時点でさえ，それをどのようにきちんと分離できるかは，しばしば不明確だからだ。実際，政治と意思決定の国内レベルと国際レベルの間の相互作用は密接に関連している。そのため，国際関係の研究において一貫した規律の存在を突き止めるのは難しいのだ。

　研究領域としての国際関係の境界が可変的であるのは，この学問が歴史的に浅い研究分野とみなされていることを意味する。事実，国際関係学は表面的に，時に寄生的に，経済学，政治学，哲学，歴史人類学など，他のより確立された分野を利用してきた。これは，「国際関係」に詳しい人にとって，「国際理論」の議論がしばしば大げさで難解である理由にもなっている。

　だが，真実であると主張できることがひとつある。それは国際関係学は，政治的及び社会的アクター間の相互作用の研究として，戦争と密接な関係があるということである。実際，学術分析の分野として，国際関係学は戦争から生まれ，戦争によって形成されてきた。

1　国際関係——戦争から生まれ，戦争によって形作られたもの

　第一次世界大戦（1914-1918年）は，推定2,200万人の死者を出した。この戦いの矢面に立たされたヨーロッパ社会は深刻な心理的トラウマを負った。高度に工業化された2つの同盟システムは，ヨーロッパ大陸の支配をめぐって初めて争ったが，陸，海，空の3つの領域すべてでの衝突は，ほとんどの人が予想していなかった大規模な破壊をもたらした。

　戦争が終わってから数年が経ち，そのような悲惨な規模の戦争の再発を避けたいという願望が生まれた。皮肉なことに，それを必要としたのは戦争に勝利した側であった。例えば，英国は第一次世界大戦で連合軍の主力であり戦争が終わる頃には，英国の軍隊はヨーロッパ全土で最強になっていた。英国陸軍は，機械化された産業戦争の複合作戦を完成させ，大砲，大規模な軍隊，空軍力（及びドイツの海上封鎖）の総合力と調整力によって，西部戦線で突破口を確保する主要な役割を果たした。それを前にして帝国ドイツは和平を希求するしかなかったのだ。

　しかし，戦争の莫大な人的被害により，英国内及び領土が侵略され占領され

たフランスなどヨーロッパの政治エリートの間で，第一次世界大戦での勝利は犠牲になった多大な人命に値するものではなかったという悲観的な見方が生まれ始めた。そして知識人の間では，戦争は本質的に不道徳であるという理想主義的なビジョンに重点が置かれるようになった。

「今後，各国は暴力による紛争の解決を制限されるべきだ」。「議論と対話は，紛争解決のメカニズムである」。「侵略は，国際連盟（国連の前身）などの国際機関や，戦争を非合法化する国際条約を通じて抑止されなければならない」。

こうした理想を念頭に置いて，世界初の国際政治教授職であるウッドロー・ウィルソン・チェアが，1919年にアベリストウィスのユニバーシティ・カレッジ・オブ・ウェールズに設立された。翌年，ロンドン・スクール・オブ・エコノミクスに同様の国際関係学科が設置された。国際関係の初期の学派に資金を提供した人々は，国際法，集団安全保障，及び国際連盟のより平和主義的な分野に明確に研究の焦点を当てることを望んでいた。

しかし，国際関係学，あるいは国際政治学として知られるようになった新しい学問の主要な関心は，反戦の理想主義にはあまり関心を示さず，代わりに力の均衡，国家の運営，地政学に向けられていたのだった。アベリストウィス大学のウッドロー・ウィルソン教授職に就いた初期の1人であるE・H・カーは，この進化する方向性の典型であった。だが，カーは後世に影響力を与えることになる著書 *The Twenty Year's Crisis : An Introduction to the Study of International Relations*（邦訳『危機の二十年』岩波文庫）で，将来の敵対行為の発生を防ぐために創設された国際連盟が明らかにその使命を果たせなかったとしてリベラルなユートピア主義を批判した。

カーの著書は，国際政治学で「古典的リアリズム」として理解されるようになる最初の作品のひとつだった。これによれば，国家間の関係は，主に権力の追求，そして最終的に他者を支配したいという欲望がその考えの礎となるとした。軍事力，すなわち戦争を遂行したり，戦争を脅かしたりする能力が，国際政治の最終的な手段として機能することを示唆するものであった。

このように，研究の方法としての発足以来，国際政治学は体系的な見通し，すなわち古典的リアリズムの教訓（孫子，トゥキディデス，クラウゼヴィッツの知

恵にも見られる）を基礎に未熟にも体系化されていくことになった。だが，この頃には国際システムにおける戦争の役割を捉え，概念化することを試みて，理論化を目指したものは，まだほとんどなかった。

　ところが，国際政治の研究に多大な刺激を与えた第二次世界大戦後，こうした傾向は大きく変化し始める。戦争の余波の中で，国際関係学は独立した部門として，または同様に急成長している分野内のサブ分野として，高等教育機関，特に米国での国際研究の繁栄とともに，政治学の主要な主題として指数関数的な成長が見られるようになるのである。

　この関心の拡大の背後にある理由は明らかであった。多くの学者やアナリストは，第二次世界大戦後，以下の2つの関心を抱き続けており，それが国際政治学を進展させるまさに動機となったのであった。

　　①なぜ，壊滅的な世界大戦が終わってから20年後，世界はさらに破滅的な
　　　戦争に巻き込まれたのだろうか？　言い換えれば，そのような悲劇から
　　　学ぶべき教訓は何だろうか？
　　②第二次世界大戦後の冷戦という危険な時代に，国際的なアクターはどの
　　　ように互いに関与すべきだろうか？

　米国とソ連が主導する核武装超大国間のイデオロギー対立の時代の最中にあって，国際外交は，大国がさらに別の世界大変動を引き起こさないように細心の注意を払う必要があった。

　要するに，研究分野としての国際政治学は，第一次世界大戦と第二次世界大戦という2つの両親から生まれた落とし子だと言って良かった。第二次世界大戦後の時代における国際関係論の主要なフレーミング装置としての古典的リアリズムの積極的な採用は，上記の2つの中心的な問題に対処するための知的及び道徳的要請の両方から生まれたものであった。

　ところが1990年代に入ると，リアリズムの考えは洗練されていないと批判された。リアリストたちは「真実と現実」や「平和」を構築する可能性という根本的な問題に注意を払っていないとか，国際関係論が成立した歴史的背景につ

いて要点を見逃している─それは今も同じだ─などと批判された。

　1945年以降，国際関係の「現実の試練」は，2つの世界大戦の戦場にまき散らされた「血と鉄」の代償を払い続けていた。それはまぎれのない真実であり，リアリスト志向の学者やアナリストは，イデオロギー的に敵対する超大国間の核の対立の見通しによって特徴づけられた不安定な冷戦時代に，反戦ユートピアの希望的観測にふける余裕などなかった。世界がどうあるべきかではなく，あるがままに理解しなければならなかった。

　国際関係論の学問分野としての初期の輪郭は，粗雑で初歩的な域を出るものではなかった。だが，古典的な現実主義が主題にしてきた国家間の関係，非国家主体，権力と自己利益の役割，及び国際システムにおける究極の戦争手段を研究対象にすることによって，国際関係の一般理論の中で戦争の役割を捉える方法について，より体系的なアイディアを発展させることができたのだった。

2　理論の役割

　第二次世界大戦後の世界政治の複雑さを把握しようとする手段として，国際政治における戦争の役割を理解しようとした主な理論を見る前に，いわゆる社会科学における「理論」の役割について簡単に考えてみよう。

　どの分野の調査においても，物事を理解できるようにするためには理論が必要である。つまり，理論はどの情報が重要で，どの情報が重要でないかを判断するのに役立つ。理論とは，まさに私たちが信じられないほど複雑な世界を理解するのを助け，その世界の構成要素を分離し，そのシステムの他のすべての構成要素を完全に理解していなくても，それらを研究しやすいものにするための単純化装置と捉えるべきものである。具体的には，理論の役割は，少なくとも国際関係論の範囲内では，次の3つの機能を果たすことを意図している。

①　分類：現象をカテゴリーに分類すること。研究を始めるのに最も重要な場所を決定する。最初のタスクは，分析の主要単位を決定すること。

②　説明：さまざまな要素がどのように相互作用するかを，分析，論証すること。

③　予測：さまざまな要素またはアクターが特定の条件下でどのように動
作するかを特定すること。

　理論を使用して適切な予測を主張しようとすることは，水晶玉を注視し，出
来事がどうなるかについて予測することを意味するのではなく，可能性のある
行動について条件付きの主張をすることを意味する。例えば，部屋で火災が発
生した場合，ほとんどの人が出口に向かうだろう。私があなたに暴力を振るえ
ば，あなたはおそらく反撃するだろう。それと同様に国が攻撃された場合，自
衛のために報復するはずだ。これは，私たちが行っている予測のレベルである。
言い換えれば，人は出来事について仮説を立てようとするのだ。私たちは物事
が単なるランダムな出来事ではないことを知っている。イベントには何らかの
パターンがあるはずだ。したがって，人はそれらについて仮説を立てようとす
るのである。
　より広い社会科学の仮説について論じるときの最後の注意点は，それらが自
然科学の理論化に対応していないということだ。一部の社会科学者は，自分た
ちの研究が「ハード」サイエンス（いわゆる「行動主義学派」）の厳格な基準に
準拠できると主張しているが，これは誤りである。
　つまり，物理科学における実験的テストの同じ基準を社会科学領域に適用で
きるという信念の表明は，間違いであるばかりか，混乱させるものである。社
会科学における重要な変数である人間の行動は無限に複雑であるため，これを
行うことなどできるはずがない。人間の行動を認識し理解する方法はたくさん
ある（異なる文化，異なる歴史，異なる見方，異なる価値体系，異なるすべて）。これ
により，人間の予測可能性への正確な一般化はほぼ不可能になる。

3　パラダイム間の議論

　自然科学は一般的に合意された枠組み，つまり支配的なパラダイム（物の見
方や捉え方）の中で研究が遂行される。すべてのパズルと問題は，少なくとも
最初は支配的なパラダイム内を参照して答えが求められる。支配的なパラダイ
ムは挑戦され，最終的には取って代わられるかもしれないがそれは知識と理解

の漸進的な進歩がある場合に限られる。例えば，アインシュタインの相対性理論が，かつて支配的だったニュートン物理学の理論をどのように退けたのかを考えると良い。だが国際関係のような分野では，このようなことはあり得ない。知的基盤について確固たる絶対的な公式などはどこにもないのだ。代わりに，世界がどのように機能するかについてより説得力のある説明を提供しようとして競合するパラダイムがある。そういうわけで国際関係論には，パラダイム間の議論がある。

　国際関係の分野には，リアリズム，リベラリズム，構造主義という3つの主要な理論がある。これらのパラダイムはそれぞれ興味深い複雑なものである。ここではそれぞれの理論の概要を提供するだけのスペースしかないがそれぞれが世界と戦争の役割を異なる方法で解釈しているのでそれらを提示する。

4　リアリズム──支配的なパラダイム

　3つの理論的枠組みにおいて，支配的なパラダイムであると主張できる理論は，リアリズムだろう。歴史的に，国際関係学の最も初期の理論的基礎はリアリズムによって組み立てられており，その教訓は今も有効である。リアリズムのパラダイムは，国際システムを国家間の権力闘争として特徴づけ，それぞれの国益を追求する。そのため，リアリストは一般に，国際システムで戦争をなくす見通しに対して懐疑的である。リアリストの思想にはさまざまなバリエーションがあるが，伝統的な進化の過程を詳細に調べると，リアリズムの重要な原則は次のように要約できる。

　① 国家の優位性

　　理論的に国家は支配する物理的空間に対する法的主権を所有しており，その領土内での暴力の独占権を所有している。独立した主権国家に対して，それが適切と考える以外の方法で行動するように命令できる主権者は，国際システムの中で他に存在しない。したがって，国家は国際システムの主要な単位であり，通常，リアリストの思考における主要な分析単位である。

② 無政府システム

国家の上に主権者が存在しないため，リアリズムでは，国際システムは本質的に無政府状態のひとつであると主張されている。これは，状況が混乱していることを意味するものではない。国家は互いに協力することを選択する可能性があるものの最終的には，国家の上に上位の権限はない。世界政府もない。国連や欧州連合のような機関でさえ，最終的には加盟国で構成されていることを思い出してほしい。

③ 最優先事項は生存

無政府状態の国際システムはいわばジャングルであり，ジャングルの第一法則は生存である。主権と安全保障は，すべての国家の基本的な前提条件である。

④ 権力の最大化

生存のための闘争は，本質的に各国家が他の国家と比較してその能力を最大化しようとする権力闘争である。パワーがあればあるほど，生存の可能性が高くなる。

⑤ 自助

リアリズムの分析における基本的なポイントは，主権国家は世界の中で独りだということである。彼らは自分たちの生存を保証するために他の誰かに頼ることはできない。このため，リアリズムは，国際システムを自助システムとして特徴づける。つまり，国家は，さまざまな手段，外交，経済協力，同盟の構築などを通じて，力を最適化し，国益を追求しようとする。しかし，最終的には，自国の安全を確保するために必要な措置を講じるかどうかは，国家自体にかかっている。

⑥ 究極の仲裁者としての軍事力

最終的には国際システム特有の性質の中では軍事力が依然として強力であり，最終的には国家の存続を保証する唯一の方法である可能性がある。

5　リアリズムと戦争

上記で概説したリアリズムは，その思考におけるさまざまなアプローチの単

純化された一連の理解を教訓として提供するが，同時にパラダイムのコア概念をも表している。そのコア概念は，国際システムにおける戦争の理解にとって重要な意味を持つ。リアリズムのパラダイム論争の中で，戦争は世界政治の避けられない特徴とみなされている。リアリズムは悲観的ではあるが真実の　（つまり現実的な）評価を提示しているとよく言われる。戦争は国際システムにおいて絶え間ない問題である。なぜなら国益が衝突する時は，戦争を通じて解決を求める場合もあるからである。彼らは，自分たちの利益を守り，安全保障を強化するためにこれを行う。これは，国際システムのアナーキーな性質がもたらす不可避な現実である。

　リアリズムを理解すれば，競争する主権国家の国際システムにおける権力，闘争，生存が何を意味するのか，そして戦争を引き起こす一般的な要素，つまり戦争の原因を明らかにするのに役立つ。

　戦争が国際システムの不可避の特徴であるのはなぜか？　これは，学者が現実主義的思考の中で体系化しようとしてきた問題である。ウォルツ（1959）は，戦争の原因を説明できる３つのレベルの分析を調べることによって，この問題を検討した。

　ウォルツが調査した最初のレベルの分析は，人類の性質，つまりウォルツの用語では「人間」だった。戦争は，人間の貪欲，愚かさ，悪意という避けられない特性の結果であるという考えは，一般的にも通用するイメージである。それは，人間の欲望には際限がなく，必然的にチンギス・ハーンからアドルフ・ヒトラーに至るまで，征服戦争を熱望する邪悪で好戦的な指導者を生み出すという考えを含んでいる。しかし，ウォルツは，この主張が十分な説明であることに懐疑的だ。人類が戦争の原因であるなら，人類は平和の原因でもあるに違いない。人間の本性は，強欲と権力への欲望という否定的な特徴をすべて示すだけでなく，愛と優しさという反対の属性も有する。したがって，人類が戦争の原因であるというのは，「すべてを説明しても何も説明しない」理論である。人類は戦争に必要な要素だが，唯一のものではない。

　次に，ウォルツは，戦争の原因の２つ目の説明として，国家の内部構成を調べた。例えば，他の国より好戦的な国はどれほどあるだろうか？　権威主義国

家か？　独裁国家？　帝国主義国家？　ファシスト国家？　共産主義国家？
もしかしたら政治的信条に関係なく，国家は人間の集合体で構成されているた
め，戦争の素因を含んでおり，個人がギャング，または部族を形成すると，攻
撃的な衝動が増幅され，他の人に戦争を仕掛ける原因になるのだろうか？

　ウォルツはこの説明は疑わしいと考えていた。あまりにも単純過ぎるからだ。
同じ政治的色合いの国家が互いに敵対する可能性があることを示す十分な証拠
もある。仮にすべての国が同じであれば戦争がなくなると信じるとしても，ど
のような形の政府が最も無害であるだろうか？　それを我々はどのように選択
すれば良いのだろうか？　もっとはっきり言おう。戦争を通じて，この形態の
政府を他の人々に強制することができるだろうか？　これは，2001年以降，西
側諸国がいわゆる新自由主義的介入主義の政策を通じて実現しようとしたこと
である。例えば，アフガニスタン，イラク，リビアに対する西側の暴力的な介
入は，費用のかかる失敗であることが判明し，さらなる戦争と地域の不安定化
につながるだけであった。

　最終的に，ウォルツは国際システムの性質に注目し，ここで彼は戦争の原因
について最も説得力のあるレベルの説明を見つけたのだった。ウォルツは，戦
争が起こるのは，人間（第1レベル）や国家（第2レベル）が本質的に悪いから
ではなく，それぞれが自分たちの生存を追求している場合，国家で構成された
無秩序世界では，衝突が起こるのは避けられないと主張した。もちろん，これ
らの利益相反は常に戦争によって解決されるわけではない。しかし，意見の相
違が十分に深刻な場合は，そうなるだろう。それこそが国際システムにおいて
諸国家が戦争に陥りやすい理由なのだ。

　ウォルツ（1979）はこの第3レベルの分析を強調し，戦争を生み出すのは国
際システムの固有の構造であると主張した。これを行う際に，彼は次の仮定に
基づく国際行動の鉄則を提供しようとした。

① 　国際システムはアナーキーである。
② 　したがって，すべての国家は存続（生き残り）を確立しようとする。
③ 　そのため国家は自衛能力を獲得し，他の国家と比較してその力を最大

化するようになる。
④　これは必然的に不信感，恐れ，疑いを生む。
⑤　それゆえ，国家間で執拗な軍拡・安全保障への競争が高まる。
⑥　最終的に戦争によって解決されることになり，しばしば利益相反につ
　　ながる。

　これらの体系的な理由から，戦争は国際システムの責任に帰するのである。
　さて，政治の一般理論としてのリアリズムに固執する人々のすべてが，必ず
しもウォルツが提唱していたような厳格な国際システムの概念に同意するわけ
ではない。しかし，ウォルツの概念化は，「構造的リアリズム」または「ネオ
リアリズム」として知られるようになり，国際政治の理論とその中での戦争と
いう事象を一連の体系的で不変の原則として「神格化」されていくのである。

6　リアリズムが続いてきたのはなぜか？

　リアリズムの戦争と国際システムの説明は，国際政治の中でも最も長く支持
されてきた理論だった。その理由は非常に単純で，その名前が示すように，リ
アリズムはほとんどの人々の現実の理解と経験に対応しているからである。最
も一般的なレベルでは，紛争，争い，権力の追求を引き起こす人間の性質にお
ける傾向と，国民国家に至るまでの人間の集合体の行動への影響に対するリア
リズムの認識は，ほとんどではないにしても，世界が最も基本的なレベルでど
のように機能するかについてかなり多くの人々の認識と一致している。さらに，
現実主義者の理解は，2つの世界大戦が勃発した理由，冷戦が起こった理由，
1945年以降の超大国の行動など，既知の出来事を相当程度説明しているといえ
る。
　他方でリアリズムは，特にユートピア志向の学者の間で批判される。批判の
多くは，リアリストは戦争は不可避であるとあまりにも安直に受け入れ，道徳
的な取り組みをまったく無視し，世界をより平和な場所にすることに無関心で
あるというものである。ユートピア主義者は，リアリストたちが世界がどうあ
るべきかに焦点を合わせていない，すなわち戦争，暴力，その他の形の不正を

容認する立場だとして，常に厳しく批判してきた。

　これらの批判的な立場は，平和理論，平和研究，または規範的な国際関係学の一群だとしてみなされるが，この種の批判の問題は，現実主義の中心的な命題を適切に扱っていないと考えられる。リアリズムは道徳を扱わず，国際システムにおける平和へのより広い展望を認識していないと批判されるが，それは，世界がどうあるべきかではなく，あるがままに説明しようとする試みだからだ。したがって物事をありのままに説明しようとするリアリズムの試みへの批判としてはまったくナンセンスなものとなる。

　確かに平和的協力には多くの可能性があり，国際システムは，ネオリアリズムの理論家たちが言うように常に攻撃的で，軍事能力を構築するための普遍的なメカニズムによって常に特徴づけられるものではない。それでもネオリアリズムは，過去と現在，第一次世界大戦，第二次世界大戦の勃発に至るまでのヨーロッパの主要国の衝突，冷戦中の米国とソ連の行動などいわゆる「大国」間の関係を大部分で現実に即して説明しているように思われる。国際関係の考え方で競合している他の2つのパラダイム，リベラリズムと構造主義を見ることで，リアリズムがどのように挑戦されるかについてよりよく理解することができるだろう。

7　リベラリズムと戦争

　国際システムのリベラルな理論は，現実主義的思考の主なライバルとしてしばしば位置づけられる。リアリズムのように，リベラルな理論はひとつではなく，広く言えばリベラルな伝統を代表するさまざまな知的要素がある。したがって，リベラリズムは，多元主義や理想主義などの他のラベルにも分類される。リベラルなアプローチの基本的なテーマは，リアリズムが指摘する国際システムにおける戦争への性向は，大幅に緩和されるか，完全に克服される可能性さえあるということだ。これは，リベラルな国際主義者の考え方のさまざまな種類を見ることで識別できる。

　リベラルな思想のひとつの学派は，経済的な相互依存は，例えば国家間の自由貿易を通じて，相互依存の度合いで存在するため，国家が互いに戦争をする

傾向が少なくなることや，お互いに依存して幸福と繁栄を維持するのだと主張する。この考え方は，リチャード・コブデン，アダム・スミス，ジェレミー・ベンサムなどの18世紀と19世紀の経済学者や哲学者の著書で明確に表現されているように，リベラル思想の長い系譜を持っている。最もユートピア的であるこの伝統は，永遠の平和の状態を導く賢明で相互に依存する世界秩序が出現するという見通しを有している。

　第二の学派は，戦争はある種の国家の非民主的な性質，特に無原則な権力の追求を助長する国際政治の非道徳的な性質によって引き起こされると主張する。こうした欲求から国家は，秘密の外交を行なったり，マキャベリ流の陰謀と裏切りを屈服し領土分割を行なったり，利己的な利益のために他国と戦争をするための取引を行なったりすると説明する。リベラリストは，これらの卑劣で不道徳な傾向は，すべての国家が民主的な国家自決権を持つことで克服できると考える。その意味で，集団安全保障協定は，同じ考えを持つ国家が団結して侵略国家を阻止することを保証するとみなされる。米国大統領のウッドロー・ウィルソンは，こうした考えに傾倒し，第一次世界大戦後の永続的な平和の基礎としてそれらを推し進めたのだった。

　第三の考え方は，リベラルな制度主義として知られている。これは，国際通貨基金，国連機関，欧州連合などのような超国家的機関が，長期的な協力のより大きな利益のために目先の利益を差し控えるよう国家に奨励することによって，利己的な国家の行動を克服できると主張する。1970年代以降に成長したこの概念の変種は，ネオリベラルな制度主義と呼ばれる。新自由主義の制度主義は，国家が国際システムの主要な単位である一方で，無政府状態の状況は，国家間及び多国間協力の形態を促進する許容可能な行動の規範に道を譲ることができると主張する。これらの規範には，国際システムにおける戦争を緩和するだけでなく，長期的にはシステムを変革する可能性が含まれている。最終的には，国際システムにおける主要なアクターとしての国家は，EU，国連，IMFなどの地域及び多国籍アクター（機関）によって超越されることになる。これらの機関と，それらを主宰する「優れた」エリート層は，紛争を回避し，平和的で公平で公正な結果への道を切り開くと信じられている。

　当然, リアリズムの理論家はリベラルな理論の妥当性をめったに受け入れることはない。なぜなら, リベラルな考えは, 国際秩序の見通しについて単純に楽観的であると考えているからだ。リベラリズムの理論家は, 権力政治の厳しい現実を無視しているとしばしば批判される。実際, 彼らは, 1930年代にファシスト勢力の宥和を助長した国際法と集団安全保障の可能性を過信したとして非難された。皮肉なことに, これがファシストの侵略を助長し, 第二次世界大戦勃発の大きな要因となった。言い換えれば, リベラルなユートピア主義は, 戦争への依存を減らすどころか, 戦争そのものの主要な原因であったのだ。これは, 戦間期の理想主義者に対する強力な告発でもあった。

　リベラリズムへの懐疑主義者はまた, 特定の種類の国家が本質的により望ましいというリベラリズムの主張に, エスノセントリック (自民族中心主義) だと異議を唱えている。どの統治形態がより良く, より平和的であると誰が言えるだろうか。答えには, 必然的に論争の的となる価値判断が含まれる。あるシステムが道徳的に優れていたとしても, それを他のすべての人に課すことができるだろうか。または課すべきだろうか。それも力づくで。

　リベラルな制度主義者の理論に関しては, リアリズムの理論家は, 国家間協力と多国籍組織の形成の可能性を認めるものの, 国家がそうすることが国益になると考えたためにそうしただけだと主張している。リベラルな理論家はしばしば国家を超越した動きとしてEUを捉えているが, EUのような超国家機関は, 実際のところ加盟国をひとつの組合形式にして連邦化しようとしているだけではないだろうか。それは最終的に, 自分自身を別の状態, 超国家に形作ろうとしているに過ぎないのではないか。したがって, リベラルな制度主義自体も, 国家制度を定着させようとするものであり, 必ずしもそれが他の何かに置き換わるものではない。さらに, 慈悲深いエリートが多国籍機関を平和で繁栄する方向に導くことができるという仮定は, 彼らが他の誰よりも人間の欠陥や虚栄心から解放されていないという多くの証拠を見落としている。実際, 彼らの政策や主張は, 意味のある形の民主主義的説明責任からかけ離れていることが多いため, 多くの場合, 自分たちの地域ブロック内で, しばしば紛争や反対意見を助長する場合すらある。

　リベラルな戦争理論と国際システム，特に反戦の規範的／ユートピア的な主張は，概念と実践の両方で自己矛盾しているように見える。さらに，リベラルな考え方のさまざまな要素は，戦争の可能性を制限するための処方箋において必ずしも有効でないように思える。世界政府，経済協力，自由貿易，地域連邦主義から，多国籍企業や非政府組織との協力にまで解決策を提示しているが，リアリズムの方が，国際システムについてより首尾一貫して語っているように思われる。

8　ストラクチャリズムと戦争

　リベラルなアプローチとリアリストのアプローチの両方に対する3番目の最も急進的な代替案は，ストラクチャリズム（構造主義理論）と呼ばれるものだ。表向きは，構造主義者の説明はマルクス主義思想の発展であり，彼らは資本主義社会の緊張から戦争が国際システムの構造に組み込まれていると主張している。構造主義では，戦争は，資本主義国家，特にその中の支配階級が，利益を拡大するための市場をめぐる絶え間ない闘争に従事しているために発生すると説明する。必然的に，この闘争は資本主義国家を競争と対立へと導く。とりわけ，これは帝国主義に対するマルクス主義者の説明を補強する。つまり，資源の抽出と新しい市場の可能性を利用するための領土拡大の推進力であると。

　現実主義者や理想主義者と同様に，構造主義者の説明は，ヨーロッパ帝国の崩壊にもかかわらず，発展途上国の大部分を依然として先進資本主義国家が圧倒しており，「経路依存理論」や「世界システム理論」などで説明されるようにさまざまな要素が社会に影を落としていると述べる。社会を経済関係に閉じ込めることによる新植民地的服従の状態下で，資源は「周辺」から吸い上げられ，「中心」の主要な資本主義勢力は富を維持することが可能となる。伝統的なマルクス主義者／構造主義者の解釈は，主要な国際的アクターは国家ではなく社会階級であり，経済的要因がこの「世界システム」におけるアクター間の関係を決定すると主張する。リアリズムやリベラリズムとは異なり，マルクス主義者の理解は，グローバル秩序全体が資本主義社会の転覆によって変革され，社会主義者／マルクス主義者の支配に置き換えられるべきであると考えている。

そのときはじめて調和と進歩的な正義と公平の条件が制定され，国家が排除されることになる。

　構造主義／マルクス主義の理論は，実際に他の主題分野と同様に，国際関係学において強力な支持者を保持している。しかし，このアプローチの伝統的な教訓の多くは，経験的な反論の明確な例によって損なわれることになった。その例を数多く挙げることができるが，例えば，次のようなものがある。

① 先進資本主義国家は，必ずしも，戦争への明らかな特性を持っていなかった。実際，特に1945年以降は，かつての時代と異なり，資本主義工業経済を推進した国家は，北大西洋条約機構のような同盟システム，IMFのような国際金融機構，または地域協力を通じて，対立よりも多国間協力を求めることが多かった。欧州経済共同体や東南アジア諸国連合も同様だった。

② 逆に，マルクス主義の変種に固執する社会主義／共産主義国家は，互いに戦争をする傾向があるという多くの証拠を示すことになった——1960年代後半の中華人民共和国対ソビエト連邦，ベトナム対カンボジア1970年代，1979年のベトナムに対する中国など。

③ いわゆる資本主義システムへの参加，特に自由貿易システムに参加することが，発展途上国の繁栄への実行可能な道であったことを示唆する重要な証拠を提示した。

④ 1990年のヨーロッパ共産主義の崩壊とその旗手であるソ連の崩壊は，マルクス主義の解決策の実行不可能な性質の最終的な証拠を提供した。

　したがって，構造主義理論は，物事を実際にあるがままに忠実に説明するには不十分である。

　マルクス主義の統治体系が事実上反駁された結果，多くの構造的思考が崩壊してポストマルクス主義の立場から新たな思考が発展した。その発展とは，国際関係における社会構成主義と重要な安全保障研究のアプローチの台頭である。階級の優位性を強調した伝統的なマルクス主義思想とは異なり，これらの新し

い構造主義者の理解は，確固たる権力のシステムを紛争の源として強調し，不平等を脱構築と打倒の標的として強調した。私に与えられた本章でのスペースは，これらのしばしば迷路のような「理論」を検証することを許可していない（それらは知的仮説ではなく，グノーシス的な主張のセットである）。しかし，ポストモダン／ポストマルクス主義の構造的アプローチは，興味深い答えをめったに得られなくても，いくつかの興味深い質問を提起できると言えば十分だろう。

9　最終的な問いは？

　国際システムにおける戦争の場所の理解を組み立てる主要な理論的パラダイムを概説してきた。これらのさまざまな理論は本質的に排他的で互いに競合し，相容れないものだ。だが，このことはポジティブなことである。単一の正統な説明ではなく，対立するパラダイムの多様性が維持されることは，学術的な議論を刺激するため，知的に健全であると主張することができる。世界の見方がひとつしかなかったら，人生も社会もつまらないものになるだろう。

　ひとつの理論的アプローチに過度に拘泥することは，知的に有害であると認識するのが適切であろう。結局のところ，それらはイデオロギー的な立場ではなく，説明の枠組みであるのだから。有意義な学問は独断的であってはならず，議論に開かれ，それぞれ別の理論的立場にも正当性があるかもしれないことを受け入れる必要がある。理論的アプローチは，準宗教的な信仰の問題とみなされるべきではなく，むしろ，問題のさまざまな側面の検討を可能にするさまざまな知的なツールとみなされるべきである。

　実際，現実主義のレンズが世界を評価するのに最もふさわしく，国際システムが無秩序であると正確に描写されるいると考えるとしても，ほとんどのアナリストは，一方で，国家間の協力や友好を排除するものではないことを認識している。

　例えばこうした考え方は，いわゆる「古典派」あるいは（不正確な呼称だが）「イギリス学派」の国際関係論に取り込まれており，ネオアリアリズムの理論化やアメリカ式政治学の科学的厳格さを否定し，偶発的，歴史的，経験的なアプローチを支持していると指摘する研究者もいる。この学派と最も関係が深いの

は，ヘドリー・ブル，ジェフリー・ブレイニー，マーティン・ワイト，E・H・カー（前二者は，イギリス人というよりむしろオーストラリア人であることに留意されたい）であろう。

　このアプローチは，正確に言えば，歴史的現実主義としてより正確に理解されるべきである。彼らの主張には以下のように多種多様である。カーは，国際システムにおける国家の最も重要な任務は，国家間の絶えず変化する力関係に適応し管理することだと考えている。ブレイニーは，戦争はしばしば力の測定に関する疑念が出発点となって引き起こされると主張する。ブルのように無政府状態にもかかわらず，国家は共存と秩序を可能にするルールと慣行を構築できるとする歴史的情報に基づくリアリズムの第二の流れもある。これらは，国際貿易の構造，法的条約の支持，さらには国連のようなトランスナショナルな機関という形をとるかもしれない。しかし，ワイトが言うように，結局のところ，国際システムにおいて国家間の関係を規制する恒久的な制度は，外交，同盟，戦争だけであるのかもしれない。

　いずれにせよ最終的には，私たちは戦争と国際システムに関するさまざまな説明から検討することが重要である。理論は，真実のおおよその暫定的な理解に到達するためだけに存在し，裁判官として行動したり，イデオロギーの代わりとして機能したりするためのものではない。そのことを常に心に留めておく必要がある。

マイケル・レインズボロー（翻訳：福富満久）

　※本章の原題は WAR AND THE INTERNATIONAL SYSTEM

演習問題
1. 国際システムの主な説明のうち，現代の出来事を最もよく説明しているのはどれだと思うか？
2. 現在の問題（戦争またはその他の論争の領域）について考え，戦争の原因のさまざまな説明がこの状況をどのように説明するかを自問しなさい。
3. 国際システムにおいて戦争は避けられないのか？

引用・参考文献

Carr, E. H., *The Twenty Years Crisis, 1919–1939 : An Introduction to the Study of International Relations*, 邦訳　カー，E. H. 原彬久訳（2011）『危機の二十年——理想と現実』岩波文庫

Waltz, Kenneth（1959＝2019）, *Man, the State, and War : A Theoretical Analysis*, Columbia University Press, 邦訳　ウォルツ，ケネス 渡邉昭夫・岡垣知子訳（2013）『人間・国家・戦争——国際政治の3つのイメージ』勁草書房

—— (1979), *Theory of International Politics*, McGraw-Hill, 邦訳　ウォルツ，ケネス 河野勝・岡垣知子訳（2010）『国際政治の理論』勁草書房

理解を深めるための読書案内

Bull, Hedley, *The Anarchical Society : A Study of Order in World Politics*, 邦訳　ブル，ヘドリー 臼杵英一訳（2000）『国際社会論——アナーキカル・ソサエティ』岩波書店
　　国際政治におけるアナーキーと秩序に関する代表的な研究書として知られる。

Carr, E. H., *The Twenty Years Crisis, 1919–1939 : An Introduction to the Study of International Relations*, 邦訳　カー，E. H. 原彬久訳（2011）『危機の二十年——理想と現実』岩波文庫
　　リアリズムとリベラリズムを交差させ国際協調と平和の問題を探求した名著。国際関係の研究における重要な著作。

Morgenthau, Hans, *Politics Among Nations : The Struggle for Power and Peace*, 邦訳
モーゲンソー　原彬久訳（2013）『国際政治——権力と平和』（上・中・下）岩波文庫
　　権力と平和の闘いについて論じた国際政治学の古典的名著。人間の権力欲がある限り，戦争を根絶することができないと論じ，勢力均衡を解いた古典的リアリズムを代表する書籍。

Doyle, Michael W. (1997) *Ways of War and Peace*, W. W. Norton.
　　戦争と平和のあり方について論じ，平和構築の方法に焦点を当てている。

Thucydides, *The Peloponnesian War*, 邦訳　トゥキュディデス　久保正彰訳（2013）『戦史』中公クラシックス
　　古代ギリシャの歴史家トゥキディデスによる「ペロポネソス戦争」の記録。戦争の原因や国際関係の要素を考察している。現代の戦争を考える上でも有益な示唆を得ることのできる古典的名著。

<table>
<tr><td>第2章</td><td>Unilateral Intervention

法は一方的な武力行使を
どのように規制するのか</td></tr>
</table>

　一国の他国に対する一方的な干渉（ユニラテラル・インターベンション）は他国の主権を侵害する行為であって，不干渉義務違反を構成する。特に軍事力を伴う干渉は不干渉義務違反に加えて，武力不行使義務の違反にもなる。これまでの事例において，軍事干渉国は，個別的または集団的自衛権，要請に基づく武力行使，在外自国民の保護，「人道的干渉の理論」などの法的根拠に基づいて軍事力を伴うユニラテラル・インターベンションの正当化を主張してきた。しかし，これらの主張は国際法に合致しない違法行為と評価される場合も多い。さらにそもそも国際法上の規則として実際に確立しているか疑わしい法的根拠もある。

キーワード

一方的軍事干渉　武力行使禁止　武力攻撃の発生　個別的自衛権　集団的自衛権　要請に基づく武力行使　在外自国民の保護　人道的干渉の理論　内戦に対する干渉　非国家主体からの武力攻撃

1　背景

　主権国家の並立共存を基礎とする国際社会において，国家は他国に服することなく独立した存在である（対外主権）。言い換えれば，国家は他国から干渉を受けることがなく，ここから，国家は他国に干渉してはならないという不干渉義務が導き出される。それゆえ，一国の他国に対する一方的な干渉（ユニラテラル・インターベンション）は他国の主権を侵害する行為であって，不干渉義務違反を構成する。ユニラテラル・インターベンションが軍事力を伴う場合は，不干渉義務に加えて武力不行使義務の違反にもなる。この点につき国際司法裁判所（以下，ICJ）は，1986年のニカラグア事件判決において，「[不干渉] 原則はすべての国または国の集団に対して，他国の国内外の問題に直接または間接

に干渉することを禁止し」ており，干渉が違法となるのは，一国が他国の選択
に関して強制の手段を用いる場合であって，「強制の要素は，……武力を行使
する干渉の場合にとくに明白である」と指摘した上で（ICJ, 1986 : 108 ; para. 205），
「不干渉という慣習原則の違反を構成する行為はまた，それが直接または間接
に武力行使を含む場合，国際関係における武力不行使原則の違反を構成する」
と結論づけた（ICJ, 1986 : 126, para. 246）。本章では，「ユニラテラル・インター
ベンション」として，特に軍事力を伴うものに焦点を当て，関連する国際法規
則ごとに国連憲章成立後の複数の事例を取り上げて検討する。

2　軍事干渉国による正当化

　一般に，国家が自らの行動を国際法に反する違法行為と認めることは稀であ
る。大抵の場合は国際法によって認められまたは国際法によって認められてい
ると主張する法的根拠を示して，自らの行動を正当化しようとする。これは，
国家が他国に対してまたは他国において武力を行使する場合は特に顕著であり，
軍事力を伴うユニラテラル・インターベンションの事例についてもよく当ては
まる。これまでの事例で軍事干渉国によって用いられた法的根拠として，個別
的または集団的自衛権，要請に基づく武力行使，在外自国民の保護，「人道的
干渉の理論」などを挙げることができる。

3　国際社会における対応

　軍事力を伴うユニラテラル・インターベンションが生じた場合，基本的には
国連安全保障理事会が国連憲章に基づいてこれに対応することになる。後述の
とおり，この事態に個別的自衛権または集団的自衛権が援用されれば，援用国
は第51条に従って国連安全保障理事会に報告する。国連安全保障理事会がこの
事態を第39条に従って平和に対する脅威，平和の破壊または侵略行為と認定す
れば，第41条及び第42条に規定される非軍事的措置及び軍事的措置の実施に道
が開ける。ただし，常任理事国が拒否権を投じた場合，国連安全保障理事会は
機能不全に陥ってしまう。このような国連安全保障理事会の機能不全は，制度
上は「平和のための結集」決議に基づく国連総会の措置によって補完可能であ

る。

4　個別的自衛権

　軍事力を伴うユニラテラル・インターベンションの正当化のために個別的自衛権が援用される場合がある。個別的自衛権とは，一国が自国に対する武力攻撃を排除するために武力を行使するための法的根拠のことをいい（森，2021：224），第51条に規定されかつ慣習国際法によって認められたものである。武力行使それ自体は第2条4項及び慣習国際法によって禁止されているものの，自衛権に基づく武力行使はこの例外として位置づけられている。

　ICJによれば，個別的自衛権の要件は，武力攻撃の発生（第51条・慣習国際法），必要性（第51条・慣習国際法），均衡性（第51条・慣習国際法），国連安全保障理事会への報告（第51条）の4つである（ICJ, 1986：103, 105, paras. 194-195, 200 ; ICJ, 1996：245, para. 41）。第51条はさらに時限的な性格を加え，個別的自衛権の行使を国連安全保障理事会が「国際の平和及び安全の維持に必要な措置をとるまでの間」に限定した。

　1つ目の武力攻撃の発生に関して，ICJは次の点を明確にした。まず，「武力攻撃」とは2条4項及び慣習国際法で禁止される「武力行使」の中でも，「最も重大な形態の武力行使」をいう（ICJ, 1986：101, para. 191）。例えば，「国境を越えた正規軍による行動」や「その規模及び効果が武力攻撃として分類しうる国による武装集団の他国の領域への派遣」（侵略の定義第3条（g））が該当する。さらに，軍艦1隻の触雷または商船に対するミサイル攻撃であっても武力攻撃に該当する可能性がある（ICJ, 2003：195, para. 72）。これらの行為があれば，被攻撃国は個別的自衛権に基づいて攻撃国に対して武力を行使できる。これに対して，「正規軍によって行われた単なる国境事件」や「反政府勢力に対する武器または兵站その他の支援の提供という形態での援助」などは武力攻撃に至らない「重大性の低い武力行使」であるため，個別的自衛権は援用できず，「均衡のある対抗措置」が正当化されるにとどまる（ICJ, 1986：127, para. 249）。

　次に，「武力攻撃」は「一国による他国に対する」ものとされる（ICJ, 2004：194, para. 139）。第51条が「武力攻撃」の主体を特定していないことから，この

範囲が国家に限定されるのか，それともテロリストを含む非国家主体にまで拡大されるのかという解釈の問題が生じる。この点について ICJ は国家に限定されるとの立場を示した。ただし，後述のように，テロリストを含む非国家主体からの武力攻撃に対して自衛権が援用される事例が増えている。

　なお，どの時点で「武力攻撃」の発生とみるかという論点があるものの，ICJ は判断を回避した。この論点は，第51条に基づく個別的自衛権と慣習国際法に基づく個別的自衛権に違いを認めるか否かという問題に関わってくる。すなわち，国連憲章成立以前の慣習国際法が「武力攻撃」の発生以前であっても自衛権（いわゆる「先制的（anticipatory/pre-emptive）自衛」または「急迫の（imminent）武力攻撃」に対する自衛）の行使を認めていたことを前提として，このような慣習国際法が国連憲章の成立によって否定されたのか，それとも国連憲章の成立にかかわらず引き続き存続するのか，という問題である。国連憲章が第2条4項において武力行使禁止原則を定め，あくまでもその例外のひとつとして第51条で自衛権を認めていることに照らせば，今日の国連憲章体制の下で第51条の規定よりも，緩やかな内容の「自衛権」が認められるとは考えがたい（浅田，2022：477-478）。

　2つ目と3つ目の必要性と均衡性に関して，ICJ は，自衛が認める措置は武力攻撃に均衡しかつ武力攻撃に対応するために必要なものに限られるとの立場をとって（ICJ, 2003：198, para. 76），先行する武力攻撃が参照先になることを明確にした。なお，いずれの要件も，当初は慣習国際法に基づくものと位置づけられていたものの（ICJ, 1986：94, para. 176），その後の判例で第51条にも適用されることが示された（ICJ, 1996：245, para. 41）。

　4つ目の国連安全保障理事会への報告は，第51条に基づく義務であって，慣習国際法が求めるものではない。ただし，ICJ によれば，「国連安全保障理事会への報告のないことは，関係国が自衛に基づいて行為していると考えていたか否かを示す要因の1つになりうる」（ICJ, 1986：105, para. 200）。

　一国の他国に対する武力行使の際に個別的自衛権が援用される場合は非常に多い。ただし，領域紛争を抱える国の間の武力衝突を除けば，自国軍を攻撃国の領域に派遣する事例は限られている。そして，その際に個別的自衛権の要件

が充たされていなければ国際法違反として評価されることになる。例えば，1981
年オシラク原子炉爆撃事件に関して，イスラエルは個別的自衛権によってイラ
クのバグダッド郊外で建設中の原子炉に対する武力行使を正当化した。しかし，
イラクがイスラエルに武力攻撃を行ったという事実はなく，「急迫の」武力攻
撃をどのように拡大解釈するとしても，建設中の原子炉がこれに該当するとは
考えられない。国連安全保障理事会は全会一致で採択した決議487において，「イ
スラエルによる国連憲章及び国際的な行動規範に明らかに違反する軍事攻撃を
強く非難」した。また，2022年のウクライナ侵攻について，ロシアは個別的自
衛権を援用したものの，ロシアが強調したのはNATO諸国またはウクライナ
からの脅威であって，自国に対する武力攻撃ではなかった（阿部，2023：48）。
仮に急迫な武力攻撃の状況におけるいわゆる先制自衛権の行使が認められたと
しても，そのような急迫性は認められない（阿部，2023：48-49）。必要性と均衡
性の要件についても，「脅威」の除去のための必要性が認められてしまうのは
妥当ではなく，「脅威」と武力行使との均衡性を図ることはおよそ不可能であ
る（阿部，2023：49）。

5　集団的自衛権

　軍事力を伴うユニラテラル・インターベンションの正当化にあたって集団的
自衛権が主張される場合がある。集団的自衛権とは，一国が，他国に対する武
力攻撃について，自国は直接に武力攻撃を受けていないにもかかわらず，武力
攻撃を受けた他国と協働して反撃に加わるための法的根拠をいい（森，2021：
224），国連憲章第51条において新たに導入されかつ慣習国際法によって認めら
れたものである。

　国連憲章の起草過程によれば，そもそも第51条の規定は存在しなかった。特
に米州大陸で進められていた地域レベルの共同防衛を目的とする地域的取極ま
たは地域的機関に関して，国連の集団安全保障制度との整合性の観点から，そ
の強制行動は国連安全保障理事会の許可に服することを定めた規定が盛り込ま
れており，当初はこの規定で問題がなかった。しかし，1945年2月の米ソ英3
ヵ国首脳によるヤルタ会談の結果，国連安全保障理事会の常任理事国に拒否権

が認められることになり，上記の地域的取極または地域的機関による強制行動が拒否権によって許可されずに機能しないという事態が懸念されるようになった。そこで，地域的取極または地域的機関が国連安全保障理事会の許可に服することなく強制行動をとれるようにするために集団的自衛権という概念を創り出し，これを従来から認められていた個別的自衛権と抱き合わせる形で第51条として規定したのである（酒井，2011：537；浅田，2022：476）。このような背景を持つものの，集団的自衛権の援用にあたって地域レベルの地域的取極または地域的機関の存在が不可欠というわけではく，二国間の同盟条約に基づく場合でも，さらには条約が存在しない場合でも，集団的自衛権を援用することができる。

　ICJ は，集団的自衛権の要件として，まず個別的自衛権の要件がそのまま当てはまるとし，特に武力攻撃の発生に関して，「最も重大な形態の武力行使」に対する第三国による集団的自衛権の援用を認める一方で，武力攻撃に至らない程度の武力行使の場合の第三国による武力を用いた集団的な対抗措置は否定した（ICJ, 1986：110, 127, paras. 211, 249）。さらに集団的自衛権に特有の要件として，被攻撃国が武力攻撃を受けたと宣言すること（慣習国際法）と，被攻撃国が第三国に武力行使を要請すること(慣習国際法)の２つを挙げた(ICJ, 1986：103-105, paras. 195-199)。この２つの要件は，そもそもこれらが要件であることの証明が不十分だとして批判されているものの，第三国による集団的自衛権の濫用防止という観点からは評価されている（浅田，2022：481-482）。

　集団的自衛権の援用例は個別的自衛権に比べるとかなり少ない。そして，その多くは第三国による武力行使が被攻撃国の要請に基づいて当該被攻撃国の領域で行われていることから，集団的自衛権に依拠したユニラテラル・インターベンションの事例はさらに少なくなる。被攻撃国の領域で行われる武力行使が集団的自衛権の要件を充たさない場合は，当該被攻撃国に対する国際法違反となる。特に冷戦期の米ソによる集団的自衛権の援用例の多くがこのような評価を受けている。

　米国は1980年代前半にニカラグアによる隣接国（エルサルバドル，ホンジュラス及びコスタリカ）に対する武力攻撃があったとして集団的自衛権を援用してニ

カラグアに軍事介入した。ICJ は，エルサルバドルによる被攻撃国である旨の宣言と米国への要請が米国の軍事行動の後だったこと，ホンジュラスとコスタリカは武力攻撃と集団的自衛権のいずれにも言及しなかったこと，均衡性と必要性の要件にも合致しないことなどを指摘して，米国の主張を退けた（ICJ, 1986：120-121 and 122-123, paras. 232-234 and 237-238）。

　ソ連は1968年にチェコスロバキア政府からの要請に基づき，個別的及び集団的自衛の権利に合致してチェコスロバキアに派兵したと主張した。もっとも，チェコスロバキア自らがソ連の行為を違法ととらえ，自国政府の要請そのものを否定した。ソ連はまた1979年にアフガニスタン政府からの要請とこれに応じた決定が国連憲章に規定された個別的または集団的自衛権に完全に合致していると主張した。しかし，ソ連がアフガニスタン領域に進軍したのは要請の前だったことが指摘されている。いずれの事案も国際法違反の行為であるとして国際社会から大きな非難が寄せられた。

　2022年のウクライナ侵攻について，ロシアは，「ドネツク人民共和国」と「ルハンスク人民共和国」の要請に基づく集団的自衛権も援用した。しかし，いずれの「人民共和国」も侵攻直前にロシアから国家承認されることによって国家としての体裁を整えたにすぎず，そもそも被攻撃「国」としての地位を持たないため，被攻撃国からの要請（さらには被攻撃国の宣言）という集団的自衛権の要件は充たされない（阿部，2023：42）。また，ウクライナ東部ですでに非国際的武力紛争が生じていたとしても，ロシアが国家承認したからといって，これをウクライナからの「武力攻撃」に転化させるのは無理があり，「武力攻撃」の発生という要件も充たされていない（阿部，2023：42）。

6　要請に基づく軍事干渉

　要請に基づく軍事干渉とは，「他国（領域国）の要請に基づく一国の軍隊派遣による直接的な軍事支援」のことをいい，一国の他国（領域国）における武力行使を正当化する法的根拠のひとつとして位置づけられる（阿部，2021：75）。領域国の要請があるため一方的・強制的な性格は持ちえず，それゆえ，ユニラテラル・インターベンションには該当しない。しかし，要請に有効性が認めら

れない場合の軍事干渉は違法であって，違法なユニラテラル・インターベンションと評価されることになる。要請の有効性を判断する基準として参照されるのは，国連国際法委員会が作成した国家責任条文第20条とそのコメンタリーである。具体的には，政府からの要請であること，要請が自由な意思に基づき明確，実際かつ事前に表明されること，武力行使は要請の目的と対象の範囲に限定されることが挙げられている（阿部，2021：76）。

　これまでの実践上，要請に基づく軍事干渉は，外国の関与のないもっぱら国内的性格の事態に関して広く援用されてきた。例えば，ハイジャック機乗客の救出，領域国の国内秩序の回復，領域国の国内情勢の不安定化を受けた在外自国民の保護，テロリスト掃討などである。これらは内戦に至らない事態またはそのように説明される事態であって，学説も一般に要請に基づく軍事干渉を認めている（阿部，2021：77）。

　これに対して，内戦の事態については議論がある。反政府勢力からの要請に基づく軍事干渉は違法な干渉そのものであり（ICJ, 1986：126, para. 246），学説も一致してこれを認めないものの，政府の要請に基づく軍事干渉については賛否両論がある。肯定説は，これまでの実践を重視して内戦における政府の要請に基づく軍事干渉が認められてきたといい，ICJニカラグア事件判決が「［干渉は］国の政府の要請に基づく場合にすでに許容されている」（ICJ, 1986：126, para. 246）と判示したことも根拠とする。肯定説のいう政府はいわゆる正統政府である。正統政府の機銃として，従来は実効的支配の確立が重視されてきたのに対して，今日では，最近の実践に照らして，実効的支配が不十分であっても，民主的に選挙された政府または他国から承認された政府であれば，正統政府として認める説が有力になっている。他方で，否定説は，内戦のいずれの当事者に対する支援も自決権の侵害にあたると強調し，一連の国連総会決議を引用するほか，これまでの実践において内戦の当事者への支援に明示的に言及されたことはないという。肯定・否定の両説は規範と実践のいずれを重視するかという根源的なレベルで対立しており，その解消は容易ではない（阿部，2021：78）。このような対立にかかわらず，反政府勢力に対する外国の関与が先行している場合は，対抗干渉（counter-intervention）として，政府の要請に基づく軍事干渉

が一般的に認められている（阿部，2021：78）。

7　個人または非国家主体への視座

　以上のユニラテラル・インターベンションは，基本的に国家が前面に出た国家間関係の中で行われるものである。これに対して，他国の領域における個人の置かれている状況または非国家主体の行為を理由に当該他国にユニラテラル・インターベンションが行われる場合がある。あくまでも国際法上合法なものとして当該行為の正当化が主張されるものの，そのような正当化が妥当かどうかは，特に国連憲章の関連規定に照らして，十分に精査する必要がある。

8　在外自国民の保護

　他国の領域における自国民（在外自国民）を保護するために軍事力を伴うユニラテラル・インターベンションが実施される事例がある。第二次世界大戦前の時代でも，例えば日本は1927年の山東出兵，1931年の満州事変，1932年の上海事変などの軍事干渉に関して，在外自国民の保護を理由にこれらの正当化を主張した。1945年の国連憲章成立後は国連憲章の関連規定への合致が求められる。学説の立場から3つの法的根拠が提示されている。

　1つ目は個別的自衛権である。この法的根拠はさらに，国連憲章以前の「固有の自衛の権利」を強調する立場と，これを認めずに在外自国民に対する武力攻撃を自国に対する武力攻撃と同視する立場に分かれる。1976年のエンテベ空港事件において，イスラエルは特殊部隊を派遣してテロリストによって人質として捕らえられているハイジャック機の乗客を救出した。イスラエルはウガンダの同意を得ておらず，この救出作戦は「固有の自衛の権利」に基づくものと主張した。国連安全保障理事会の議論では東側諸国と非同盟諸国がイスラエルの行為を批判した。1980年に米国は，在テヘラン大使館で人質になっている米国人職員などを救出するために軍事作戦を実行したものの，失敗に終わった。米国は国連憲章第51条によってこの作戦を正当化した。イランは米国の行動を軍事侵略であると非難し，その他の諸国は見解が分かれた。1989年に米国はパナマへの軍事干渉に踏み切った。法的根拠のひとつとして在外自国民の保護の

ための自衛権が援用されたものの，軍事干渉の主たる目的がノリエガ将軍の身柄を拘束することにあったのは明らかだった。本件に関する国連総会決議は，米軍によるパナマへの干渉が国際法の明白な違反を構成するものであり強く遺憾とした。ロシアは，2008年のジョージアとの武力紛争に関して，ジョージアに在住するロシア人に対する武力攻撃に言及し，これを「ロシア連邦に対する違法な兵力の使用」と捉えた上で，個別的自衛権によってジョージアに対する武力行使を正当化した。ロシアはまた，2022年のウクライナ侵攻に際しても，在外自国民保護のための個別的自衛権を主張し，この文脈から特に自国民に対する侵害及びジェノサイドを挙げた。もっとも，ロシアはいずれの事例でも，旅券発給を通じた自国民化政策によって「ロシア人」を作り出している。このような「ロシア人」は「現実かつ実効的な国籍」の要件を充たさないため，そもそも在外自国民保護を主張することはできない。以上の事例に照らせば，在外自国民の保護のための武力行使を個別的自衛権によって正当化する主張が受け入れられているとは言えない。学説においても，自国民に対する攻撃を自国に対する攻撃と同視することを疑問視して，個別的自衛権への依拠を否定する立場が有力である。

　2つ目は国連憲章第2条4項の解釈である。すなわち，在外自国民保護のための他国領域における武力行使は当該他国の「領土保全又は政治的独立」に反しないものであるとして，国連憲章第2条4項によって許容されているという。しかし，国連憲章の起草過程によれば，「領土保全又は政治的独立」の文言が含められたのは，国連憲章第2条4項によって禁止される武力行使に該当するものを特に強調するためであって，国連憲章第2条4項によって許容される武力行使を認める趣旨とは解されない。

　3つ目は在外自国民の保護そのものへの依拠である。学説上は，在外自国民に対する急迫の脅威，領域国の意思または能力の欠如及び目的に限定した軍事行動という3つの条件が充たされれば，在外自国民を保護するための他国領域における武力行使が慣習国際法によって認められるという考えが主張されている（Waldock, 1952：467）。もっとも，これは1つ目と2つ目の法的根拠と異なり，国連憲章が明示的に認めているものではなく，また具体的な事例によって依拠

されているわけでもないことから，国際法によって認められた法的根拠ととらえることはかなり難しい。

9　「人道的干渉の理論」

　他国の領域において，重大な人権侵害にさらされている住民を保護するために専ら人道的な見地から，軍事力を伴うユニラテラル・インターベンションが実施されることもある。いわゆる「人道的干渉の理論」である。重要なのは，軍事干渉国による他国領域における武力行使が国連安全保障理事会決議に依拠することなく，自らの判断で行われるという点である。学説上はこの理論がそもそも国際法上の規則として存在するか否かが争われてきた。肯定説が依拠するのは，1971年のインドによる東パキスタンへの干渉，1979年のベトナムによるカンボジアへの干渉，1991年の米国その他有志国連合によるイラク北部への干渉などである。もっとも，インドとベトナムは，その主たる目的が東パキスタンやカンボジアにおいて重大な人権侵害を被っている住民の保護にあったとしても，実際に援用したのは自国に対する越境武力攻撃を理由とする個別的自衛権であった。米国その他有志国連合も人道的干渉の理論に明示的に依拠したわけではなかった。

　このような中，1999年にNATOがコソボのアルバニア系住民の保護のために，ユーゴスラビアに対して空爆に踏み切ったことから，改めてその法的根拠が問われることになった。人道的干渉の理論に依拠したのは英国とベルギーのみであり，その他のNATO諸国は人道上の惨害を回避する必要性を強調する一方で，法的根拠は曖昧なままにした（森，2021：252）。国連安全保障理事会では，ロシア，中国，インド，ベラルーシ，ユーゴスラビアなどが武力行使禁止原則違反を主張した。その他諸国の多くはNATOによる空爆の合法性について必ずしも明確な立場を示さなかった。ユーゴスラビアはNATO加盟国10ヵ国を相手取って国際司法裁判所に提訴したものの，すべての訴訟は管轄権の不在により終了となり，具体的な判断が示されることはなかった。コソボ空爆を契機として「保護する責任」の概念が形成されることになる。この点は第9章で触れる。

　「人道的干渉の理論」はその後も，シリアのアサド政権による化学兵器の使用に対する軍事行動の正当化として，英国によって援用されている。2013年8月の東ゴータ事案（サリン使用）では軍事行動の準備が進められたものの，議会の承認が得られなかったため軍事行動は行われなかった。これに対して2018年4月のドゥーマ事案（塩素使用）では米仏とともに空爆を実施した。いずれの事案でも，「人道的干渉の理論」が明示的に援用されている。すなわち，大規模で緊急の措置を必要とする極度の人道的な惨害があること，武力行使に代わる選択肢がないこと，当該武力行使が人道的被害を救う目的のために必要かつ均衡のとれたものであること，という3つの条件が充たされる場合には人道的干渉として一方的な武力行使が許容されるといい，シリアのいずれの事案でもこれらの条件が充たされると主張した。しかし，英国による「人道的干渉の理論」の主張に対して積極的な支持が表明されることはほとんどなく（米仏でさえこの理論に依拠しなかった），むしろ一定の国は明示的に反対の立場を取っている。

　以上のように「人道的干渉の理論」に関する見解は国際社会において一致しておらず，それゆえこの理論が国際法上の規則として確立していると考えるのは困難である。

10　非国家主体からの武力攻撃に対する自衛権

　特に2001年の米国同時多発テロ事件を顕著な例として，非国家主体が自ら活動拠点とする他国の領域から越境して武力攻撃を行う事例が増えている。このような形の武力攻撃に対して，被害国その他の国が個別的自衛権または集団的自衛権を援用して他国領域で活動する非国家主体に武力を行使するようになっている。当該他国にとってはユニラテラル・インターベンションに他ならない。ここには，「武力攻撃」の主体をどの範囲まで認めるか，被害国と非国家主体が活動拠点とする他国との間の法的な関係をどのように整理するか，という難しい問題が含まれている。

　非国家主体からの武力攻撃は既存の国際法の枠内で処理することも可能である。いずれも，非国家主体と非国家主体が活動拠点とする他国との間に積極的

な関係性を見出すことになる。ひとつの方法は私人の行為の国家に対する帰属である。国連国際法委員会が作成した国家責任条文は，国の指示，指揮または支配に置かれた私人の行為が国に帰属することを認めている（第8条）。ICJ は，特に支配に関して「実効的支配（effective control）」の基準を設定した（ICJ, 1986：65, para. 115）。もっとも，この基準は非常に厳格で，これまでに肯定的な判断が示されたことはない。いまひとつの方法は侵略の定義第3条（g）である。他国に対して侵略に該当する行為を行う非国家主体を国によりもしくは国のために派遣しまたは当該行為に国が実質的に関与していた場合は，そのこと自体が国による侵略と評価されるのである。いずれの方法であっても，非国家主体からの武力攻撃は非国家主体が活動拠点とする他国からの武力攻撃ととらえられるため，攻撃国と被攻撃国という国家間関係に置き換えた把握が可能となる。

　これに対して，最近では，非国家主体と非国家主体が活動拠点とする他国との間に積極的な関係性を見出すのではなく，むしろ当該他国が非国家主体を管理できていないという消極的な関係性が注目されるようになった。すでに1993年の時点で，タジキスタンの反政府勢力がアフガニスタン領域から越境してタジキスタンに攻撃するという状況に対して，ロシアが集団的自衛権に基づいて武力を行使している。2001年の米国同時多発テロ事件でも，米国は個別的自衛権を援用してアルカイダの活動拠点であるアフガニスタンに武力を行使した。これらは国際社会から受け入れられた事例であるのに対して，2014年以降の自衛権に基づくシリア領域で活動する「イスラム国」に対する武力行使は論争の的になっている。欧米諸国によれば，シリア領域で活動する「イスラム国」がイラクに越境攻撃を行っており，イラクからの要請に基づいて集団的自衛権を援用して武力を行使したという。また，トルコやフランス（2015年11月以降）のように，シリア領域で活動する「イスラム国」から直接攻撃を受けたとして，個別的自衛権に依拠する国もある。いずれの場合であっても，他国に越境攻撃する非国家主体による自国領域の使用を領域国が排除する意思も能力もない場合には，自衛権に基づく武力行使が国際法上許容されるという主張が展開されたのである。もっとも，このような主張には否定的な見解が少なくない（浅田，2022：479）。領域国が武力攻撃を行ったわけではなく，それゆえ領域国による

武力行使禁止原則の違反はない。それにもかかわらず，自国領域に対して自衛権に基づく武力が行使されるのである。仮にこの文脈での武力行使を自衛権に基づく例外として位置づけるとしても，武力行使に伴って生じる領域国に対する領域主権の侵害の問題が残ってしまう。自国の領域を管理する意思も能力もないという状況であればそもそも領域主権侵害にあたらないと理解するより他なく，そのような理解が一般に受け入れられているかは非常に疑問である。なお，ロシアはシリア領域で活動する「イスラム国」の掃討のため，欧米諸国と同様に武力を行使しているが，シリア政府からの要請をその正当化根拠としている。

阿部達也

演習課題

1．自衛権の要件について論じなさい。
2．他国領域の在外自国民を保護するための一方的な軍事干渉を正当化する法的根拠を2つ挙げて批判的に論じなさい。
3．「人道的干渉の理論」を批判的に論じなさい。

引用・参考文献

浅田正彦編（2022）『国際法』［第 5 版］東信堂

阿部達也（2021）「要請に基づく軍事干渉」『論究ジュリスト』第37号

──（2023）「ロシアの武力行使」浅田正彦・玉田大編『ウクライナ戦争をめぐる国際法と国際政治経済』東信堂

黒﨑将広・坂元茂樹・西村弓・石垣友明・森肇志・真山全・酒井啓亘（2021）『防衛実務国際法』弘文堂（本文で参照の場合は執筆者を特定した）

酒井啓亘・寺谷広司・西村弓・濱本正太郎（2011）『国際法』（本文で参照の場合は執筆者を特定した）

ICJ (1986), *Military and Paramilitary Activities in and against Nicaragua* (*Nicaragua v. United States of America*), *Merits, Judgment, I. C. J. Reports 1986*, p. 14.

──（1996), *Legality of the Threat or Use of Nuclear Weapons, Advisory Opinion, I. C. J. Reports 1996*, p. 226.

──（2003), *Oil Platforms* (*Islamic Republic of Iran v. United States of America*), *Judgment, I. C. J. Reports 2003*, p. 161.

──（2004), *Legal Consequences of the Construction of a Wall in the Occupied Palestinian Territory, Advisory Opinion, I. C. J. Reports 2004*, p. 136.

Waldock, Humphrey (1952), "The Regulation of the Use of Force by Individual States in International Law," *Recueil des Cours*, Vol. 81 (1952–II), p. 4.

理解を深めるための読書案内

松井芳郎（2018）『武力行使禁止原則の歴史と現状』日本評論社
　　武力行使禁止原則に関して，歴史的展開と ICJ の判断の考察を踏まえた上で，大きな
　　影響を及ぼした事例を分析した専門書。

Gray, Christine（2018）, *International Law and Use of Force*, fourth edition, Oxford University Press
　　武力行使に関する国際法をめぐるさまざまな論点について，最新の展開をタイムリー
　　に加筆修正する形で改訂を重ねた英語専門書の第 4 版。

Corten, Olivier（2021）, *The Law Against War*, second edition, Hart Publishing
　　武力行使に関する国際法をめぐるさまざまな論点について，関連する国家実行を詳細
　　に検討する実証分析の手法に基づいて考察した仏語専門書英訳の第 2 版。

阿部達也（2023）「ロシアの武力行使」浅田正彦・玉田大編『ウクライナ戦争をめぐる
国際法と国際政治経済』東信堂
　　国連憲章成立以降のソ連・ロシアによる他国領域における武力行使の事案の合法性を
　　検討した学術論文。

<table>
<tr><td>第3章</td><td>Global governance
国際制度，ガバナンスと小国</td></tr>
</table>

　ネオリアリズムは国際システムの構造とその重要な単位である大国を中心にする理論である。ケネス・ウォルツは，構造とは何かをはっきりさせるために単位間関係の過程を変数として無視した。しかし，実際の国際関係を考えれば，過程なしで想像するのが難しい。本章の前半は，大国以外の単位となる小国や統治過程を研究対象とする諸理論を紹介する。このような理論の特徴は，共有される規範やルールの構成，アイデンティティ構成，協調制度，レジーム形成やガバナンス等の相互作用プロセスを重視することである。後半は，旧ソ連の諸紛争を事例とし，これらの理論による説明を大国間競争に基づいた視点の代案として取り上げる試みである。

キーワード

構成主義　国際制度　グローバル・ガバナンス　小国論　旧ソ連

1　コンストラクティビズム（構成主義）

　コンストラクティビズムは，人間の世界を基本的に社会関係として考え，国際システムを社会システムとして取り扱う知的伝統である（リアリズム，リベラリズム，ストラクチャリズムについては第1章を参照のこと）。これは，国際関係論の学術分野に社会学の分野から引き込んだ学者たちによって形成されたもので，上述の観点を基にする多くの諸理論に対する総称である。この観点の特徴は，①構造・単位の間における構成プロセスの優位性，②客観的な事実より間主観的アイディアへの信念，③物理的な要因より非物質的な要因の優位性である。

　国際システムの構造は，そもそも社会における相互作用を経て現れるものであり，その出現の過程に参加する単位は自動的なものではなく，自己認識と自分なりに行為する力（エージェンシー）を持つ「行為主体（エージェント）」とい

うものだと構成主義者は重視する。従って，物理科学にみられる機械的なシステムの構造より，社会システムの構造は行為主体によって構築される。一方で行為主体も構造によって構成され，このような相互構成過程は社会システムの本質だということはコンストラクティビズムの主な論点であり，そのために「社会構成主義」と呼ばれている。

　構成主義者にとって「構造」とは何かというと，人間社会における相互作用の過程によって構築される非物質的で，共有される「間主観的(Intersubjective)」アイディアである。このような構造の概念は，主体の物理的な能力の相対分布，すなわち外面的条件とした客観的な構造の概念と質的に異なる。間主観的アイディアは時代の流れと社会交流の過程で生まれ，共有され，強化される「信念」「原則」「規範」「規則」のことである（Wight, 2006：155-176）。このようなアイディアのセットが長期間持続すると，「制度」になりうる。

　制度は，主体の外面で客観的に存在するものではなく，主体の「アイデンティティ（自己認識）」を構成する内面化された構造だ。このように考えれば主権国家の相互配置より，その配置を可能にする「主権」「国際法」「外交」の制度化したアイディアこそが国際システムの構造である。

　構成主義者の一部は国家のアイデンティティはどのように構成されるか，そのアイデンティティは国益，そしてその国益による行為（外交政策）をどのように影響するのかという因果性に焦点を当てる。例えば，この学派の代表者であるアレクサンダー・ウェントは国家間関係にアイデンティティのような非物質的要因が重要であることを明らかにした。米国にしてみれば北朝鮮が持つ5つの核ミサイルは，英国が持つ500の核ミサイルより脅威としてみなされる。これは，核兵器の相対分布（物質構造 Material structure）そのものによって引き起こされるのではなく，核兵器を持つ主体がお互いに対して「敵」や「友」等の意味を与える認識（観念構造 Ideational structure）によって引き起こされる（Wendt, 1999：255）。

　国際システムにおける共有されたルールや制度形成過程は構成主義者に限られた変数ではない。合理主義的観点から制度を主張する他の理論も存在する。

2　国際制度論・レジーム論

　1980年代以降，特に冷戦後の時代においてグローバル化が高まり，国境を越える地球規模の問題認識も世界中で高まってきた。このような問題は，ひとつの国では解決不可能な場合が多く，多国間協調を不可欠にする。地球気候変動，テロ，核兵器，移民，サプライチェーン，そして近年ではパンデミックなどの問題は特定の国家の国境を越え，全地球を囲む「グローバル」な次元を持っている。地域紛争であってもその影響は地球規模に及ぶ場合がある。

　同時に，主権国家だけをシステムの唯一の重要な単位として考えるのも難しくなっている。グローバル化が国家以外のアクターを増加させ，強化した。現在の国際関係においては，国際機関，国際非政府組織，多国籍企業等，多様な非国家主体も重要な役割を果たしている。しかし，多様な主体や問題が存在しても，国際レベルで政府のような組織は存在しない。この政府が存在しない状態では秩序がどう形成されるか，多国間協調の可能性はあるか，統治のような制御機構が生じられるか，リベラル制度論はこれらについて議論している。

　この学派の代表的な学者であるロバート・コヘインによって定義された通り，制度は国際機関や国境横断的な非政府組織，国際レジーム，及び非公式な慣行からなるものである。すなわち制度とは，国際協調関係を可能にする媒介変数——ある国際問題の領域を中心にした組織，ルール，規範，手続きのすべてを一緒にする仕組みだと言える（Keohane, 1984 : 8, 63-64）。

　他方レジームとは，制度より狭い意味で，特定の問題領域にかかわる制度の一部として考えられる。スティーブン・クラズナーの定義によれば，制度とは「行為主体の期待が国際関係のある領域において収斂するような明示的あるいは暗黙の原則・規範・ルール・意思決定手続きである」（Krasner, 1983 : 2）。国際レジームは多国間交渉によって形成され，条約や憲章等の形で存在するのが通常である。例えば，国際貿易制度において自由貿易協定レジーム，国際輸出管理レジーム，為替レジーム等が存在する。特定の制度においては，地域，参加する主体，対抗する問題によってさまざまなレジームが同時に存在する可能性がある。

　国際制度とレジームには，3つの主な視角が指摘されている。リアリズムに

よる見解は，レジームや制度は「権力」を反映し，相対的利益を期待する大国間競争のツールに過ぎないものとする。リベラリズムの「自己利益」による見解は，絶対的利益を期待する国家や非国家主体が無政府状態においても競争を緩和し，協調を可能にするものとしてレジームや制度の重要性に焦点を当てる。コンストラクティビズムの「規範」による見解は，因果性を逆に考え，制度化したレジームこそが国家のアイデンティティや行動を構成する国際システムの非物質的な構造として理解できるものだと論じる（宮岡，2020：97-98）。

3　グローバル・ガバナンス論

　ガバナンスは制御機構というより，制御のプロセスそのものである。問題解決過程，それに関連する主体，ルール，組織，手続き等の団結はすべてガバナンスである。つまり，制度論とレジーム論の概念をより拡大した理論がグローバル・ガバナンス論だと言える。ローズノーとチェンピールはガバメント（組織）とガバナンス（過程）の概念を明確に区別し，国際関係では世界政府のようなものが存在しなくても，秩序を保つことができるプロセス，いわゆる「世界政府なき統治（Governance without government）」の可能性を提示した（Rosenau and Czempiel, 1992：3-5）。つまり，グローバル・ガバナンスとは，多様な国際主体が共通の問題に取り組む多くの方法の集まりである。相反する，あるいは利害関係の調整をしたり，協力的な行動をとる継続的プロセスのことである（大芝，2018：14）。

　ところが，グローバル・ガバナンスは「世界政府なき統治」というプロセスであるとは言え，主体と客体の階層的な権力関係にはならないだろうか。ガバナンスにおける権力をどう考察すればよいかは国際関係論の分野で大きな議論である。例えば，アボットらはガバナンスにおいて主体と客体の関係モードを識別し，直接か間接，ハードかソフトの2つの軸によって4つの方式を指摘する（表3-1）。

表3-1　4つのガバナンス・モード

	直接	間接
ハード	階層	委任
ソフト	協働	オーケストレーション

(出所) Abbott et al. (2015), p. 9 より筆者作成

階層型ガバナンスは主体が客体に対して直接で強制的に何かをさせる場合，協働型は主体が客体に対して自発的な行動を直接促す場合を示す。委任型は，主体が第三者に業務を委任し，客体の統治を間接的に果たす場合，オーケストレーション型は主体が特定の協調制度（合議など）を活用し，共通の目標達成のために第三者の自発的な参加を動員する場合である（大芝，2018：27-29）。

　一方，バーネットとデュヴァルは，権力という意味も含む「パワー」に4つのモードがあると論じた。さらに，彼らが指摘する間接的権力の現れとした「制度的パワー」の概念は上述の間接的ガバナンスに似ている（Barnett & Duvall, 2002）。つまり，大国はガバナンスのために必要な国際制度を形成するとき，自国の権力と利益を強化・維持できるように特権的な地位（参加者選択権や議題設定権等）を埋め込み，制度化させる目標がある可能性も存在する。そのせいでグローバル・ガバナンス過程にはいくつかの問題もあるが，そのひとつはいわゆる「フォーラム・ショッピング」だとされている[1]。

　しかし，マーサ・フィネモアのような構成主義者の学者たちはこれとは逆の因果関係を主張する。つまり，国家が制度から影響を受け，制度に行動が制限されたりする場合も少なくないと論じる。制度が形成された後，それが徐々に自律性を有するようになるため，形成者である国家の期待通りに常に作用するというわけでもない。形成者が覇権国であっても，自ら形成した制度に従うしかない場合もある（Finnemore and Goldstein, 2013）。この観点からしてみれば，グローバル・ガバナンスはただ大国の権力を反映するツールというより，多様な主体が交わる政策調整プロセスとして見えてくる。現在の国際システムにおいては，大国以外に数多く活動している小国の存在が，この事実を明確にしている。

4　小国論

　大国政治を主に扱うリアリズムが中心であった国際関係論において，小国とされた国に関する研究は最近まで少なかった。しかし，20世紀の後半から国際関係の制度化とともに小国の数も過去と比べて圧倒的に増加してきた。現在世界では，すべての国の間で半分以上は小国だとされている。

　なお，「小国（弱国）」の一般的に同意された定義は存在しない。比較的に強くない国として解釈された意味でよく利用される用語である。現在では，国際制度やグローバル・ガバナンスにおける小国の影響力について多くの研究が蓄積されている。つまり，非国家主体の役割は徐々に高まっているが，特に冷戦が終結した1990年以降，国際関係を考察するとき小国である国家の機能性も無視できないという意見が一般化している（Long, 2022：5-13）。

　小国の特徴とは，伝統的な理解による物質的権力（軍事力，経済力，自然資源）が足りない状態である。この事実によって小国に限っては政策戦略の手段が制限され，さまざまなジレンマも生じている。例えば，トム・ロングはバーネットとデュヴァルの非物質的なパワーの概念を敷衍し，小国が国際政治に影響を与える３つの権力としてのパワーを類型化している。

　①**特定固有的パワー**（Particular-intrinsic Power）　各国が元から持っている固有的資源からなるパワーのより狭い領域に制限された特定の種類。例えば，クウェート，トリニダード・トバゴ等の小国は石油・天然ガスのような資源を外交政策の手段にし，地域やグローバルなステージで自国のサイズより広い影響を与えることができる。パナマ，シンガポール等の小国は世界貿易ルートの重要なポイントとして独特な地理的位置があり，特定固有的パワーを持っている。

　②**派生的パワー**（Derivative Power）　小国が大国と同盟を組んで，その大国を外交やロビー活動によって操り，自国の利益のために利用することで派生するパワー。大国に従属することで自国の自律性を損ねたとしても，その大国が重要な目標を達成するのを助けることができれば，小国も多くの利益を得られる可能性がある。例えば，台湾，イスラエル，コロンビア

等はアメリカとの関係を上手く自国の利益のために利用し，現地の地域ライバルに対して優勢を拡大している。

③**集団的パワー**（Collective Power）　制度のための政策調整・意思決定過程において小国同士で連合し，多数派を形成することで影響を及ぼすパワー。制度的パワーに近い概念で，制度のルール形成，議題設定のような過程をもさまざまな手段によって（議決権，交渉で説得，共有目標設定）影響を与えることができる。例えば，シンガポールの指導で形成された小国フォーラム（FOSS）は100以上の加盟国があり，国連において小国にとって重要な議題を推進する機能を持っている。小島嶼国連合（AOSIS）は，小さな島嶼国の擁護を実行し，国際的環境政策に影響を与える上で不可欠な役割を果たしている（Long, 2022：60-77）。

　このように，小国にはさまざまな政策戦略があり，客体（ルール・テイカー）だけでなくグローバル・ガバナンスに主体（ルール・メイカー）として参加する選択肢があるが，他方で多様なジレンマにも直面している。ウィヴェルとバルダッキーノは3つのジレンマを指摘している。

①**ナショナリスト／コスモポリタンジレンマ**　多くの小国は脱植民地化や自己決定権という規範の制度化とともにナショナリズムによって存在してきた。そのため，国内レベルでナショナル・アイデンティティを維持するべきか，同時に国際レベルで他の大国による脅威を防ぐためにコスモポリタニズムを促進するべきかというジレンマがある。

②**民主化／集団思考ジレンマ**　国土が小さいことで民衆と政治エリート間の距離が近いことで，小国はより民主化しやすいと思われる一方で，小国は小規模で結束の強い政治・経済エリートが多く，十分な対抗勢力もないため，集団思考，イノベーションの欠如や汚職，個人主義的な政治が行われる危険性が高いというジレンマがある。

③**影響力／自律性ジレンマ**　グローバル化した現在の国際政治環境は小国が地域政治経済制度や地球規模の制度の一員になり，国際政治への影響力

及び自己生存を確保するチャンスを高める。しかし，相互依存関係に入った小国は国際政治経済システムに従属し，自律性を失うリスクも存在する（Baldacchino and Wivel, 2020 : 7-10）。

　要するに，小国は大国よりも多くのジレンマや危険性に直面しているが，制度化した現在国際システムからそれぞれの政策戦略のオプション及び自己生存のために活用できる手段も与えられている。国際関係を考察するとき小国を主体として無視するのは不注意にしか見えない。

5　ロシアと旧ソ連の諸小国

　冷戦終結の結果，ソビエト連邦が崩壊してロシア，中央アジア，コーカサス，東ヨーロッパの各地域を含めて15ヵ国の新共和国が成立された。この過程は旧ソ連の空間において社会，経済，政治の側面で劇的な変化をもたらし，現在まで多数の紛争や不安定な情勢が継続している。これらの紛争はいくつかの共通点がある。ひとつは，小国のナショナリズムというジレンマともつながる問題―民族分離主義である。自決権を基にしてソ連から独立を取り戻した諸国は国内において既に存在していた民族的マイノリティによっても独立を求められる問題に直面した。もうひとつは，それぞれの分離主義運動側か中央政府側をロシアが支援し，結果として起きた紛争を元クライアントであった新独立国家に対して制御機構として利用したことである。その結果，解決なき長期間の手詰まり紛争，いわゆる「凍結された紛争」が数多く作り出された。[(2)]

　ジョージアにおいて南オセチア戦争（1991-92年），アブハジア戦争（1992-93年），モルドバにおいてトランスニストリア戦争（1992年），アルメニアとアゼルバイジャンの間にナゴルノ・カラバフ戦争（1992-94年），そして第一次チェチェン戦争（1994-96年），タジキスタン内戦（1992-97年）等がソ連崩壊の直後に発生した。実際に，上述の紛争はソ連構成時代やそれ以上前のロシア帝国時代から根付いている。ロシアが周辺の国々を勢力圏として扱い，国境や民族の位置を変化させ，民族間紛争を引き起こし，最終的に軍事介入するパターンは古くからの帝国主義的な技である（Toal, 2017）。

　このように，最近のロシア対ジョージア戦争（2008年），第二次ナゴルノ・カラバフ戦争（2020年），そしてロシア対ウクライナ戦争（2014年，2022年～）は，偶然にNATOの拡大によって発生した問題より，昔から継続している脱植民地化過程の新たな展開として理解することができる。しかし，紛争の原因を国益が違った大国の対立として説明する観点は，紛争に至った歴史的プロセスや，そのプロセスによって構成されるアイデンティティや概念化した国益の多様性を認めていない。「国益」ということは，不変の事実だろうか。その国益からなる脅威認識は同質的なものだろうか。

　ヨーロッパは，ロシアのアイデンティティ言説において常に主要な参照点であり，ロシアの自己イメージ構成過程においていつも大事な役割を果たしていた。アンドレイ・ツィガンコヴはロシアにおけるこの言説を文明論議と呼び，19世紀から現在までみられるさまざまな潮流も分類する。彼によれば，ソ連前・ソ連・ソ連後の三相に分けられるロシア現代史にわたってロシアとは何かという論議が進化し，その論議によってロシアの対外行動も変容するようになっていた。つまり，ロシアがヨーロッパやアジアに対してどのような態度をとるのかは，大幅にヨーロッパに関連して「自分」をどのように認識するかによる。そしてその認識は，同質的ではない。具体的に言うと，以下の図3-1の通り，ロシアを基本的にヨーロッパ文明の一部として考える「西洋主義者」，ロシアがヨーロッパと基本的に違う文明だと信じる「非西洋主義者」や両方の間に位置づけられるさまざまな潮流が存在する（Tsygankov, 2008）。

図3-1　ロシアの文明潮流──西洋対非西洋

欧州／西洋 ←	→ 非西洋

保守主義的西洋派	スラブ派	後期スラブ派
自由主義的西洋派	社会主義的拡大派	東洋派
	民主主義的社会主義者	ユーラシア主義者
	文明開化的ユーラシア主義者	社会主義的孤立主義者
		新ユーラシア主義者

（出所）Tsygankov（2008），p. 768 より筆者作成

　冷戦後のロシアにおいても文明論議が継続し，ゴルバチョフとある程度エリツィン大統領も西洋主義の傾向があったが，ロシアを左右するエリートの認識

図 3-2　ロシアによる旧ソ連制度形成と各加盟国

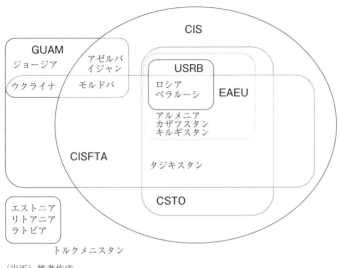

（出所）筆者作成

が徐々に欧米を「味方」より「敵」とするユーラシア主義の方に傾いた。その変容の要因は，ロシアの長い歴史にわたって築かれた「大国」とした役割の自己認識であろう。この役割によると，大国は自分の勢力圏を他者から守るのが譲れない目標になる。[(3)]

　このように，ソ連邦の後継者であるロシアは1990年代のグローバル化した世界の国際経済制度・自由貿易制度・法の支配に基づく国際新秩序に統合することができなかった理由もはっきりする。[(4)] 階層的な世界観を持つロシアは冷戦直後から旧ソ連の空間において自ら指導するユーラシア地域を中心としたレジーム形成も開始した。旧ソ連各国を含め，独立国家共同体（CIS），独立国家共同体自由貿易地域（CISFTA），ユーラシア経済連合（EAEU），集団安全保障条約（CSTO）等のソ連邦の代替地域制度を形成しようとしていた（図3-2）。ただし，ロシアの指導による旧ソ連の制度化は階層型ガバナンスモードに基づき，最終的にベラルーシ・ロシア連合国家（USRB）のような結果にもなりえると他国は注視していた。最終的に旧ソ連の諸小国はヘッジ戦略として独立した制度を形成したり，ヨーロッパ制度や他地域制度に統合を期待したりするように

なった。例えば，アゼルバイジャン，モルドバ，ジョージアとウクライナは民主主義，経済発展のための機構（GUAM）[5]を，中央アジアの各国やアゼルバイジャンはトルコと一緒にテュルク評議会（OTS）を形成し，ジョージア・モルドバ・ウクライナの3ヵ国はヨーロッパ制度に統合する強い志を持っている。

　この過程ではフォーラム・ショッピングの問題も生じ，またその問題はそれぞれの地域制度の正当性にもダメージを与えた。結局，コンセンサスのない国際・地域安全保障制度は拘束力を持つに至らなかった。つまり，制度的拘束力が発揮しなかったというよりも，そもそも制度形成に至っていなかったと言える（Krickovic, 2016）。

　ロシアのアイデンティティ構成を検討する研究は多いが，ロシアの周辺に位置している小国，いわゆる「近い海外」の諸国のアイデンティティ，欧米やロシアに対する認識を重要な変数として考察する研究は多くない。しかし，上述の通り，小国も現在世界において無視できない集団的パワーを派生することができる。そのパワーの原因は，物質的軍事力より，共有のアイデンティティ・価値観の立場から判断される行動の正当性やその判断による抵抗が可能となる。現在，旧ソ連諸問題を考察する場合はNATO・ロシア関係がほとんどであるが，旧ソ連の諸小国のロシアに対する抵抗の原因に気づかなければ，「部屋の中の象（Elephant in the room）」を無視することと同様だろう。

　ロシアは旧ソ連諸国を潜在的なクライアントとみなしてはいるが，これらの国の市民が世界における自国の役割，ロシアとの関係をどのように見ているかは，かなりの違いがある。そして，その役割認識によってロシアの勢力拡大に対するこれらの国々の反応は異なる。ロシアに対する肯定的な志向は，クライアントとしての役割を受け入れることを意味し，否定的な志向はそれに対する抵抗感を意味する。従って，自律性を損ねても自己生存を確保するためにロシアと同盟に入り，派生的パワーを狙うベラルーシ，アルメニア，タジキスタン等の国もあるが，ロシアに対抗するためにEUやNATOに入り，集団的パワーの道を選ぶバルト三国，モルドバ，ジョージア，ウクライナ等の国もある。

6　おわりに――ウクライナ対ロシアの戦争

　2022年2月24日にロシアがウクライナへの軍事侵攻を開始し，ヨーロッパ大陸で第二次世界大戦以降みられない規模の戦争が始まった。最後に，今なお継続するこの戦争について論じておきたい。

　現在，国際社会や専門分野においてこの戦争の原因や解決方法を巡る議論が継続し，当然に多様な意見が存在するが，さまざまな見解を国際関係論の各観点に当てはめると主に3つのグループに要約できる。第一は，NATOによる東方拡大がロシアの脅威認識を高め，安全保障ジレンマを引き起こし，戦争の原因になったと示す。第二は，冷戦後ロシアは世界新経済・安全保障制度に統合せず，拘束力のない国際制度が大国間競争を緩和できなかったと論じる。第三は，ウクライナ国民がヨーロッパの一部としたアイデンティティを持ち，ヨーロッパ制度の一員になる試みである。それが西洋を敵とするロシアの権威主義者エリートに恐怖をもたらし，戦争の原因になったという見解である。

　この3つは交わるところもあるだろうが，基本的に異なる仮定から派生する。第一は，ネオリアリズムの概念から生じる仮定である。彼らによると，冷戦後のアメリカは地球覇権国のような存在になり，本来競争者であったソ連を封じ込める目標で形成した欧米的な安全保障制度を，ソ連崩壊後も自国の権力をさらに拡大するために利用し，結局ロシアの勢力圏に攻め込み過ぎた。彼らは，小国であるウクライナの選択肢はほとんど存在しないとみなす。

　他方，小国であってもウクライナの国民は自国の運命を決められる主体性があると論じる観点も存在する。ウクライナのナショナル・アイデンティティや民主化への希望による国内レジーム変更は，彼らをヨーロッパの方へ導いた。しかし，植民地帝国主義の歴史からなるロシアのアイデンティティは，ウクライナを勢力圏とみなし，欧米の自由民主主義に基づいた制度を敵とする（Емельянова И Петрянин, 2021）。そのため，ロシアの権威主義的レジームはウクライナの民主化を受け入れず，この対立が戦争の原因になった。もしウクライナの国内レジームが民主主義へ向かわなかったか，逆にロシアの国内レジームが欧米を味方とする民主主義だったら戦争も起きなかっただろう。

　つまり，冷戦後の旧ソ連地域において，ロシアの軍事介入によって試みられ

た階層型ガバナンスに基づく制度形成は，ソ連と同様に失敗に向かうだろう。この過程を受け入れられないロシアの権威主義的レジームは，旧ソ連の諸国を勢力圏とみなし，力で連れ戻そうとしているが，それこそこれらの小国の国民に対ロシア抵抗感を強め，欧米に指導された制度への統合を期待するようにさせる。

　本章で論じたように，大国や勢力均衡を中心とする見解と比べ，多様な主体や共有のアイディアを中心とする見解も価値があるだろう。

トルニケ・スレセリ

注
⑴　フォーラム・ショッピングとは，特定の制度（フォーラム）が自国の利益に合うような政策をとらなければ，不満の大国は制度を改革しようとするか，同じ機能を持っている別の制度に移動するか，代わりにまったく新しい制度を形成するプロセスを示すことである（大芝，2018：28）。
⑵　「凍結された紛争（Frozen Conflict）」とは，活発な武力紛争が終結した状況でありながら，平和条約やその他の政治的枠組みが戦闘員の満足に解決しない状況を指す。停戦があっても，法的には紛争がいつでも再開される可能性があり，不安定な環境を作り出している情勢のことである。
⑶　この過程をよく説明するのは「役割理論」の構成主義的な観点である。
⑷　実際に2000年代の中間までそのチャンスがあったと論じる見解も少なくない。欧米においてそれを信じる政治家・専門家（特に自由主義者）がかなりいる。ロシアが西洋先進国から国際支援を受けながら国内経済制度を資本主義の原則によって立て直し，国際貿易レジームや核不拡散レジーム等に参加し，WTOの加盟国及びG7の8番目のメンバーにもなっていたので，徐々にリベラルな国際秩序に社会化し，一員になれると信じられていた。
⑸　1999年にウズベキスタンは加盟国になり，機構の名前もGUUAMに変わった。しかし，2005年に撤退し，機構の名前もまたGUAMに戻った。

演習問題
1．国際制度は大国の権力を反映するツールにしかならないとリアリストは論じている。しかし，本当に制度にはそれなりの自律性がないだろうか。特定の大国は自益の反対に国際制度のルールに従う場合があるだろうか。
2．共有の価値観や規範に基づいた多国間協調関係は階層的にならない可能性がありえるだろうか。もし可能であれば，集団的パワーの概念を基にして小国も大国の行動に影響を及ぼせるだろうか。具体的に，旧ソ連諸国のロシアに対する強い抵抗感も

NATO による東方拡大の原因になったと言えるのだろうか。

3. 国家が対外行動として戦争を選ぶ結果の最も重要な原因は，潜在的な敵対者に対する脅威認識だと論じる学者が少なくない。その「認識」はどのように構成されるのか。脅威認識を当たり前で，不変の事実のように受け取るのは正しいだろうか。

引用・参考文献

大芝亮編（2018）『パワーから読み解くグローバル・ガバナンス論』有斐閣

宮岡勲（2020）『入門講義安全保障論』慶應義塾大学出版会

Abbott, K., Genschel, P., Snidal, D., and Zangl, B. (2015), Orchestration : Global governance through intermediaries, In K. Abbott, P. Genschel, D. Snidal, and B. Zangl (Eds.), *International Organizations as Orchestrators*, Cambridge University Press.

Baldacchino, G. and Wivel A. (2020), *Handbook on the Politics of Small States*, Edward Elgar Publishing.

Barnett, M. N. and Duvall, R. (2002). *Power in Global Governance*, Cambridge University Press.

Finnemore, M. and Goldstein, J. (2013), *Back to Basics : State Power in a Contemporary World*, Oxford University Press.

Keohane, Robert O. (1984), *After Hegemony : Cooperation and Discord in the World Political Economy*, Princeton University Press.

Krasner, Stephen D. (1983), *International Regimes*, Cornell University Press.

Krickovic, A. (2016), When Ties do not Bind : The Failure of Institutional Binding in NATO Russia Relations, *Contemporary Security Policy*, vol. 37 no. 2.

Long, T. (2022), *A Small State's Guide to Influence in World Politics*, Oxford University Press.

Rosenau, James N., and Czempiel, Ernst-Otto (1992), *Governance without Government : Order and Change in World Politics*, Cambridge University Press.

Toal, G. (2017), *Near Abroad : Putin the West and the Contest Over Ukraine and Caucasus*, Oxford University Press.

Tsygankov, A. P. (2008), Self and Other in International Relations Theory : Learning from Russian Civilizational Debates. *International Studies Review*, vol. 10, no. 4.

Wendt, Alexander (1999), *Social Theory of International Politics*, Cambridge University Press.

Wight, C. (2006), *Agents Structures and International Relations : Politics as Ontology*, Cambridge University Press.

Емельянова Е. В., и Петрянин А. В. (2021). Стратегия Национальной Безопасности Российской Федерации : Переоценка Современных Вызовов. *Вестник Белгородского Юридического Института МВД России*, вол. 4（エメリヤノヴァ，E. V.・ペトリヤニン，A. V.（2021）「ロシア連邦の国家安全保障戦略——現代の課題の再評価」ロシア内務省ベルゴロド法研究所報）

第Ⅰ部　ナショナル／マルチラテラル

理解を深めるための読書案内

大芝亮編（2018）『パワーから読み解くグローバル・ガバナンス論』有斐閣

　　現在国際社会の地球規模の各問題領域を巡る制度形成・ガバナンス過程やこの過程の権力との関連を国際関係論の視点から理解しやすく説明する。

Wight, C.（2006）, *Agents Structures and International Relations : Politics as Ontology*, Cambridge University Press.

　　構造と行為主体の相互作用を検討する諸理論，国際関係における存在論や構成主義の根本的な世界観へより深い洞察を解き放つ決定的な傑作。

Baldacchino, G. and Wivel, A.（2020）, *Handbook on the Politics of Small States*, Edward Elgar Publishing.

　　本著作は，世界の各地域に位置する小国の事例を取り上げ，国際秩序における小国の重要性について実証的に議論を提供する。小国の独特な戦略手段，政策立案と実施における主な課題やジレンマを包括的に探求する。

Tsygankov, A. P.（2006）, *Russia's Foreign Policy : Change and Continuity in National Identity*, Rowman and Littlefield.

　　現在ロシアの外交政策の変化，その変化をもたらす指導者たちの「国益」の定義に関する認識，その認識を影響するアイデンティティ，そしてそのアイデンティティの形成過程をすべて解説する一冊。

第4章 民主主義と権威主義の相克

　冷戦終結後に「歴史の終わり」と呼ばれ，支配的イデオロギーになると思われた自由民主主義の衰退が叫ばれている。民主主義を「衆愚政治」とみなしカリスマ的リーダーの登場を求める「上から」の声，あるいは固定化された既成政治を糾弾し「人民による統治」という民主主義本来のあり方への改革を求める「下から」の声という上下双方から批判の声にさらされている。その一方で，自由や民主主義を求める血みどろの闘いもまた未だ世界各地で生じている。本章では，権威主義的風潮が高まる昨今の民主主義について再考し，改めて民主主義と権威主義との差異について検討していきたい。

キーワード

　民主主義　権威主義　ポピュリズム　Twin Tolerations　多元主義

1　はじめに——民主主義の停滞，権威主義の拡大

　2021年1月6日，ジョー・バイデンが勝利した大統領選挙結果が不当だとしてドナルド・トランプ支持者らが連邦議会議事堂を襲撃・占拠した事件は，これまで世界を牽引してきたアメリカ民主主義の瓦解を人々に印象づけた。近年，アメリカのみならず，世界的に民主主義国家の「逆行」がみられている。国際NGO団体フリーダム・ハウスは毎年，世界各国の自由度を「自由」「部分的自由」「非自由」に分類した報告書を公開している。以下の**図4-1**は，それぞれの分類にあたる国家数の遷移を表したグラフである。特に2000年代以降は「自由」と評価された国が停滞し，「非自由」の国が漸増していることが分かる。その報告書の2022年度版のタイトルは「権威主義支配の世界的拡大（The Global Expansion of Authoritarian Rule）」で，「自由」と評価された国の停滞及び「非自由」の国の増加が示されている。

図4-1　自由／部分的自由／非自由の国家割合の遷移

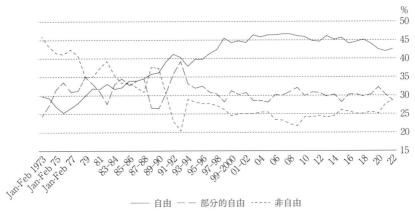

（出所）フリーダム・ハウスのHPより筆者作成

　また，国家ごとの人口割合を鑑みれば状況はより深刻である。同報告書によると，2005年時点では世界人口のうち46％が「自由」の国に住んでいたが，2021年に「自由」の国に住む人の割合は20.3％にまで下落しているという。「非自由」の国に住む人の割合は36.1％（2005年）から，38.4％（2021年）という微増だが，「部分的自由」の国に住む人の割合が17.9％（2005年）から41.3％（2021年）へと激増している。「自由」に該当する民主主義国家においても，民主主義に対する疑念や諦観が広がるとともに，社会的マイノリティなどに対して排外主義的主張を行う極右勢力の台頭など，自由や多元主義が脅かされている。その一方で，2010年代初頭の「アラブの春」をはじめ，近年ではスーダンやミャンマー，香港など，非民主主義的な体制下にある国や地域では，今なお自由や民主主義を求めて抗う人々が見られる（第11章参照）。

　このように今日，民主主義体制はより権威主義化する一方で，権威主義的な体制を有する多くの国や地域で民主主義が希求されている。本章では，このように境界がファジーとなりつつある民主主義体制と権威主義体制について，その「多元性」という観点からみていきたい。

2　民主主義及び権威主義と「多元性」との関係について

　民主主義の代表的理論のひとつに，ロバート・ダールの「ポリアーキー
(polyarchy)」がある。ポリアーキーは，「多数」と「支配」を意味する２つの
ギリシャ語に由来したダールの造語で，１人による支配（monarchy）や少数者
による支配（oligarchy）とも異なる。以下の**図４-２**のように，ポリアーキーは，
「自由化（公的異議申立て）」と「包括性（参加）」という２つの次元から定式化
され，その双方に対して広く開かれた政体である。

図4-2　自由化，包括性，民主化

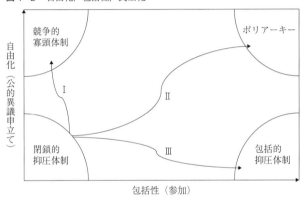

（出所）ダール（2014），p. 14より

　「自由化」とは，政府に対する公然な反対や多様なイデオロギーを有する政
党間競争などの自由度合いのことである。また「包括性」とは，（被）選挙権
が人々にどれだけ開かれているかの度合いのことである。ダールは，①組織を
形成し，参加する自由，②表現の自由，③投票の権利，④公職への被選出権，
⑤政治指導者が，民衆の支持を求めて競争する権利，⑥多様な情報源，⑦自由
かつ公正な選挙，⑧政府の政策を投票あるいはその他の要求の表現にもとづか
せる諸制度，の８つをポリアーキーの条件とした。民主主義には，選挙のみな
らずさまざまな要素が必要であることが分かる。社会の中にある多元的な集団
間による自由で協調的な競争を強調するダールの民主主義観は「多元主義」と
呼ばれるものである（宇野，2020：198）。

　他方，権威主義体制についての研究においても，その「多元性」が注目され

てきた。非民主主義的な体制について「全体主義」と「権威主義」とを区別したフアン・リンスによると，権威主義とは「限定された，責任能力のない政治的多元主義を伴っているが，国家を統治する洗練されたイデオロギーは持たず，しかし独特のメンタリティーは持ち，その発展のある時期を除いて政治動員は広範でも集中的でもなく，また指導者あるいは時に小グループが公式的には不明確ながら実際にはまったく予測可能な範囲の中で権力を行使するような政治体制（リンス，1995：141）」とされている。「限定された政治的多元主義」というこの有名な定義から分かるように，権威主義体制はその反対勢力を「操作」することで，民主主義国家のような「自由」や「多元性」を標榜する。ここでいう「操作」とは，主に体制を維持するためにどの政治勢力を政治社会に参加させ，どれを排除するのか，またその時宜に応じた変化といった体制の恣意的なふるまいを意味している。

　では，「限定された政治的多元主義」の「限定」の範囲が徐々に拡大する延長線上に，「ポリアーキー」があるといえるだろうか。ダールは実際，徐々に政治の自由化が進み，その後包括性が広がるにつれてポリアーキーへと至る図4-2の径路Ⅰが，「最も一般的な歴史的展開」であると論じている。しかし，後述するように，部分的な政治の自由化は必ずしもポリアーキーに向かう単線的進化とは言い切れない。権威主義と評価される国においても形式上の選挙は広く行われているし，逆に民主主義と評価される国においても「ゲリマンダリング」（選挙区を恣意的に策定すること）をはじめ，選挙にかかわるある種の「操作」がなされうる。では，権威主義体制と民主主義体制は具体的にどう異なるのだろうか。以下では，権威主義体制の「限定された政治的多元主義」とポリアーキー的多元主義の内部の差異からこの問題について検討していきたい。

3　権威主義体制による多元性の「操作」について

　アラブ諸国における権威主義体制の比較研究を行ったエレン・ルスト-オカルは，支配体制の現職者とその反対勢力との「競合構造（SoC：Structure of Conflict）」を分類した。そこでは，反対勢力を一括して排除する「統一型競合構造（Unified SoC（排除型））」，一括して包括する「統一型競合構造（Unified SoC（包

図4-3　ルスト-オカルによる競合構造（Structure of Conflict）の類型

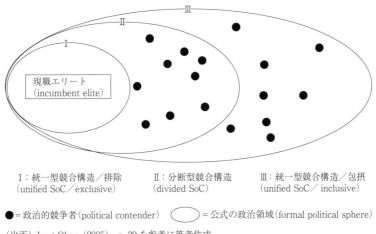

　　Ⅰ：統一型競合構造／排除　　　Ⅱ：分断型競合構造　　　　Ⅲ：統一型競合構造／包摂
　　（unified SoC／exclusive）　　　（divided SoC）　　　　　　（unified SoC／inclusive）

●=政治的競争者（political contender）　　⬭=公式の政治領域（formal political sphere）

（出所）Lust-Okar（2005），p.39を参考に筆者作成

　摂型））」，そして一部を合法化する「分断型競合構造（Divided SoC）」の３パター
ンがあるという。以下の図4-3で示すと，現職エリートが反対勢力としての
政治的競争者（●印）の一切を排除する構造が「Ⅰ統一型競合構造―排除型」，
政治的競争者をあまねく包摂する構造が「Ⅲ統一型競合構造―包摂型」，一部
の政治的競争者を包摂し他を排除する構造が「Ⅱ分断型競合構造」である（Lust-
Okar, 2005）。
　一切の政治的競争者の参加を認めない「Ⅰ統一型競合構造―排除型」はポリ
アーキーの図4-2でいうところの左下「閉鎖的抑圧体制」である。政治的競
争者を広く包摂する「Ⅲ統一型競合構造―包摂型」は，公的異議申立てが開か
れていない限りは同図右下の「包括的抑圧体制」となる。一部の政治的競争者
のみを包摂する「Ⅱ分断型競合構造」が，「限定された政治的多元主義」に該
当することが分かる。この「分断型競合構造」は一部の政治勢力を合法化する
という点において，一見すると政治的自由化の進展にもみえる。しかしルスト
-オカルは，「Ⅱ分断型競合構造」では反対勢力間の一致団結が困難となること
で，逆に権威主義体制の維持に寄与することを明らかにしている。
　この「分断型競合構造」について，もう少し踏み込んで議論していきたい。

図 4 - 4　分断型競合構造

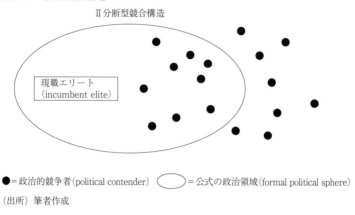

Ⅱ分断型競合構造

現職エリート
（incumbent elite）

●＝政治的競争者（political contender）　◯＝公式の政治領域（formal political sphere）

（出所）筆者作成

先程の図 4 - 3 から「分断型競合構造」のみを抜き出したのが図 4 - 4 である。
　この「分断」の線引きを体制が恣意的に引くことが「多元性」の限定を行う
作業，つまり権威主義的な「操作」であるといえる。ただ，一口に「包摂」と
いっても，体制の維持に寄与するコーポラティズム的組織から反体制勢力など，
政治空間に包摂される政党や市民社会組織は一様ではない。右の図 4 - 5 では，
ルスト－オカルの「分断型競合構造」の円内，つまり「包摂」として一括りに
されていた範囲を，「A. 従属」「B. 合法的反対勢力（同盟・反対）」「C. 黙認」
に，円外の「排除」とされていた範囲を「D. 抑圧」に暫定的に区別している。
「包摂／排除」の間の境界線が，「分断型競合構造」の線ということになる。な
お，ルスト－オカルは政治的競争者が合法か非合法かによって包摂／排除の線
引きを行っているが，ここでは非合法状態である「C. 黙認」を「包摂」に区
分している。各分類について以下で述べていきたい。

A. 体制に従属
「A. 体制に従属」は，主に国家コーポラティズムの一翼として体制による統
制下にある労働組織等である。こうした組織は完全に国家体制に従属状態にあ
るため，体制は脅威とみなさず「操作」する必要がほとんどない。

図 4-5　分断型競合構造の内部について

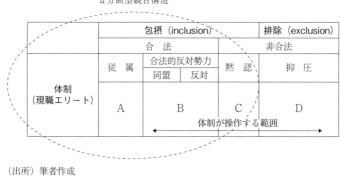

（出所）筆者作成

B. 合法的反対勢力

「B. 合法的反対勢力」は，部分的な政治参加を認められた一部の政党や，合法的に政治・社会活動を行うことができる市民社会組織である。「合法的反対勢力」の増加はポリアーキーでいうところの「参加」に該当し，その意味で民主主義の伸長であるといえる。ただ権威主義体制下では，ひとたび体制の脅威とみなされると，すぐさま「C. 黙認」や「D. 抑圧」などに移行しうる。つまり，「B. 合法的反対勢力」「C. 黙認」「D. 抑圧」は体制によって操作可能な，流動的な範囲であるといえる。また「合法的反対勢力」は，体制に対して一種の同盟関係にある場合が存在する。「同盟」に属する組織は，国家コーポラティズムのように完全に政府に従属するわけではないが，体制の思惑がその組織の利害と一致した際にそれを支持することで，ある種の共犯関係となる場合を指す。

C. 黙認

「C. 黙認」は，非合法状態ではあるが，その政治・社会活動を部分的に行うことのできる政党や市民社会組織を指す。例えば，アラブ諸国の権威主義体制は1990年代頃，反体制的な左派勢力の台頭に対する抑止力として，非合法状態であったイスラム主義政党の政党連合や無所属候補による政治参加を許容した事例がある。ただし，イスラム主義政党が体制の想定よりも多くの支持を集め

ると，すぐさま「D. 抑圧」へと移行した。このように，「C. 黙認」は，体制
による「操作」に対して最も脆弱な立場にあるといえる。

D. 抑圧

「D. 抑圧」にある勢力は，政治参加を求める場合もあるが非合法であり，体
制による厳しい統制下にある。反体制的なテロ活動も伴う場合もあり，体制に
よる武力弾圧を被ることもある。

　このように，権威主義体制は「多元性」を掲げるものの，体制（あるいはそ
の既得権益）の維持を第一義とするために，その内部を時宜に応じて「操作」
する。そのため，各政治勢力の公的異議申立てや政治参加が恣意的に制限され
る。次に，民主主義におけるこうした「制限」の存在についてみていきたい。

4　民主主義における公的異議申立ての制限について

　上述したように，分断型競合構造の「包摂」の内部でも，「合法的反対勢力」
の拡大のみが，ポリアーキーでいう「自由」の拡大を意味している。多元主義
的民主主義理論では，社会の中にある多元的な集団間による自由で協調的な競
争に重きを置き，またいかにその「多元性」を高められるかが重要視されてき
た。では，ポリアーキー的な自由及び参加は，際限なく認められることが望ま
しいのだろうか。アルフレッド・ステパンは，「暴力的措置を用いず，他の市
民の権利を侵害せず，民主主義のゲームのルールに則っている限り，市民社
会・政治社会双方におけるいかなる集団も自身の価値を基に政治・社会活動を
行うことができる（Stepan, 2000：39，傍点は筆者）」と論じた。これは逆にいう
と，民主主義のルールに則らない勢力は，何らかの規制が課されるという意味
で政治空間から制限を受ける。ここでは，多元主義的民主主義の政治空間にお
ける制限について，宗教政党をめぐるステパンの議論を一例としてみていきた
い。

　ステパンは，政教分離が民主主義の必要条件とされていることを批判し，宗
教集団を含むあらゆる市民社会の団体は，ア・プリオリに政党を作ることを禁

表 4 - 1　Twin Tolerations：国家─宗教関係の民主的パターン

比較的安定するパターン			比較的安定しないパターン
世俗的だが宗教に友好的	非世俗的だが民主主義に友好的	自然発生的世俗主義	多数派により正当化された非友好的な世俗主義（多数派により再び戻ることができる）
・公式な宗教はなく，完全な政教分離。宗教的な教育や組織に国家予算を投じない。 ・私立の宗教学校は，標準の教育基準を満たしていれば許可される。	・国教が国家から補助金を受け，公立学校には一部の宗教教育がある（無宗教の学生は履修しなくてもよい）。 ・公式な宗教であっても，憲法・準憲法上，重要な政策を強制する権限を与えられていない。	・社会が大きく「幻滅（disenchanted）」し，宗教は政治生活に重要な要素ではない。 ・民主的に選ばれた公務員は，公共政策の決定に際し，宗教的命令に従うよう重大な圧力を受けることはない。	・国家による規制のほとんどに反宗教的風潮がある（例：国立・非国立学校で宗教教育が禁止されている，軍事組織や国立病院でいかなるチャプレンを認めない，等）。

（出所）Stepan（2000），p. 42 より筆者訳

止されず，政党となった後に民主主義の原則を侵すような行動を取った場合にのみ規制を課すことができると論じ，「国家─宗教間の双方向的な寛容（Twin Tolerations）」論を提示した。表 4 - 1 は，ステパンが挙げた，国家と宗教間の関係の民主的パターンの例である。「政教分離」以外にも民主的なパターンが存在することが分かるだろう。

　つまり，①宗教が自由選挙制度などの制度を受け入れ，神権政治など宗教的権威による統治を行わないこと（宗教→世俗国家への寛容）と，②宗教団体が法の範囲内で活動を続ける限り，公的権力はその政治活動などにおける自立性を認めなければならないこと（世俗国家→宗教への寛容）という双方向的な寛容を意味している。政教分離は民主主義の必要条件ではなく，あくまで国家─宗教間における双方向的な寛容の結果であるというのがステパンの主張である。ヴォルテール（『寛容論』）にとってのカトリックとプロテスタントや，ジョン・ロック（『寛容についての手紙』）にとっての為政者と教会（宗教）の関係性など，従来の寛容論は「寛容する主体」と「寛容される客体」のある一方向的なもので，その意味において権力構造を内在化したものであった。ステパンの「国家─宗教間の双方向的な寛容」論は，国家と宗教の関係性を相対化し，宗教側にも近代民主主義的な価値観や制度に対してある程度の「寛容」を求めるもので

ある。そのため，宗教的言説に基づいた異議申立てや宗教勢力の政治参加が際限なく行われるというわけではない。これはちょうど，言論の自由とヘイト・スピーチの関係性に似ている。言論についての無制限な「自由」を掲げて他者に対する攻撃的で排他的な主張を正当化することはできない一方で，あらゆる批判的言説をヘイト・スピーチとして規制・管理する社会に民主主義は存在しないだろう。この両者にも，相互の意見を尊重しあうという意味で，双方向的な「寛容」が求められている。

　表4−1のように，国家と宗教の民主的パターンには幾分かの幅が存在している。しかし，先述したように，宗教勢力の公的異議申立てや参加には，（各々で規定された）「民主主義のルールに則る」という制限が存在する。ある国家が宗教との関係性においてどの民主的パターンに位置するかは各々の規定に依るしかないが，神権政治など非民主主義で不寛容な政治言説については，国際社会共通のルールとしてその上限が規定される必要がある。他方，宗教的言説を含んだ異議申し立ての下限は，それが自然と不在である「政教分離」，つまり表4−1でいうところの「自然発生的世俗主義」である。この上下の範囲が，ポリアーキーにおける宗教的な言説を含んだ「自由化（公的異議申立て）」の範囲であると言える。また，宗教市民・組織・政党の参加の範囲も，宗教的言説を含んだ公的異議申立ての度合いに応じて決定される（図4−6）。

　しかし，多宗教社会の場合において，「国家―宗教間の双方向的な寛容」はより困難を伴う。これは，宗教に限らず民族や文化などが多元的な社会においても同様である。ダールがいうように，「人種的，宗教的下位文化の間での衝突は，最も基本的な自我に対する脅威とみなされやすいので，敵対者は，すぐにも有害かつ非人間的な〈あいつら〉に変わる。そしてその脅威は，暴力や野蛮行為を生みだし，それを正当化する。それは，内部集団の外部集団に対する，人類の共通した反応である（ダール，2014：166-167）」ためである。こうした多元社会における公的異議申立ての度合いの範囲規定については，国家―宗教間といった二項間のみならず，多宗教間ないし多元的な各勢力間の対話に基づくコンセンサスに委ねられる[(1)]。つまり民主主義という政治体制には，各アクター同士で時宜に応じた寛容やコンセンサスを目指す不断のプロセスが内在化され

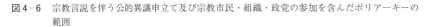

図4-6　宗教言説を伴う公的異議申立て及び宗教市民・組織・政党の参加を含んだポリアーキーの
範囲

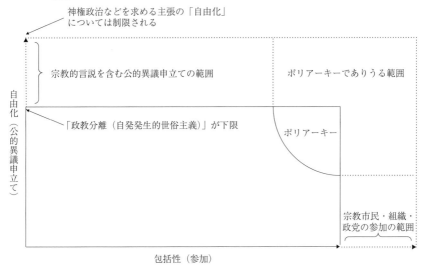

（出所）筆者作成

ている。

5　ポピュリズムの非民主主義的性格について

　冒頭で述べたように，近年，増加する移民問題などを背景に，特に欧米の民
主主義国家において公共の場からの宗教の排除を訴える極右勢力が台頭してい
る。かつてジョン・ロックなどの寛容思想から生まれた「政教分離」，つまり
信教の自由を尊重して実践される国家と宗教の分離という言説は，今日「不寛
容」な排外主義的主張の象徴となっている。グローバル化の進展に伴う移民な
どの増加によって自国民を取り巻く経済状況や雇用・福祉などに陰りが生じた
ことは，「自国ファースト」を掲げる勢力をより勢いづけている。

　こうした排外主義的主張を行う勢力について，ポピュリズムとして説明され
ることが多い。ポピュリズムは「大衆迎合主義」とも訳され，エリート主義的
な政治を糾弾し「人民の声」を代弁するものである。このポピュリズムと民主
主義の関係性について，論者の評価は一様ではない。欧米の排外主義的ポピュ

リズムについて，基本的にはその非リベラル性などが批判の対象とされつつも，既に民主主義の枠組み内での一アクターと一般に認識されており，停滞する既成政治に改革を促し活性化させるという一定の意味を見出す論者も多い（水島，2016；ミュデ，2018など）。ミュデの定義では，「社会が究極的に「汚れなき人民」対「腐敗したエリート」という敵対する2つの同質的な陣営に分かれると考え，政治とは人民の一般意志の表現であるべきだと論じる，中心の薄弱なイデオロギー（ミュデ，2018：14)」とされている。ここまで論じてきた権威主義と民主主義の「多元性」からみた場合，ポピュリズムの実体はどのように捉えられるだろうか。

　先述したように，権威主義体制は反対勢力の「操作」，つまり包摂と排除の間の線引きを時宜に応じて変化させることで体制を維持する。反対勢力は本来一枚岩ではないが，基本的には体制からの「操作」を被る従属的な立場に強いられている。また民主主義は，宗教的な言説などを含んだ公的異議申立てなどに対する制限は存在するが，それはあくまで国内の各勢力間の寛容やコンセンサスを通してのみ規定されることをそれぞれ確認してきた。

　他方，ポピュリズムが掲げる「人民」は，その同質性を前提（あるいは強調）としたもので，上述したような民主主義における寛容やコンセンサスのために必要な対話を拒否するものである。「多元主義」を掲げその内部構造を恣意的に「操作」する権威主義体制とも異なり，ポピュリズムは明確に「多元主義」それ自体を否定し，時に少数派勢力に対して積極的な排除をも正当化する。昨今の「不寛容」なポピュリズム現象は，逆説的に，民主主義に内包する寛容やコンセンサスの重要性を改めて浮き彫りにしたといえる。最後にこの点について触れておきたい。

6　おわりに

　民主主義（democracy）の語源である「デモクラティア（demokratia)」は，民衆を意味する「デモス（demos)」と，支配することを意味する「クラトス（kratos)」というギリシャ語の2つの単語を組み合わせた造語で，つまり語源的には「民衆による支配」を意味する。その意味でポピュリズムは，民主主義の理

に適い，その「あるべき姿」への回帰を促しているようにもみえる。

　しかし今日の民主主義を，「民衆による支配」という文字通りに受け取ってしまうことには問題がある。ポピュリストらが掲げる「民衆」は，既成政治や支配階級に対峙する過程において，（実際の構成員が宗教的・人種的に多様であったとしても）同質的・均質的なものを前提としている。それは，マイノリティに対する排外主義的極右ポピュリズムはもちろん，「民衆」の名の下の「多数派の論理」によって，それ以外の人々に対する「不寛容」な主張を正当化してしまうという問題である。

　民主主義は，選挙などの制度的側面にとどまらず，アクター間の寛容やコンセンサスを目指すプロセスが内在化されていることを本章で論じてきた。民主主義の停滞に対し，強力なリーダーシップによる「上から」の統治を求める声は，古代ギリシャの民主政を批判したプラトンの「哲人政治」以降歴史的に繰り返されてきたものである。また，近年のポピュリズムによる「下から」の改革の声は，他者に対する「不寛容」を正当化するものであった。こうした上下からの批判の狭間の中で今日の民主主義は，新たなかたちを模索している。民主主義は決して「多数派の論理」それ自体を意味するものではなく，（たとえ結果として多数決型の制度を有していたとしても）その制度に対する社会的合意の存在が前提となっている。このように，民主主義それ自体に完成形のない「未完のプロジェクト」であることを理解し，「よりよい民主主義」を目指す不断の努力が，1人1人に求められているといえるだろう。　　　　　　　　　牟禮拓朗

注
⑴　多元的な社会におけるコンセンサスは，ジョン・ロールズの政治的リベラリズムにおける「重なり合うコンセンサス」という理念として議論されてきた。つまり，宗教的・哲学的・道徳的な「包括的教説」の多元性を維持したまま，いかに社会の秩序を維持できるかという議論である。詳細はロールズの『政治的リベラリズム』（第四講義）及び『公正としての正義』を参照。
⑵　ジョン・ロックは『寛容についての手紙』（1689年）において，異教徒などに対する宗教的迫害が横行していた当時のヨーロッパで「何人も，つまり個人であれ教会であれ，ひいては政治的共同体でさえも，宗教を理由として，お互いの政治的権利や現世的物品を侵害する正当な権限をもっていない（ロック，2018：41）」と論じ，これ

が今日の政教分離論の原点とされる。また，ロックよりも約半世紀前，イギリスを追われたピューリタンであったロジャー・ウィリアムズがアメリカ大陸で植民地統治を行う中，先住民との共存に試行錯誤する過程で「寛容」を礎とした政教分離論を生みだしていた（森本，2020）。

演習問題

1．かつて日本では，大正デモクラシーの後，昭和の軍国主義へと向かった。日本が第二次世界大戦後，比較的穏便に民主主義国家へと移行できた要因は何か。また，大正デモクラシーの経験は，戦後日本の民主主義にどのような影響を及ぼしたか。
2．現在の日本は，少子高齢化が進行し，有権者に占める高齢者割合が高まる「シルバー民主主義」にある。「落選すればただの人」である政治家も，自身が選挙で多くの票を得るために，高齢者優遇の政策を掲げざるを得ない実情も想像に難くない。しかしその結果，本当に必要な若年層への支援が疎かになり，少子化がさらに加速することとなる。どのようにこの悪循環を解決できるだろうか。
3．ポピュリズムは，エリート主義を糾弾し「人民の声」を代弁するという意味で民主主義の「友」であり，人民の同質性を強調しマイノリティに対し排外主義的主張を掲げるという意味では多元主義的民主主義の「敵」であると言える。この両側面をふまえた上で，ポピュリズムは停滞する今日の民主主義にとって改革を促すカンフル剤となりうるだろうか。

引用・参考文献

宇野重規（2020）『民主主義とは何か』講談社現代新書
ダール，R. A. 高畠通敏・前田脩訳（2014）『ポリアーキー』岩波文庫
待鳥聡史（2015）『代議制民主主義──「民意」と「政治家」を問い直す』中公新書
水島治郎（2016）『ポピュリズムとは何か──民主主義の敵か，改革の希望か』中公新書
ミュデ，カス・カルトワッセル，クリストバル・ロビラ（2018）『ポピュリズム──デモクラシーの友と敵』白水社
リンス，フアン　高橋進監訳（1995）『全体主義体制と権威主義体制』法律文化社
ロールズ，ジョン・ケリー，エリン編　田中成明・亀本洋・平井亮輔訳（2020）『公正としての正義　再説』岩波現代文庫
ロールズ，ジョン　神島裕子・福間聡訳，川本隆史解説（2022）『政治的リベラリズム』［増補版］筑摩書房
ロック，ジョン　加藤節・李静和訳（2018）『寛容についての手紙』岩波文庫
Lust-Okar, Ellen (2005) *Structuring Conflict in the Arab World : Incumbents, Opponents, and Institutions*, Cambridge University Press.
Stepan, A. C. (2000) "Religion, Democracy, and the "Twin Tolerations"", *Journal of Democracy*, vol. 11, no. 4.

理解を深めるための読書案内

宇野重規（2020）『民主主義とは何か』講談社現代新書
　現代の民主主義をめぐる諸問題について最も包括的に扱われた新書で，特に初学者には最適な一冊。

オーウェル，G　高橋和久訳（2009）『一九八四年』早川書房
　全体主義国家によって一元的に管理された世界を描いたディストピア SF 小説。国際関係論や国際政治学の文献においても，全体主義的な思想や体制を指し「オーウェリアン（Orwellian）」という用語が登場することがある。

森本あんり（2020）『不寛容論――アメリカが生んだ「共存」の哲学』新潮選書
　移民や外国人に対する不寛容な風潮が高まっている昨今，異なる文化や宗教を有する「不愉快な隣人」とどのように共存できるか，示唆に富んだ一冊。

レイプハルト，A　粕谷祐子・菊池啓一訳（2014）『民主主義対民主主義』［原著第 2 版］勁草書房
　各国の民主主義をコンセンサス型と多数決型に類型化・比較した上で，コンセンサス型民主主義の優位性を明らかにした一冊。

第Ⅱ部

インディビジュアル
Individual

<table>
<tr><td>第5章</td><td>Law and Humanity
法とヒューマニティ</td></tr>
</table>

本章では法とヒューマニティの関連性について論ずる。国家間を規律する国際法は国際平和を達成していく上で有効なのか。平和を国家の視点から，個人の視点に移し，その安定を図ろうとする人間の安全保障論は2020年代においてもなお，説得力を持ちうる原理なのか。1990年代初等から現在までの国際関係の中で，紛争やテロリズムを経験した，中東や旧ソ連邦（移行経済諸国）に注目しながら，有効な法秩序がどのような状況で定着し，平和を構築する一助となるのか，あるいは，一部の有力者の私腹を肥やすことに寄与し，社会の安寧を混乱させることにつながりかねないのか。さらには，ジェンダー平等論を例に，法の正義が善悪の道徳規範や宗教規範と一致しない場合，遵守されないことが合理的選択になりうる一方で，遵守しないことが繰り返しゲームの中で利益とならない場合には，遵守することが相互利益にかなう可能性を理論的に示す。ケインズが創設した戦後国際金融ルールは新興国の台頭という新たな現実に直面してどう変化するのか。これらの検討を通じて，法秩序の成否が平和構築に投げかける意味を問う。

キーワード
　人間の安全保障　ジェンダー　国際法　宗教と和解　法と経済

1　法，規範，信条

　コロナウイルス感染症2019（以下 COVID-19という）の対応，特に2020年冒頭から2021年末にかけての対応について，感染爆発（人口10万人あたりの重症者数・死者数が急増）を経験し，後に法的な異議申し立てを受けることになる，ワクチンの接種とロックダウン（都市封鎖）という政府介入で緊急対応したアメリカやヨーロッパ諸国と，ワクチンの普及がこれらの諸国と比較して追い付かな

かったものの，感染爆発にはならずにロックダウンなどの強制措置をとらなかったアジア諸国の間で差が分かれた。日本は「憲法上の制約」からこれら緊急措置を取ることができなかった。

　ただ，一口に「アジア」といっても千差万別であり，2022年末まで都市封鎖を行い，人民の行動を徹底的に監視・管理し，法を超越した国家権力で「ゼロコロナ」政策を強力に推し進めた中国と，法的強制力はないが「同調圧力」を利用した行政指導で「マスク」励行政策（2023年3月廃止）を推し進めた日本では，法に対する考え方や適用が異なる。法の統治（rule of law）か法による統治（rule by law）の違いはあっても，日本も中国も名文法がなくとも統治が可能という意味では社会的基盤が類似している。両国に限らず，アジアの儒教影響国一般の特徴とも思える。

　アメリカ国内では連邦レベルでは疫病抑制・予防センター（CDC：Centers for Disease Control and Prevention）はあるものの，保健政策の実施は州政府に委ねられている。そのため，国家の介入を嫌う共和党色が強い州（フロリダ州，テキサス州など）と，その対極にあるリベラル・民主党色が強い州（ニューヨーク州，カリフォルニア州など）では異なる[1]。ヨーロッパ各国，EU諸国も同様である。

　とはいえ，往々にして冒頭に述べた状況が世界を分断し，COVID-19を巡る初期対応においては各国とも手探り状態で「ロックダウン」と「解除」を繰り返したものの，2021年後半以降は，インド，フィリピン，タイ，ベトナムを含め多くのアジア諸国は比較的緩やかな行動制限にとどまり，2022年末には東アジアの数ヵ国（日本，韓国，台湾，中国）を除き，多くのアジア諸国や欧米諸国でも経済活動を正常化した。

　感染症を巡る対応では「マスクなき世界」（日下部ほか，2022）が国際場裏の現実であることをリベラル主義者たちにつきつけた。「マスクなき世界」の意味するところは以下の通りである。1990年代後半の市場至上主義の象徴ともいわれた「ワシントン・コンセンサス」の崩壊を受け，従来の国レベルの経済成長や効率性から個人レベルの貧困の多面性・多義性に注文した人間開発（human development）というリベラル色の強い開発課題に中心軸がシフトした。関連して，国境を超越した人間の安全保障（human security）の考え方に基づくミ

レニアム開発目標（MDGs）や持続的開発目標（SDGs）が国連総会で採択され，感染症対策も想定されていた。しかし，いざ現実にCOVID-19が発生すると，各国は自国の利益優先というリアリズムむき出しの政策に流れた。国際協力機構（JICA）は一斉に世界から日本人専門家を帰国させ，ODA事業を半年以上も凍結した。

　結局のところ，MDGsやSDGsはリベラリズムの「マスク」をまとったタテマエに過ぎず，強制力・執行力を有する国際法としては機能しなかったのである。強制力・執行力をもたない法は，努力目標でしかなく，極論をいえば単なる「お題目」にすぎないのである。

　一方，法規範としては書かれていないにもかかわらず，遵守されている典型例として日本人の規律正しさや生真面目さ（同調圧力の裏返しでもあるのだが）が挙げられる。2011年の東日本大震災では被災地のコンビニが一件も荒らされなかったことは世界的な賞賛を浴びた。一方，COVID-19対応では，日本ではマスク着用が一度も法的義務として課せられたことがないにもかかわらず，2023年に入っても世界がとっくに外しているマスクをいつまでもつけ続けた。

　規律正しさの例として世界的にも有名なのが日本人のパンクチュアリティである。日本では午前10時に集まるという場合，暗黙の了解で9時50分か55分にはたいてい集合している（いわゆる「5分前ルール」）。パンクチュアルであることに罪はないが，TOPをわきまえる必要もある。ご家庭にディナーに呼ばれているような場合には，準備している側の都合を考え15分位遅れていくのが欧米では一般に「マナー」と考えられている。さらに，インドあたりでは，約束の時間に30分か1時間くらい遅れるのはむしろ普通であり，そのことに腹を立てるのは不謹慎とされる。それぞれの国の事情や文化的背景，規範，さらには宗教的理由（イスラム教におけるお祈りの時間）などさまざまある。パンクチュアルであることが当然の規範であると信仰している人にとって，約束の時間に1時間も遅れてくることは論外の「異端者」なのである。

　ところで，19世紀後半に長崎を訪問したオランダ人の回想録では当時の日本人がいかに時間にルーズであり，「時間を守るという感覚がない」ことにいらだちを覚えたと記録されている（Basu, 2018）。鉄道が開通（1872年）するまで，

時刻を守るという習慣もなかったとされる。こうしてみると，日本人がパンク
チュアルであるとかインド人がパンクチュアルでないというのは，民族の
DNA に刻み込まれた遺伝子情報では必ずしもなく，時々の社会場裏に照らし
流動的であることの証である。

　社会場裏・規範に裏打ちされていない法は遵守されない。規範は土地の慣習
や時代の状況，それに基づく人々の信条や信仰に大きく影響され，また影響す
る。かくして，規範が自己培養され，各自のスカーフの結び方にまで「個性を
アピール」するフランス人と，隣人が着用しているマスクを着用しないと「村
八分」扱いを受けるのではないかということに恐怖する日本人とでは差が分か
れる。ワクチン接種を義務化し，ワクチンパスポートを導入しようとして国民
の大反対を受け一部が暴徒化したフランスと，義務化されていないものの世界
一のワクチン接種率・回数を達成した日本とでは，法や規範に対する考え方が
異なるのである。

2　法の支配と平和構築

　「法の支配（Rule of Law）」とは何か。国際社会において法の支配は成立しう
るのか。啓蒙主義の時代に西欧諸国で形成された概念である自由主義（liberal-
ism），民主主義（democracy），基本的人権（basic human rights）の尊重を起源と
している。今日，大多数の国々がタテマエとしてはこれらの概念を支持してい
る一方，国際関係において法の支配は成立しているとは言えない。国連憲章で
すら，まともに遵守されていないのである。国連は世界政府ではないことから，
国際裁判所における強制管轄権もなく，法の支配の前提となる諸条件が整って
いない。

　ましてや，ひとたび COVID-19などの世界危機が起これば，SDGs で想定さ
れた規範や目標は忘れ去られ，「マスクなき世界」が露呈する。近年，インター
ネットの普及が「世界をフラットにした」（Friedman, 2005）といわれる。しか
し，COVID-19はフラットどころか，世界の分断化と差別化・不平等化をあら
わにした。しかし，分断化や差別化といった「不都合な真実」は現に存在して
も，インターネット普及前は秘匿・隠ぺいできたのに対し，インターネットの

普及により簡単なディバイスさえあれば，隠し通すことができなくなった証で
もある。2011年にチュニジアで勃発した民主化要求のきっかけも，「アラブの
春」とよばれる一連の民主化運動も，国際テロ活動による恐怖も，SNSを通
じて等しく共有される「可視化」「フラット化」の負の側面である。

　いかなる状況で法が守られるのか。経済インセンティブの議論に依拠し，法
と経済学の分野で必ず学ぶ理論が「コースの定理（Coase Theorem）」である。
従来は会社法や独占禁止法など私法分野で発展してきた学問であるが，近年，
平和構築・人間の安全保障や国際開発目標，COVID-19など感染症対策など，
公法分野からの接近が注目されている（例えば，Cooter-Gilbert, 2022）。

　経済学の教科書で扱う「コースの定理」によれば，「私人間で法的争いが生
じた場合に，両者との取引費用（transaction cost）が交渉を妨げない程度に無
視できれば，交渉は交渉の利益がもっとも高い側に法的権利（legal entitlements）
を配分する」というものである。隣人同士の騒音問題がその典型例である。私
人間の交渉で騒音問題の解決がつくのであれば，環境に関する法律を制定する
必要や社会的要請は少なくなる。

　私人間で問題解決が図られなければ，法律制定の社会的要請が高まる。ここ
でも「コースの定理」を拡張することができる。国と国，ないし個人と国など
の争いを調停する公法分野に拡大適用する際に念頭におくべきは，私法分野に
おける利益が原則として金銭的価値を尺度として考えられるとするのに対して，
公法分野では，金銭的価値より政治的価値──すなわち，多くの有権者の支持・
得票（votes）に重きを置く。そうすると公法におけるコースの定理は以下のよ
うに言い直すことができるだろう。「公人間ないし私人・公人間で法的争いが
生じた場合に，両者の得票獲得における取引費用が無視できるほど微小になれ
ば，交渉の利益があり，かつ交渉の利益が最も高い側に公的権利（public entitle-
ment）を配分する」（Cooter-Gilbert, 2022）。

　しかし，実際の取引では取引費用が無視できないほどに高いため，さまざま
な裁判例・判例の積み重ねを経て，国内の法制度（環境法など）が整備され，EU
加盟国においては各国法よりも法的拘束力（遵守しなければ罰則規定あり）のあ
るEU法が制定された経緯がある。一方で国際条約などの国際法が遵守されな

い背景には，管轄権（jurisdiction）が広すぎて，執行力・拘束力を担保する監視機関（例えば国連）の手が及ばないこともある。イギリスが「ブリュッセル（EU 本部）の画一化・独裁」に反対して，EU を脱退したこと（いわゆる「ブレグジット政策」），トランプ政権が「アメリカ・ファースト」を前面に出したこと，さらにはロシアのウクライナ侵略を阻止できず，非難決議への十分な支持が得られなかったことも，国家間の利益調整原理としてはコースの定理が成立しにくいことと同義である。国際場裏においては各国の国益追及や戦略が渦まいており，取引費用を高める材料が多すぎるのである。

3　中東におけるジェンダーと法

　2018年から 2 年間，ヨルダン政府労働省に JICA 専門家（労働市場・民間連携担当）として派遣された。ヨルダンはイスラエルと国交を有する数少ないイスラム教が多数の王国である。イスラム教としては隣国の湾岸諸国（サウジアラビア，アラブ首長国連邦など）と比較すると穏健で西側よりの政策を遂行していた。そのため，首都アンマンの免税店は，本国で禁止されているはずのアルコール類を大量購入するサウジアラビア人たちで賑わっていた。

　穏健な政策を実施していたこともあり，また国王の強力な指導力もあり，「アラブの春」ではほとんど影響を受けなかったといわれる。しかし労働市場の調査対象である若年層を取材してみると，高等教育を受けた人々の失業率が高い，特に女性においてその傾向が顕著であることが明らかになった。高等教育に対するリターン（収益率）が男性・女性の間に差があるということを示唆していた。大学教育を受けることは男性・女性問わず，失業率を高めているが，特に女性における失業率が高い（**表 5 - 1**）。

　労働省 JICA 専門家事務所で助手として勤務してくれた I さんとはプライベートな飲食にも呼ばれるほど親密になった。ある晩，I さんの誘いでアルコールを提供する高級バーに行った。「この人が元大臣の X さんです。このバーは政府の幹部が来ることでも有名です」。などと I さんの顔の広さに改めて感心した。しばらくしていると，I さんの旧友であるという金髪の女性が目の前の席につき，お互いの自己紹介などをした。話の内容はヨルダンの高等教育を受

表5-1　ヨルダンにおける学歴別失業率（%）

	Education Level	2014	2015	2016
Male	Diploma Intermediate	7.1	5.4	6.2
	Bachelor and Above	24.1	20.4	26.6
Female	Diploma Intermediate	19.3	15.4	15.2
	Bachelor and Above	76.1	73.3	76.9

（出所）ヨルダン統計局

けた女性が置かれている立場を明確に示すものであった。

「私はⅠさんと同じアンマン大学を卒業した後，ハーバード大学でMBA（経営学修士）を取得した後，ドバイの投資銀行に勤務していました。家庭の都合で母国ヨルダンに2年前に帰国したものの，それ以降，失業したままです」。

いわゆる「オーバー・クオリフィケーション（超過教育）」の問題である。義務教育までの初等教育・中等教育は社会秩序の観点から「正の外部性（positive externalities）」がある公共財と考えられるため，公的支出が正当化される。ヨルダンでも初等教育は無償である。一方で，高等教育は私的財の側面が強く，教育を受ける者や受けさせる家族等にとっての利益が有無や程度により決定づけられる。費用便益を考えた上で，大学に行く・行かないが決定されるため，ヨルダンの女性にとって大学に行く（娘を大学に通わせる）ことの利益は国内就職を前提とすると低い。そこで，大学教育をマッチングの場（ないし花嫁修業）と割り切るか，職業意識の高い場合，より高い賃金を求めて近隣の高所得国に移住するという行動に結びつく。

イスラム教は女性を抑圧する宗教であるとの印象を多くの人々が抱いている。顔を覆い隠すヴェール（マスク）の着用が義務づけられ，一夫多妻制が認められたりすることを挙げる場合が多い。また，2021年のタリバン政権復活によりアフガニスタンにおける女性の教育機会・就労機会が閉ざされたという報道もイスラム教イコール女性差別という印象を植え付けている。

しかし，イスラム教の成り立ちからすれば，預言者ムハンマドが後に妻となる女性から隊商を依頼されたことがきっかけとなったとされている（三成ほか，2014）。中世の時代，女性に遺産相続権や私有財産権が部分的にでも認められ

ていたのは，イスラム教圏のみであった。その後，イスラム教は中東（メッカ）からアフリカ，東南アジアにも伝播され，各地の慣習と結びついて発展していった。イスラム教の教義，ないしイスラム法「シャーリア」とは別に，またそれぞれの土地・民族で育まれた家父長制の思想と結びついて，イスラム教が女性差別としてみなされるようになった。

　宗教とジェンダーの関連について軽率に断定することは偏見や差別につながるため，軽率に単純化すべきではない。世界銀行は「女性，ビジネス，法(WBL)」調査を2009年度から実施し，世界約190ヵ国について女性が就職や起業において法的に保護されているかを指標化し，調査結果を公表している（**図**5-1）。査定項目は移動，仕事，給与，婚姻，親子関係，起業，資産，年金におけるジェンダー平等の達成度である。

　地域別にWBL指標をランク付けすると，2023年においては，平等達成度の高い順に高所得国（95.3ポイント），ヨーロッパ・中央アジア諸国（84.4ポイント），ラテンアメリカ諸国（80.9ポイント）であり，達成度が高いと考えられるが，以下，サブサハラアフリカ諸国（72.6ポイント）と東アジア諸国（72.6ポイント）と同率，南アジア（63.7ポイント）であるのに対し，中東・アフリカ諸国（53.2ポイント）が特に低いことが示されている。

　東アジア圏においては，マレーシア（50.0ポイント），ブルネイ（53.1ポイント），インドネシア（70.6ポイント）など，イスラム教の影響の高い国では地域平均を下回り，台湾（91.3ポイント），タイ（78.8ポイント），カンボジア（81.3ポイント）など仏教の影響が強い国では地域平均を上回るという傾向がある。宗教を一般論で論ずることは偏見・差別であると述べたが，宗教規範と法制度，さらに女性の就業環境には密接関連性があり，イスラム教の影響下にある国について負の相関があることが示唆される。

　この傾向は，いわゆるLGBTなどジェンダー・セクシャリティ少数者に対する罰則や社会的寛容性にも関連しており，イスラム教の影響が強い国々では少数者に対しては，同性愛者に対して「石投げによる死刑」など厳重な処罰が課されている場合が多い。

図5-1　WBL 指数（ジェンダー平等指数）の推移

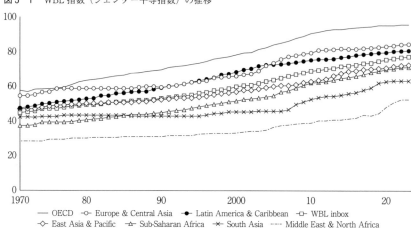

― OECD　-○- Europe & Central Asia　-●- Latin America & Caribbean　-□- WBL inbox
-◇- East Asia & Pacific　-△- Sub-Saharan Africa　-✕- South Asia　---- Middle East & North Africa

（出所）世界銀行

4　遵法する・しない問題に関するゲーム理論からの接近

　ヨルダンの例は，宗教と法，ジェンダーの分析は法律が整備されていること
とジェンダー平等が達成されていることは別であるということを示している。
このことを明確にするため，以下の「法の執行に関するゲーム」を用いて検討
したい（表5-2）。便宜上「投資家 A」「投資家 B」と称しているが，「雇用者」
と言い換えることとする。

　雇用者 A，B が男女雇用均等機会法（以下「法」という）を遵守するかどうか
について，法律が整備されていても A，B 間で人材の奪い合いなどの競合があ
る場合，協力して法を遵守することがお互いにとってウィン・ウィンである場
合でも，非協力ゲームでは双方が他者を出し抜こうとして「囚人のジレンマ」
に陥る場合が少なくない。例えば，表5-2において，r＞s＞t＞v であればナッ
シュ均衡解は囚人のジレンマ（双方とも「遵守しない」を選択）状況になる。

　しかし，非協力ゲームであってもゲームが繰り返される場合では囚人のジレ
ンマが起きず，遵守することが相互利益になる場合がある。例えば，表5-3
のように，「1」回目のゲームで，A が違法行為をし，B が法を守った場合の
ペイオフを示している。その後，2回以降のゲームで B は裏切り続けること

表5-2　法の執行に関するゲーム

Investor A	Investor B		
		Compliance	Non-compliance
	Compliance	*s, s*	*v, r*
	Non-compliance	*r, v*	*t, t*

（出所）Daimon-Sato（2020）

表5-3　反復ゲームと「トリガー戦略」

	1	2	3		*T*
Investor A	500	200	200	…	200
Investor B	−100	200	200	…	200
Cooperative solution	400	400	400	…	400

（出所）Daimon-Sato（2020）

により，Bが1回目のゲームで失ったペイオフを取り戻すということも可能である。

　このように，相手方に裏切られた場合には，永続的に私的制裁を課すとう戦略・ルール（「トリガー戦略」）を取る場合，AまたはBが抜け駆けをする利益（500）は，法を守った場合に得られる利益（各期200）の総和の現在価値に比べて大きいか少ないかを判断して決められる。遵法（協力）して得られる長期的利益の現在価値が，脱法（抜け駆け）して短期的に得られる利益を上回れば，法を守るという行動が選択される。換言すれば，将来に対するリスクが高い国ほど法の統治が成立しづらい傾向にある。

　法理学の立場からすれば，実定法の善悪にかかわらず，必ず従われる必要がある「悪法も法」という極論から，道徳的な善悪と一致しない法は従う必要がないという立場まで多様である。この点，正義（just）・不正（unjust）と善悪，公平（fair）・不公平（unfair）などの混乱が見られる。

　国際法は「法」たりうるのか。この点，拘束力を持たなければ法ではない，あるいは，不服従の時に害を被るだろうということと，そう行動する責務を負うことは同義ではないとすると，国際法も法たりうる（ハート，2014）。しかし，個人間の行動を規律する国内法と，国家間の行動を規律する国際法は次元が異

なる。国際法が法であったとしても，国家間の攻撃，すなわち戦争を行うのは国家主権の問題であり，個人間の攻撃，すなわち傷害や殺人の場合と異なり，違法性や処罰について仲裁する有効な司法機関が存在しない。ロシアがクリミア半島を軍事併合（2014年）しても，その行為を裁く法や執行機関がないのである。

5　おわりに——法と経済開発の視点からみた平和構築論

　世界銀行は2017年の「世界開発報告——ガバナンスと法」（World Bank, 2017）において政策（開発政策）の成否は決められたこと（ルール・規範）に対するコミットメント，調整，協力が必要条件であり，権力の公正な配分が十分条件であるとしている。権力が一部の人々に集中してしまうと，ルール・規範に対する信頼がなくなり，遵守されなくなる。法は，行動を形成し，権力を制御し，反論の機会を提供する。

　世界銀行は1944年7月に国際通貨基金とともに，アメリカのブレトンウッズ会議で戦後の国際経済秩序を形成する機関として設立した。以降，当初参加を予定していたソ連邦と東ヨーロッパ諸国は参加せず，1980年代末に冷戦が崩壊し，ハンガリーやポーランドへの融資が行われるまで，主としてアメリカを中心とする西側諸国により運営が行われた。なお，1990年の段階で世銀の加盟国であった東欧諸国は，これら2ヵ国の他，ルーマニア，ユーゴスラビアを含めた4ヵ国のみであった。

　冷戦の崩壊，ソ連邦の崩壊（1991年）とともに，ロシアを含めた旧ソ連邦の諸国がこぞってブレトンウッズ機関に加盟し，世界経済秩序を形成していくように思われた。中国やインドも資本主義のルールを受入れ，協調路線を歩んでいくかに思えた。しかし，冷戦崩壊後に起こった貿易戦争や資源・領土を巡る覇権競争はこうした楽観論をことごとく裏切るものであった。

　ブレトンウッズ協定（1944年7月）の青写真ともなる「経済の武装解除」（スキデルスキー，2023）ともいえる構想（「未来の通貨のありかた」）をブレトンウッズ交渉のイギリス代表をつとめることにもなるケインズは1941年の段階で既に構想していた。当初，アメリカはヨーロッパで勃発した戦争を静観していたが，

1941年12月の日本軍による真珠湾攻撃により参戦を余儀なくされたのである。

　ケインズは金本位制では実現できなかった「すべての国が十分な外貨準備を持つことが保証される制度」を実現することができれば，1930年代に分断したままになっていた貿易自由化の障害が取り除くことができると考えていた。ケインズは金本位制という商品貨幣ルールについて歴史的に機能したことがないとして，批判的であった。

　その後のイギリスとアメリカの交渉・攻防においてケインズはイギリス大蔵省の考え方を十分に反映しきれずにアメリカ財務省に押し切られる形で最終案が決定された。ブレトンウッズ協定の結果，イギリスが世界の金融センターとしての地位を失うことが明確になり，アメリカを中心とする戦後秩序が決定されたからである。イングランド銀行やイギリス大蔵省は敗北感を持ったが，なんとかイギリス庶民院での批准にこぎつけた（スキデルスキー，2023）。

　その後，国際通貨基金が世銀とならんでアメリカを中心とする戦後経済秩序を形成するとともに，日本などの同盟国に対してインフラ事業を建設するなど「冷戦の金庫番」として活躍することになる。冷戦が崩壊し，ブレトンウッズ機関が冷戦後の世界秩序を形成するかにも思えたが，アメリカ経済やG7諸国のみでは維持できないほどに，新興国,特に中国経済の肥大化が新たな国際ルールを模索する方向に加担している。アジアインフラ投資銀行（AIIB）（2015年設立）を皮切りに，新たな国際経済ルールはどうあるべきなのか，かつてブレトンウッズ体制を構想したケインズに匹敵する頭脳が不在の中で，次の国際ルールに向けて混迷を続けている。

大門（佐藤）毅

注
(1)　日本でも民主党政権時代（2008～2012年）にアメリカを模倣した地方分権を推進したため，コロナ対応でも都道府県知事に強大な権限を与えた契機となった。
(2)　仏教でいう「題目」（例えば何妙法蓮華経）は唱えることにより，功徳があると考えられるため題目を唱えること自体は仏教論的に言えば無意味ではない。
(3)　https://wbl.worldbank.org/（2023年3月12日閲覧）に調査方法や最新の調査結果が所収されている。

演習問題

One World Data データベース（https：//ourworldindata.org/covid-stringency-index）
を用いて以下の演習を行いなさい。

1. 2020年1月1日から2022年12月31日までの，日計 State Stringency Index（以下 SSI
   という）のデータと，covid‐19データ（死者数）を次の国についてダウンロード
   し，EXCEL 上に時系列の折れ線グラフで表示しなさい（アメリカ，インド，日本，
   イギリス，中国）。
2. SSI と covid-19の相関関係の有無（汎用統計ソフトを用いてもよい）とその政策的
   含意を論じなさい。
3. SSI を定義づける指標のうち，改善が必要だと思われるものは何か，その理由と代
   替案（現行指標より優越している点）を示しなさい。
4. 1で調べた以外の国について，2の処理をした場合，政策的含意が異なる国はどこ
   かを調べ，地域的特徴や決定要因について考察しなさい。

引用・参考文献

日下部尚徳・本多倫彬・小林周・高橋亜由子編著（2022）『アジアからみるコロナと世
　界——我々は分断されたのか』毎日新聞出版
スキデルスキー，ロバート　村井章子訳（2023）『ジョン・メイナード・ケインズ　経
　済学者，思想家，ステーツマン』　日本経済新聞出版
中川淳司・清水章雄・平覚・間宮勇　（2019）『国際経済法』［第3版］有斐閣
ハート，H. L. A. 長谷部恭男訳（2014）『法の概念』筑摩書房
三成美保・姫岡とし子・小浜正子編著（2014）『歴史を読み替える　ジェンダーから見
　た世界史』大月書店。
Basu, Kaushik (2018), *The Republic of Beliefs : A New Approach to Law and Economics*,
　Princeton University Press.
Cooter, Robert D. and Gilbert, Michael D. (2022), *Public Law and Economics*, Oxford
　University Press.
Daimon-Sato, Takeshi (2020), "Law and Gender Inequality in Muslim Countries : A Case
　Study of Jordan," Waseda Global Forum no. 16, pp. 1–30.
—— (2020), "The Historical Background and Role of Japan's Strengthening of Support
　for the Rule of Law," *Journal of US-China Public Administration*, vol. 17, no. 6, pp.
　265–274.
Friedman, T. L. (2005). *The World Is Flat : A Brief History of the Twenty-First Cen-
　tury*. Farrar, Straus and Giroux.
Higgins, R. (1994) *Problems and Process : International Law and How We Use It*. Ox-
　ford University Press.
Kennedy, Jr., Robert F. (2021) *The Real Anthony Fauci ; Bill Gates, Big Pharma, and
　the Global War on Democracy and Public Health*, Skyhorse Publishing.
World Bank (2017), *World Development Report-Governance and Law*.

https://www.worldbank.org/en/publication/wdr2017

理解を深めるための読書案内

大森佐和・西村幹子編著（2022）『よくわかる開発学』ミネルヴァ書房

開発学の最先端の議論をわかりやすく解説している。特に人間の安全保障，ジェンダー，ガバナンスと開発に関する解説は優れている。

国連憲章（全文）

各社から出版されており，国連ホームページでダウンロードすることもできる。できれば英語版で読んでほしい。特に国連の目的，安全保障理事会と国連総会の役割の違い，敵国条項，構成国（安保理のメンバーが「中華民国」「ソビエト連邦」となっていることに注意），関連機関（世銀，IMF）と国連本体の相違点を理解しよう。

アメリカ合衆国憲法（全文）

コモンロー国であると言われながら，アメリカは人口中絶，同性婚，銃規制に関することは憲法上の基本的権利であるかどうかを巡り，国論が二分する。一方，各州にも最高法規範として州憲法があり，管轄権をめぐり問題となる。Rule of Law にもっとも忠実で厳格なアメリカの法制度から見える，日本「村」社会の前近代性がより一層認識される。

国連開発計画（毎年）『人間開発報告』及び世界銀行（毎年）『世界開発報告』

この2冊は毎年テーマが更新され，その時々の重要テーマについて，最先端の研究者が執筆するレポートであり，開発学にとってもっとも影響力のあるシリーズである。人間開発指標はもともと UNDP 同書の巻末資料である。英語（原語）で読むことを薦める。

<table>
<tr><td rowspan="2">第6章</td><td style="text-align:right">Terrorism</td></tr>
<tr><td style="text-align:center; font-size:large">暴力を解剖する</td></tr>
</table>

　9.11米同時多発テロ以降，世界秩序と国際政治システム＝ウェスト
ファリア体制は大きく変わったといわれる。国家主権や内政不干渉の原
則が国際政治の根幹を成していた時代から，暴力がいとも簡単に国境を
越え，国家主権に対抗する時代へと様変わりしたからである。戦争がも
はや政治の最終手段ではなく，ひとつの政治手段にまで下りてきた現代
をどのように理解したらいいのだろうか。そもそも，こうしたテログルー
プはいかにして形成されていくのだろうか。何を目的として活動してい
るのだろうか。我々はその暴力に対し，どのように対処したら良いのだ
ろうか。

キーワード

テロリズム　レジスタンス　パルチザン　9.11米同時多発テロ　IS　破
綻国家　レンティア国家　イスラム教　拷問等禁止条約　ジュネーブ条
約

1　パルチザンとその変貌

　テロリズムとは，一般に，1789年のフランス市民革命にその起源を持つとさ
れており，「広く恐怖・不安を抱かせることによりその目的を達成することを
意図して行われる政治上その他の主義主張に基づく暴力主義的破壊活動」だと
定義される。すなわち，ある体制に対してその破壊活動に従事する者をテロリ
ストと呼ぶが，国際政治におけるテロリストの初期形態はパルチザンに求めら
れる。パルチザンとは，「党派（Partei）」に由来し，何らかの闘争を行い，戦
争を遂行し，政治的に活動する党派あるいは集団への結びつきを持つ者たちの
ことである。

　カール・シュミットによればパルチザンには4つの指標，①非正規性，②高

度化された遊撃性，③政治関与の烈しさ，④土地的性格があるとしているが，最初の近代的な正規の軍隊に対して非正規闘争を敢行したパルチザンが見られたものとして1808年のスペイン・ゲリラ戦争がある。ゲリラとは，ゲリラ戦と呼ばれる不正規戦闘を行う民兵または反政府組織のことを指しパルチザンやレジスタンス，遊撃隊などと呼ばれることもある。このゲリラ戦争は，アジアでも第二次世界大戦前から中国などで日本の侵攻に対して始まり，第二次世界大戦の間，ロシア，ポーランド，バルカン，フランス，アルバニア，ギリシャ，及びその他の領域がこの種の戦争の舞台になった。第二次大戦後もパルチザン闘争はインドシナにおいて続いた。それまでの戦争は，正規の国家的軍隊の戦争として，国家間で行われており，またそのように行われるものと認識されていた。だが，「正規」の戦争に対して違う種類の戦争が至るところで起き始める。植民地戦争や内戦である。

　東西冷戦が激化していくと，パルチザンは，社会主義（自由主義と対立概念）者へと姿を変え，いたるところでゲリラ戦となった。ベトナムの共産主義指導者ホー・チ・ミンは，フランス植民地軍に対してパルチザン闘争を効果的に組織した。さらにマラヤ，フィリピン，アルジェリア，キプロス，キューバでパルチザン闘争が続いた（シュミット，1995：26）。すなわち国家とは，階級支配の機関であり，階級対立の非和解性の産物であり，国家が社会の上に立ち，社会から自らをますます阻害していく権力であるならば，被抑圧階級の解放のために暴力革命が不可欠だったからである（レーニン，1957：19）。

　こうして反植民地闘争や主権を主張する政権と反体制派の間のパルチザン戦争は，国際共産主義革命をまとい，国際的な社会連帯を至るところで生みだしていった。

2　暴力を解剖する

　冷戦崩壊後は，世界的かつ暴力的な社会革命運動は下火になったものの，パルチザン運動は，宗教対立や民族対立に基づく暴力と歩みを一にして広がることになった。これが世界各地で激化することになった，いわゆる「土着のパルチザン」闘争である。現在でも地球上の4人に1人，すなわち15億人強は，脆

弱で紛争の影響を受けた諸国，あるいは犯罪的な暴力が非常に高水準な諸国で生活している。問題は，現代の紛争や暴力は「戦争」か「平和」か，「国際的」か，「国内的」か，あるいは「犯罪的な暴力」か「政治的な暴力」か，等々いずれの区分けにも適合しないものになっていることである。現在でも多くの国で反復的な暴力，統治の弱さ，治安悪化などの連鎖に直面している。

　例えば，通常，紛争は一回限りの出来事ではなく継続し反復する。過去10年間における内戦をみると，その90％は過去30年間に内戦が起こった諸国で発生している（World Bank, 2011 : 50）。

　さらにそうした紛争や暴力が経済発展を脅かす。エルサルバドル，グアテマラ，南アフリカなど，暴力的な政治紛争を経て政治・平和にかかわる合意を成功裡に交渉した多くの諸国は常に高水準の暴力的な犯罪に直面しており，それが経済開発にとって制約になる。

　これらの暴力が解決困難なのは，さまざまな形態の暴力が相互に結び付いているからである。コンゴ民主共和国やミャンマー，南米・コロンビア，中東・アフガニスタン，アフリカ・ソマリアなどでは，政治権力をめぐる政治リーダー間の抗争のみならず，資金集めのための麻薬犯罪や人身売買，身代金目当ての誘拐ビジネスなどが横行する事態となっている。

　国際麻薬取引は，紛争中のグループにとって特に重要になる。例えば，タジキスタンでは，野党グループの資金の70％が麻薬収入によるものだと推計されており，コロンビアのゲリラは年間約8億ドルを稼いでいる（Kaldor, 1999 : 102）。戦争それ自体が目的となり，「利益と権力を追求するそのもの」となる。典型的な例は，革命的なマルクス主義グループとして始まり，国際的なコカイン取引の主要なプレーヤーであるコロンビア革命軍（FARC）である。これらのグループの多くは，訓練の目的が無意味になった後も，暴力的な活動を続けている。

　麻薬が世界の一部の最富裕地域と最貧地域を，暴力を通じて相互に結び付けていることも国際的な問題となっている。現在，コカインとヘロインの世界貿易は年間1,530億ドル（ヘロイン650億ドル，コカイン880億ドル）と推定されている。ヨーロッパとアメリカの消費量はヘロインの53％，コカインの67％に達し

ている。コカインの世界貿易全体880億ドルのうち欧米両地域の消費額は720億
ドルにも達している。つまり，麻薬違法取引をしている組織は，それと戦おう
としている政府をはるかに凌駕する財源を保有しているということになる。控
え目な推計でも，中央アメリカには7万人のいわゆる暴力団員がいて，同地域
の軍事要員を数の上で圧倒している。多くの諸国で，麻薬カルテルは地方の統
治はもちろん，時には国家の統治に対して，多大な影響力を行使する（Singer,
2003：65）。

　他方でイデオロギー・思想を軸に展開する武装勢力もある。2004年，イラク
の北部モスルで創設されシリアへと拡大したイラク・レバントのイスラム国
（ISIL）は，後に説明する「アルカイダ」にその流れをくむものだった。米国
やロシアによる掃討作戦で壊滅状態に追い込まれたが，北コーカサス地域を拠
点とする武装勢力が，ISILに忠誠を誓う旨の声明を発出し，現在も「ISILコー
カサス州」と称して活動している。治安悪化に伴い，北コーカサス連邦管区（チェ
チェン，イングーシ，ダゲスタン，北オセチア・アラニア，カバルダ・バルカル，カラ
チャイ・チェルケスの各共和国及びスタヴロポリ地方）では，武装勢力による襲撃
や自爆テロ事件や誘拐が発生している。特に，チェチェン，イングーシ，ダゲ
スタン，北オセチア・アラニア，カバルダ・バルカルの各共和国では，警察等
の法執行機関関連施設のみならず不特定多数の人が集まる場所をねらった多数
のテロ事件が発生しており，また武装勢力や犯罪組織が警察等政府関係者や一
般住民を誘拐，襲撃するケースなどもみられる[1]。

　ナゴルノ・カラバフ及びその周辺地域においてアゼルバイジャンとアルメニ
アとの大規模な軍事衝突がここ数年断続的に発生し現在も両国軍部隊間の交戦
が続いているが，周辺地域には多数の地雷が埋設され，地雷による死傷者も発
生しているほか，一部地域には不発弾の爆発の危険性もある。アフガニスタン
やパキスタン，イエメンや北アフリカのサヘル地域でも同様にISに忠誠を誓
う集団が活動している。

　組織犯罪が生み出している年間の推定収入は最大3,300億ドルに達するとみ
られており，世界中のテロ・暴力組織が携わる麻薬違法取引が最も収益性が高
いとされる。他の推計が示すところによれば，組織犯罪を含め世界の影の経済

表6-1　多種多様な形態の暴力・犯罪が多発する主要国の実例

	地方のグループ間紛争	「通常の」政治的紛争（国家権力，自治，独立を求める抗争）	広範囲にわたる暴力グループ関連の暴力	暴力を伴う組織犯罪ないし違法麻薬取引	超国家的紛争
アフガニスタン	アマヌラ・カーンやアブドゥル・ラシード・ドスタムなど民兵が関与した多数の事件（2002-08年）	タリバン，他の主体（2002年-現在）	軍閥支配（2002年-現在）	アヘンの生産・違法取引	アルカイダのタリバンとの結び付き
パキスタン	部族間紛争（2004-09年）	パキスタン系タリバン（2007年-現在）；バロチスタン分離派（2004年-現在）		麻薬の生産・違法取引	イデオロギー的な過激派との国境をまたがる結び付き
マリ	反乱勢力の内部抗争（1994年）；ガオ，ケーズ，キンダルといった地域における民族的な暴力（1998-99年）	北部マリの反乱勢力（1990年-現在）		主に麻薬と武器を中心に違法財貨の国境をまたぐ取引	イスラム・マグレブのアルカイダ
パプアニューギニア	山岳地帯における民族・部族間紛争（2001-現在）	分離主義運動（ブーゲンビル革命軍，1989-2001年）	都市犯罪とギャング暴力	人身売買；不法木材貿易の供給源・経由地	
エルサルバドル		反乱グループ（1979-92年）	ラ・マラ・サルバトルチャ，ラ18，ラ・マオ・マオ，ラ・マキナ	麻薬の違法取引	
ケニア	部族・民族グループの暴力	選挙暴力	広範囲にわたるギャング活動（1980年代-現在）	特にヘロインを中心に麻薬違法取引のハブ	
タジキスタン		民主主義とイスラム教徒の反対グループ（1992-96年）；タジキスタン平和運動（1998）		アフガニスタン製の麻薬にとって重要な輸送通路；人身売買	ウズベキスタン・イスラム運動

フィリピン	地方部族紛争	ミンダナオ島にイスラム系分離派グループ（モロ・イスラム解放戦線とモロ民族解放戦線）		身代金目当ての誘拐；人身売買；東・東南アジア向けにメタンフェタミンの供給源	アルカイダ及びジェマー・イスラミヤのアブ・サイヤフ（ミンダナオ島）との結び付き
北アイルランド	宗教・経済格差に関する緊張がエスカレートした暴力	アイルランド共和軍(IRA, 1971-98年)	IRAの分裂派とプロテスタント系準軍事組織	麻薬（アンフェタミン）違法取引	
ベネズエラ	貧困とのつながりが指摘されている	国家解放愛国軍(FPLN)によるゲリラ・暴力活動（1992-現在）	政府系武装組織コレクティーボによる暴力活動	麻薬取引，誘拐，人身売買	コロンビアのコロンビア革命軍（FARC）や国民解放軍（ELN），麻薬密売組織と手を組む
メキシコ		「人民革命軍（EPR）」，「反乱人民革命軍（ERPI）」，「サパティスタ民族解放軍（ERPI）」などが存在するが近年目立った活動はない	組織的な犯罪として誘拐が横行し，身代金を目的としたビジネスとしても定着	特にヘロインを中心に麻薬違法取引のハブ	米国との犯罪組織とのつながりや国境紛争

（出所）World Development Report 2011 on conflict, security and development,Global Peace Index 2022 などから筆者作成

は世界 GDP の10％にも達している（World Bank, 2011：50）。

このように今国際社会で多く見られる暴力の形態は，さまざまである（表6-1）。

3　対暴力への処方箋

では，暴力と対峙するため，あるいは制圧するためにはどうしたら良いだろうか。

図6-1は，内政の破綻状況を示す破綻国家指数（The Failed State Index 以下FSI）に，世界銀行による GDP 1人当たりのデータ（GDPcap），中等教育就学

図6-1

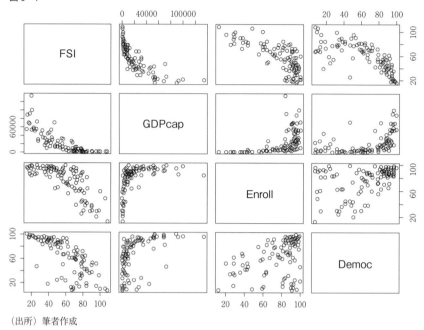

（出所）筆者作成

率（Enroll），フリーダム・ハウスの民主主義指数のデータ（Democ）の相関を
見る分散図である。この図からGDP1人当たりのデータ，中等教育就学率，
フリーダム・ハウスの民主主義指数のいずれもFSIを改善することが分かる。

　FSIとは，米国の調査・研究機関ファンド・フォー・ピースと外交専門誌
フォーリン・ポリシーが，2005年（データの公表は2006年）から12の指標を10ポ
イント計算し，それをもとに各国の安定性を数値で表したFIS指数を毎年公
表しているものである。2014年から「破綻国家」は，「脆弱国家」指数（The Frag-
ile State Index）へと名称変更されたが，中身は変わっていない。12の指標は，
以下の通りである（表6-2）。

　FSIは，90以上120までを「最警戒ゾーン」，60以上89.9までを「警告ゾーン」，
30以上59.9までを「要監視ゾーン」，29.9以下が「持続可能ゾーン」に属する
としている。2022年12月現在，29ヵ国が「最警戒ゾーン」に分類されている。[2]

　表6-3は，このFSIのデータと，戦争をはらむ軍事化の度合いを示す軍事

化指数の２つを従属変数と
して，何が FSI と軍事化
を下げる変数（要因）とな
るのか，さらに深く R を
使って分析したものである。

　従属変数である軍事化指
数は，この分野に関する世
界的なシンクタンクである
経済平和研究所（The Insti-
tute for Economics & Peace）
によって作成されている世
界平和指数（Global Peace In-
dex）を構成する３つの主
要指数のうちのひとつで，

表6-2　FSI 指数

社会指標
1　人口爆発・偏った人口増加，それに伴う食料危機
2　難民の存在，強制移動による人道的危機
3　過去の報復を目指す集団の存在
4　頭脳流出，中産階級の慢性的な国外脱出

経済指標
5　集団間の経済格差
6　急激かつ深刻な経済の衰退

政治指標
7　犯罪の増加，政府の正統性の喪失
8　急激な公共サービスの悪化・不全
9　法の支配の停止，法の恣意的適用,広範囲の人権侵害
10　治安悪化，警察の機能不全，武装集団の活動
11　首脳部の分裂，対立
12　外国政府・外部の政治アクターの介入

（出所）フォーリン・ポリシー HP から筆者作成

ストックホルム国際平和研究所（SIPRI）のデータベースから10万人当たりの主要な通常兵器輸入量や英 IISS のデータベースから人口10万人あたりの兵員数などから指数を割り出している。[3]

　FSI への影響を見て分かることは，GDP １人当たり，民主主義の度合い，中等教育就学率の度合いが高ければ高いほど FSI に寄与する，ということである。つまり世界が暴力に勝つためには，まず貧困を削減する必要がある。そして教育を子供に施し，大人は民主主義を社会に浸透させていかなくてはならないということだ。

　実際，低所得は暴力に従事する機会費用を削減する。経済的な観点からすると，犯罪の動機に関する文献が伝統的に強調しているように，暴力に従事する人々の決定における費用便益の計算を理解することが重要である。つまり貧困からいかに脱却するか，ということである。

　近年の研究でも内戦に関する多くの研究が経済的な動機・要因に焦点を当てて計量分析が進められている。例えば，大規模なディアスポラ（離散）が発生すると，紛争が再発するリスクを大幅に高めるとされる。ディアスポラとして

表6-3　FSIと軍事化の要因分析

	Model A　FSI	Model B　軍事化
（切片）	111.806***	1.423***
	(12.701)	(0.316)
民主主義	-0.508***	-0.003+
	(0.073)	(0.002)
中等教育就学率	-0.559***	
	(0.088)	
失業率	0.584**	
	(0.177)	
軍事支出	0.458	0.160***
	(0.857)	(0.023)
海外直接投資流入	0.007	0.000
	(0.007)	(0.000)
石油収入	-0.008	0.000*
	(0.006)	(0.000)
ガス収入	0.008	0.002+
	(0.039)	(0.001)
農耕地	0.082	
	(0.107)	
国境	0.308	0.046***
	(0.398)	(0.011)
イスラム教	0.065	-0.004
	(0.093)	(0.002)
キリスト教	0.169+	-0.002
	(0.092)	(0.002)
ヒンズー教	0.111	-0.004
	(0.147)	(0.004)
仏教	0.233+	-0.003
	(0.139)	(0.004)
多民族	-0.079	0.044**
	(0.491)	(0.014)
支配（50.1%を占める）民族の存在	-6.694*	-0.045
	(3.115)	(0.082)
観測数	84	84
R2　決定係数	0.828	0.656
R2　Adj.　修正済み	0.790	0.598
Log.Lik.　対数尤度	-310.762	-11.618
RMSE	9.78	0.28

*p＜0.1；**p＜0.05；***p＜0.01

（出所）World Bankデータから筆者作成

自国外に住む人々は,憎しみを持ち続け,反乱に資金を提供するからである（Collien ほか, 2005 : 12）。

　紛争の影響を受けた国々で低成長が続く理由のひとつは，国内外の投資家を安心させることが難しいことも影響している。内戦は，国際カントリーリスクガイド（ICRG International Country Risk Guide）で（合計100点の尺度で）約7.7ポイント引き下げる。犯罪的暴力の効果もほぼ同等である。紛争が終結してから最初の3年間について格付けは非紛争国よりも3.5ポイント低い。暴力終結後にはしばしば経済活動の急増がみられるが，それが投資家の信頼回復を反映した投資ベースの活動である可能性は低い。単に止まっていた経済活動が再起動したためだと考えられるからである。リスクにかかわる投資家の受け止め方は通常は慎重になるため，貿易が回復するまでには数年を要する。貿易は内戦1年目に12%から最大25％まで落ち込むことがあり，最も厳しい内戦（戦死者数が累積ベースで5万人以上）の場合，貿易の減少は約40%にも達する。また，貿易の中断は紛争開始から25年間も持続することがある。さほど大きくない紛争では，影響は小さいものの，貿易が紛争前の水準にまで戻るにはやはり平均20年もかかる（World Bank, 2011 : 64）。

　ただし，本章で行った計量分析では外国直接投資額（1972年から2021年までの流入の平均値を指数化した）がFSIに何等かの影響を及ぼすかについては，有意な結果が得られなかった。また，農耕地が領土に占める割合や，石油収入，天然ガス収入がどの程度，FSIに関連しているのかを調べたものの，本章のクロスセッション分析では特別な示唆を得ることができなかった。計量分析では省いているが国土の大小もFSI，軍事化いずれにも何ら当別な関係は見いだせなかった。ただし国境が多い場合，軍事化を促す理由になる。

　だがポール・コリアーとアンケ・ヘフラーが行った時系列分析では，1965年から1999年の間に発生した54の大規模な内戦のうち，GDPに占める一次産品の輸出の割合が高いほど，紛争のリスクが大幅に増加することが明らかになっている。さらにコモディティのグループ間に有意差があるかどうかを分析して，特に石油への高い依存度は，他の商品輸出への同様の高い依存度よりも，紛争に関連する可能性がさらに高くなることも明らかにしている（Collier, 2003 : 2）。

また，コリアー，ヘフラー，ソダーボムは，資源への依存が内戦の期間を延ばすことも明らかにしている（Collier ほか, 2003）。

　ただし，天然資源への依存，または一次産品への依存は逆にも作用することを強調しておく必要がある。例えば，莫大な石油産出で税金などを一切市民から徴収しない湾岸産油国などでは，石油収入（レント）を分配することによって，社会不安を抑えることができる（レンティア国家）。国家は，課税による強権的な徴収によっての公共財の分配者ではなく，レント分配を通して支配者の慈善となるのである。そしてそこでは「課税なきところに代表なし」となってさらに市民が政治参加から遠ざかっていく[(4)]（福富，2014：94-97）。

　すなわち1人当たりの所得が高い場合は，天然資源があっても内戦のリスクは無視できるようになる。米国やカナダは世界で有数の産油国だが，それが民主主義を毀損するようなことはない。天然資源の輸出に大きく依存しているが裕福でもあるノルウェーやオーストラリアなどの社会も同様だ。天然資源の賦与による重大なリスクを回避するため，ソブリン・ウエルス・ファンド（SWF）などにプールするなどして，うまく管理しているからだ。

4　ガバナンスの重要性

　制度面すなわち法の支配，政府の有効性，腐敗の低さ，人権の強力な保護が，内戦の勃発及び再発のリスクの低さと相関関係にあるかことも近年多くの研究で明らかにされている。本章で行った分析でも，民主主義と教育は FSI の状況改善に極めて強く寄与する。

　高所得国の統治指標は総じて良いスコアを出すため，これまでの研究では制度的な弱さの効果を低所得の効果からしか区別することができなかった。だが，ジェームズ・フェアロンは，国民所得のデータを制御して，「驚くほど良い」統治の国（1人当たり所得が同じなのに他の諸国よりも統治の格付けが高い国）を特定することによって，この問題の解決を試みた。それによれば，統治指標が「驚くほど良い」国は，統治の格付けがより控え目な他の諸国と比較すると，5〜10年間に内戦が発生するリスクが30〜45％低いという。これに制度分析を追加すると，内戦の原因として所得よりも民主主義などの制度が重要な要因になる

ことが分かった。彼の発見によれば，制度は犯罪的暴力のリスクと強い相関関係にあり，1996-1998年に統治指標が良好であった諸国では，所得を制御しても2000-2005年になっても低い殺人率を享受したままであった（Fearson, 2011）。

　上記の研究でも中等教育と成長は紛争のリスクを減らす（中等教育の就学率が平均より10ポイント高い場合，戦争のリスクは約3ポイント低下する）とされているが，図表の中等教育の就学率とFSIの分散図を見ても，やはり極めて相関関係が高いことが分かる。つまり小・中教育を厚くすることで，FSIは低減する。教育がなぜ重要なのか，ここからも理解できよう。

　なお，本章の分析では，支配民族（50.1%）がある国では，FSIを下げる可能がある一方，軍事化指数の方では，多民族の度合いが強ければ強いほど，軍事化指数を悪化させるとの結果となっている。また，（これは当然だが）軍事支出が多ければ多いほど，そして国境を接する数が多いほど，軍事化指数が悪化するとの示唆を得た。

　同じように民族が一部に集中している国では紛争のリスクが非常に低く，民族が非常に分散している国ではリスクが約37%と高くなる，とする研究もある。反政府勢力が効果を発揮するためには，社会の細分化が社会をより安全なものにする。断片化された社会の紛争リスクは，均質な社会のわずか4分の1だ（Collierほか, 2005 : 16-17）。ポール・コリアーとアンケ・ヘフラーによれば，高度に分断化された社会は，高度に均質な社会よりも戦争を起こしやすいわけではない。内戦の危険は，社会が2つのグループに二極化した時に発生しやすくなる。二極化した社会は，均一社会や高度に分断された社会よりも内戦の確率が約50%高くなる。高度に分断化された社会の安全性が高いのは，潜在的な反逆者自身が分断されている場合，反乱の調整コスト（コーディネーション・コスト）が高いためであるとされている（Collier and Hoeffler, 1998 : 571）。

5　世界を変えた9.11同時多発テロとテロとの闘い

　では，暴力と宗教の関係はどうだろうか。さまざまな暴力の中でも，近年，世界を震撼させたのが，2001年9月11日，イスラム過激派テロ組織アルカイダによって米国の経済の中心であるニューヨークと政治の中心であるワシントン

に旅客機を利用して大規模テロだった。一連の攻撃で，日本人24人を含む2,977人が死亡，2万5,000人以上が負傷した。アフガニスタンを支配していたタリバン政権は，同時多発テロを計画したアルカイダ指導者の引き渡しを拒んだため，2001年10月，米国は英国などとともにアフガニスタン攻撃を開始，タリバン政権を壊滅させた。

　ジョージ・W・ブッシュ大統領は2002年1月の一般教書演説で，テロを支援し，大量破壊兵器の獲得を目指す国家のことを「悪の枢軸」と呼び，北朝鮮，イラン，イラクの3ヵ国を名指しで非難した。同年9月，米国政府は「合衆国の国家安全保障戦略」を発表，テロリストとの闘いは，国家と国家の間で，軍事組織を動員して攻撃が行われる脅威とは異なるものであるとし，このような「新たな脅威」については，従来型の安全保障政策とは異なった対応が求められるとした。それが「先制行動原則」である。米国は危機の前兆が認められる場合には，行動を起こすと宣言。実際に2003年3月，ブッシュ・ドクトリンは，大量破壊兵器を隠し持っていると疑われたイラクに適用された。

　さらに米国で「愛国者法」が，9.11同時多発テロ直後の2001年10月26日に同大統領の署名により発効した。その正式名称は，「テロリズムの阻止と回避のために必要な適切な手段を提供することにより米国を統合し強化する2001年の法」である。

　これは2001年9月11日の米同時多発テロ事件後45日間で成立し，米国内外のテロリズムと戦うことを目的として政府当局の権限を大幅に拡大させた法律で，テロに関係する行為をとったと疑われる者に対し司法当局は逮捕状なしに拘留や取調べを行うことを可能にした。また，入国管理局に対しテロに関係するとみられる入国者を留置・追放する権限を有した。愛国者法は，2016年6月失効したが，それを改正した「米国自由法」に引き継がれており，依然としてテロ組織の経済活動などを監視している。

　この法律制定や軍事介入の米国の一連の動きが想起する問題は，すでに説明したようにその暴力の背景にあるさまざまな問題が極めて複雑化しているにもかかわらず，国家権力は，暴力とテロ，そしてテロと宗教を結び付け，特にイスラム教徒について，さらなる暴力で無理やり抑え込もうとしている点にある。

　欧州でも消滅したとされる IS との戦いが今も続いている。IS の戦闘に参加した者はともかく，その配偶者や子供まで，国外追放や強制送還以外にも，欧州では市民権を剥奪し，二度と入国させないようにしようとする動きも広がっている。

　しかしながら，こうした問題はいくつかの重要な問題を想起する。一体どの程度まで国家は安全を保障するために全体の自由を制限するのか，またその権利がどこまであるのか，そして，イスラムという変数が果たして本当に暴力に寄与しているのか，という点などである。

　後者に関しての答えは明らかである。50.1％以上のイスラム教徒が居住するイスラム教国家のうち，チュニジア，インドネシア，マレーシア，パキスタン，バングラデシュ，ニジェールなど，フリーダム・ハウスで「自由」，「部分的自由」と判断されている国家の人口は 8 億160万人にのぼる。これは OECD 加盟国，つまり先進民主主義国に居住するイスラム教徒以外のイスラム総人口約13億2,000万人の半分以上にあたり，過半数のイスラム教徒が民主主義を一定程度享受し，また支えていることになる。つまりイスラムと民主主義は両立しないという議論は説得力がない。

　実際，本章で行った計量分析でもイスラム教が，FSI，軍事化どちらにも有意な意味は見いだせなかった。他の宗教区分（キリスト教徒，ヒンズー教徒，仏教徒）でも同様にいずれも有意な意味は見いだせなかった。

　問題はイスラム教が民主化を阻むという短絡的な議論に惑わされてしまいがちだということだ。女性の装いなどに対する男性との非対称的な差別から原理主義者によるテロまで，そのイスラムがイメージさせるところは「危険」かつ「野蛮」であり，西欧社会を起源とする人権思想とは相いれないものである。

　現代の多くの社会では人権上も社会倫理上も許されないが，今から遡ること約1300〜1400年前にはむしろ社会倫理上重要な意味があった。イスラムの黎明期であるこの頃，数多の戦士が死ぬことになった。残されたのは夫を失った女性と父を失った子供たちである。公共の社会福祉制度が整備されている今の時代からすれば唾棄されるだけのことだが，複数の家族を養うことを男に課したのは，それが当時，夫や父を失って絶望の淵にある民を救う次善の策であった

からである。もっともコーラン（神の言葉）はやむを得ない場合に限るとしており，妻を平等に扱えなければその教えに背く。ここから現代のほとんどの中東諸国では，法律で禁じられるか著しく制限されており，実際問題として社会通念上許されなくなっている。

　同様に父権社会の象徴のように語られる女性の衣装だが，夏場に摂氏50度にもなる中東では，肌の弱い子供や女性は，全身を覆うことができる長い布ですっぽりと覆わなければ，たちまち強い日差しで火傷してしまう（福富，2018：4-5）。

　このように，その社会をイメージだけで見ることなく，きちんとしたデータと歴史に照らし合わせながら，他者・異文化を理解せねばなるまい。

　イスラム教徒は当然のことながら全員，悪意を持ち，テロリストに親近感を持つ，あるいは自らがテロリストになる，わけではない。危惧するべきは，こうしたマイノリティへの差別が法の停止そして軍事法の導入などの例外状態が常態化することである（イグナティエフ，2011：19）。

　「拷問及び他の残虐な，非人道的なまたは品位を傷つける取り扱いまたは，刑罰に関する条約（拷問等禁止条約　The Torture Convention）」や「ジュネーブ条約（The Geneva Convention）」のような国際的取り決めを批准してきた政府はそれらを遵守する義務を負っている。これは法的であると同時に道徳的な義務なのである。そしてそれは市民でない人々といえども人間であるという名分の下に，彼らに対して品位ある（Decent）処遇をするという最低限度の要請に従う必要がある（イグナティエフ，2011：21）。

　デモクラシー国家は，グローバルなテロとの戦いにおいて，他国の支持を確保することも重要な仕事だとハーバード大学教授で政治哲学者のマイケル・イグナティエフは述べる。「人類の様々な意見に対して敬意を払い，自国の国際的責務とともに同盟諸国や見方の勢力が熟慮を重ねた上で示す意見に耳を傾けなければならない。デモクラシー国家は，自らの手を縛るやり方でテロと戦わなければならない。それこそがデモクラシー国家が持つ本性であり，世界中で敵に勝つことができるのはまさしくその本性に従って戦うからに他ならないからだ」（イグナティエフ，2011：65-66）。

　アルカイダとの戦いにおいて，アブ・グレイブ強制収容所やグアンタナモで

民主主義を看板に掲げる国家の軍が拷問を行ってきたという事実を私たちは重く受け止めなければならない。序論でも述べたように国家はいとも簡単に自らの行動を正当化する，ということにも注意を払わなければならない。国家主権を絶対視することは，最終的に市民の自由を制圧することにもつながるからだ。

福富満久

コラム　文明の衝突の脱却

　人々の問題意識や傾向を調査する世界的にも名高いピュー研究所が新型コロナウイルス感染症拡大直前の19年に行った「欧州市民はイスラム教徒に対する否定的なイメージを持っているのか」についてのとても興味深いデータがある（図6-2）。

図6-2　欧州主要国のムスリムに対する意識調査

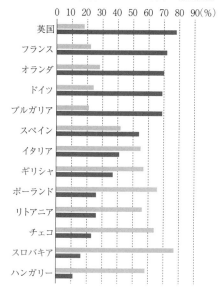

■ 非好意的　■ 好意的

（出所）ピュー研究所データから筆者作成

　驚くことにISがテロ活動を依然行っていた時期に，英国78％，フランス72％，オランダ70％，ドイツ69％，スペイン54％の市民が自国のイスラム教徒に対して好意的だと答えている。

　他方，スロバキア77％，ポーランド66％，チェコ共和国64％，ハンガリー58％，ギリシャ57％，リトアニア56％，イタリア55％と中東欧及び南欧諸国民では，否定的な見方が優勢である。

　ただし，東欧でもブルガリアのように（約13％の国民がイスラム教徒である）多くのイスラム教徒がいる国では69％が好意的だと答えており，東欧の中でもばらつきがみられる。また，16年に行われた同調査と比較してみても，いずれの国でもイスラム教徒に対しての反感は少なくなっている。代表的な指標で言えば，ハンガリー，イタリアはそれぞれ14％，英国は10％も減っている。スペインは16年調査では反感を示していたのが8％減って42％になり，好意的に捉えている者が54％と増えた。

　一方，極右ポピュリズム・民族主義政党支持者に限った調査では，イスラム教徒に対する反感が多くなる。主要国では，ドイツ AfD（ドイツのための選択肢）支持者の60％が，イタリア Lega（同盟）支持者の67％が，スペインのVox（声）支持者の59％が非好意的である。こうした政党を支持している時点で異教徒や移民に反感を抱いているのは当然だと考えられる。

　以上の調査をまとめると，①カトリック・プロテスタント・正教会でのくくりではイスラム教徒に対する特別な意識の偏りは見られないこと，②欧州主要国の市民はテロに見舞われながらもイスラム教徒の隣人をテロリストとは別に考えていること，③直接的に難民流入が多かった南欧諸国や中東欧諸国においてイスラム教徒に対する感情を悪化させた可能性があること，④ポピュリスト・民族主義政党支持者にはイスラム教徒に対する反感を持つ者が多いこと，が挙げられる。

　9.11米同時多発テロ以降，西欧社会でのイスラム教徒との軋轢は，サミュエル・ハンティントンの「文明の衝突」論によって理解されやすい。ハンティントンの議論の核心は，たぐいまれな西欧文明が成功したのには，キリスト教社会の持つ個人主義，多元性，法の支配が備わっているためであるとし，他の文明を完全に劣位に置き，優れた文明を守り抜くことが重要だと主張していることにある。だが，本章他，第4章，第8章でも論じられているように実情はそれほど単純ではない。

　イスラム教徒が多くの国で衝突しているように見えるのは，現代世界は，（今のところ）キリスト教世界が支配勢力であって情報は非対的であることもひとつの重要な要因だ。その「正」なる言語世界で，イスラム教徒がテロを起こしたという「悪」が駆け巡るのは至極当然でもある。また，ポピュリストや極右勢力，民族主義者にとって，宗教や差異は票や支持を獲得するためのツールでもある。我々が目にする情報はいつも正しいのか。こうしたことにも一層の注意を向けていきたい。

注

(1)　https : //www.vladivostok.ru.emb-japan.go.jp/itpr_ja/00_000138.html（2023年4月23日閲覧）

(2)　2022年179ヵ国中 FSI ランク「最警戒ゾーン」に位置する29ヵ国は，以下の通り。1位イエメン（111.7），2位ソマリア（110.5），3位シリア（108.4），3位南スーダン（108.4），5位中央アフリカ共和国（108.1），6位コンゴ民主共和国（107.3），7位スーダン（107.1），8位，アフガニスタン（105.9），9位チャド（105.7），10位ミャンマー（100.0），11位ハイチ（99.7），12位ギニア（99.6），13位エチオピア（99.3），14位マリ（98.6），15位ジンバブエ（97.8），16位ナイジェリア（97.2），17位カメルーン（96.0），18位エリトリア（95.9），19位ブルンジ（95.4），20位ニジェール（95.2），21位モザンビーク（94.3），21位リビア（94.3），23位イラク（93.8），24位コンゴ共

和国（92.2），25位ウガンダ（92.1），26位ベネズエラ（91.6），27位レバノン（91.3），27位ギニアビザウ（91.3），29位ブルキナファッソ（90.5）。参考 https : //fragilestate sindex.org/

(3)　https : //www.visionofhumanity.org/wp-content/uploads/2022/06/GPI-2022-web.pd f（2023年4月21日閲覧）

(4)　レンティア国家論の中心にあるのは，単なる石油収入ではなく，国際援助（グラント）や，海外送金など，徴税によらない非課税収入，すなわちレント収入が国家の手に自由に握られ，その分配を中心に社会が構成されているという視座にある。だが，この問題は湾岸産油国に限ったことではない。パイプライン使用料，スエズ運河使用料などでレント収入を獲得するヨルダン，シリア，エジプト，チュニジア，中東産油国や欧州などの出稼ぎ労働者からの巨額の海外送金を得るエジプト，イエメン，シリア，レバノン，チュニジア，アルジェリア，モロッコ，海外からの軍事支援を含むグラント収入を得るエジプト，ヨルダン，モロッコ，パレスチナ等にも大きく影響を及ぼしている問題である。

演習問題

1．本章では，1人当たり GDP の向上と，教育と民主主義の拡充が，暴力を減じる核（変数）になると論じたが，他にも変数になるものがあるだろうか。統計ソフト R などで重回帰分析を行って知見を深めてほしい。
2．イスラム教について，そのイメージは危険であり，一風変わった習慣を持つ，など奇異の目で見ている場合が多いのではないだろうか。井筒俊彦訳『コーラン』（岩波文庫）や以下の読書案内に挙げている同氏の著作を参考に果たして本当にイスラムは危険な宗教なのか議論せよ。
3．文明の衝突論の他に，「歴史の終わり」論争もある。文明の衝突論と「歴史の終わり」論の何が違うのか。この2つの議論の問題点は何か。

引用・参考文献

イグナティエフ，マイケル　添谷育志・金田耕一訳（2011）『許される悪はあるのか──テロの時代の政治の倫理』風行社
シュミット，カール　新田邦夫訳（1995）『パルチザンの理論──政治的なものの概念についての中間所見』ちくま学芸文庫
福富満久（2014）『岩波テキストブックス　国際平和論』岩波書店
──（2018）『戦火の欧州・中東関係史──収奪と報復の200年』東洋経済新報社
レーニン（1957）『国家と革命』岩波書店
Badie, Bertrand（2020）*Inter-socialités*, CNRS ÉDITIONS.
Collier, Paul（2003）, *Natural Resources, Development and Conflict : Channels of Causation and Policy Interventions*, World Bank.
Collier, Paul and Hoeffler, Anke（1998）, On Economic Causes of Civil Wars, *Oxford Economic Papers*, vol. 50, no. 4.

Collier, Paul, Hoeffler, Anke and Sambanis, Nicholas (2005), 'The Collier-Hoeffler model of civil war onset and the case study project research design', Collier, Paul, Sambanis, Nicholas eds, *Understanding Civil War : Evidence and Analysis*, World Bank.

Collier, Paul, Hoeffler, Anke and Soderbom, 'Mans (2003), On the Duration of Civil War', mimeo, CSAE, Oxford.

Fearon, James D. (2011), Governance and Civil War Onset, *World Development Report 2011*.

Gaibulloev, Khusrav, and Sandler, Todd (2008), "Growth Consequences of Terrorism in Western Europe." *Kyklos*, vol. 61, no. 3.

Kaldor, Mary (1999), *New and Old Wars : Organised Violence in a Global Era*, Polity.

Singer, Peter W. (2003), *Corporate Warriors, The Rise of the Privatized Military Industry*, Cornell University Press.

World Bank (2011), The World Bank annual report 2011.

理解を深めるための読書案内

Walzer, Michael (2006) *Just and Unjust Wars*, 4th ed., New York, Basic Book, 邦訳 荻原能久監訳 (2008)『正しい戦争と不正な戦争』風行社
　戦争とその介入の正義について考えるための必読書。初版1977年で，約半世紀にわたって読み継がれてきた名著。非戦闘員の保護，民間人に対する戦争，パルチザン戦争など，時代が大きく変わった今でも多くのことを考えさせられる。

セン，アマルティア　池本幸生訳 (2011)『正義のアイデア』明石書店
　用いることができる能力の幅を広げることを目指す潜在能力（ケイパビリティ）アプローチを提唱し，それまで経済的な豊かさを開発や人間の幸福の視座の中心においてきたそれまでの言説や開発アプローチを大きく変えたセンの集大成とも呼べる本。センは，アジア出身で初のノーベル経済学賞受賞者。

ポースト，ポール　山形浩生訳 (2007)『戦争の経済学』バジリコ
　第一次世界大戦から，イラク戦争まで，戦争の功罪を経済的に分析した理論書。平易な数式やモデルを用いて説明されているため誰でも理解できる。新しい視点を得るために。

シェリング，トーマス　河野勝監訳 (2008)『紛争の戦略』勁草書房
　戦略的意志決定メカニズムを解き明かしたゲーム理論・国際政治学の名著。核抑止などの効果などリアリズムに立脚した国際政治上の問題を，脅し，交渉，コミットメントなどリベラリズムに立脚した制度から解き明かす。

井筒俊彦 (1981)『イスラーム文化　その根底にあるもの』岩波書店
　日本を代表する東洋哲学者・文学者にしてアラビア語にも精通し，コーランの日本語訳もある世界的な名声を博する碩学によるイスラム教とその文化に関する解説書。

Fukutomi, Mitsuhisa (2022) "Could humanitarian intervention fuel the conflict instead of ending it?", *International Politics*, 59, Springer Nature, Palgrave Macmillan
　エドワード・ルトワックが"Give War a Chance", *Foreign Affairs*, 1999（邦訳 (2017)

『戦争にチャンスを与えよ』文春新書）で「戦争に介入しても火種を残すだけであり，戦争当事者がお互いにこれ以上殺し合いをやっても無駄だとわかるまでやらせておく方が良い」と主張したことに対して計量的に反論を試みたもの。

<table>
<tr><td rowspan="2">第7章</td><td>Cooperation</td></tr>
<tr><td>国際協力を通じた
平和構築への挑戦と課題</td></tr>
</table>

　　　冷戦後の平和構築を目指す国際協力の取り組みは試行錯誤の連続で
あった。紛争中，その終結後に平和と安定をもたらすためには，何より
も当該国の人々自身のオーナーシップが成否の鍵を握っている。一方，
紛争に直面する国々ではそもそも国家の機能に制約が生じ，時に人々は
国家の保護を受けることが困難な状況に陥る。特に弱者は生存と生活を
脅かされることとなる。そのような状況下，外部者である国際社会が，
脅威に直面し，困窮する人々を保護し，時に極めて難しいということを
知りつつも，平和と安定をもたらす取り組みを行うことが，国際協力に
よる平和構築である。しかしながら，国際協力による平和構築への取り
組みのこれまでの成果は必ずしも華々しいものではなく，今でもその効
果的アプローチの模索が続いている。

キーワード

国際協力　紛争　平和構築　脆弱性　人間の安全保障　国際公共財

1　国際協力と紛争と平和構築に関する議論とその変遷

（1）はじめに——国際協力による平和構築とは何か

　紛争は古代より絶え間なく発生しており，我々人類にさまざまな問いを投げ
かけてきた。「いかに防ぐか」に始まり，紛争発生後には「なぜ防げなかった
のか」「なぜ起きたのか」「どのように終結させるのか」，紛争終結後には「平
和と安定をいかに維持するか」「いかに繰り返さないか」といった多様な問い
に，人類は常に直面してきた。紛争と平和の関連性は人類にとって最大の課題
のひとつである。

　この紛争と平和に関する課題に人類はさまざまなアプローチで対峙してきた。
かつては，武力及び外交・政治的手段が紛争に対峙する方法であった。それが，

第二次世界大戦後，平和と安定を，国際社会による支援，いわゆる「国際協力」によって実現する試みが意識的に取り組まれるようになってきたのである。本稿は紛争と平和構築に関する国際協力の取り組みと議論，そしてその課題について紹介しつつ，効果的なアプローチについて考察を加えようとする試みである。

　「国際協力」という言葉は必ずしも国際的に定義が確立されているものではないが，本稿の議論を進める上で「国際協力による平和構築」という主題テーマの意味の明確化を試みたい。国際協力とは武力介入や外交・政治介入と同様，外部者のある国・地域への介入の一形態である。下村は国際協力を「開発を途上国の人々の間に広く見られる『より良いと思う状態』に移行しようとする能動的な動きとして理解し，その試みに対する国際社会の支援」と定義している。紛争に際しての国際社会の支援は，ウクライナへのロシアの侵略に対する西側諸国の武器供与のように軍事的分野でなされることもある。下村は，国際社会の軍事的な貢献を含む支援を「国際貢献」とし，「国際協力」は非軍事的分野でなされるもの，と分類している（下村ほか，2009）。本稿においてはこの定義を参考に議論を展開したい。

　紛争によって生み出されるのは，当然ながら人間にとって耐えられない環境であり，「より良いと思う状態」である平和な状態を希求するのは極めて自然なことである。その平和な状態を希求する動きが平和構築への取り組みであり，それは一義的には当該国自身が，そしてその人々が担うべきものである。しかしながら，紛争の只中，または紛争直後の状況において，国家の機能は妨げられ，人々はさまざまな制約と困難に直面する。結果，当該国及び市民のみでは平和と安定を達成することが難しい状況が発生する。その事象による生じるさまざまな課題解決の取り組みを，外部者である国際社会が補完，非軍事的方法によって平和と安定の実現を支援するのが「国際協力」である。

（2）紛争の形態の変化

　平和構築を必要とする事象である「紛争」はどのように変化してきたであろうか。2022年2月24日に始まったロシア軍によるウクライナ侵攻は世界を震撼

図7-1　世界の紛争数の形態別傾向（1946-2021年）

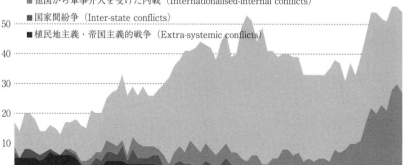

（出所）Uppsala Conflict Data Program, Armed Conflict Dataset, 2022

させた。その背景として，さまざまな紛争が依然世界各地において勃発，継続しているものの，冷戦終結後，国家間の紛争の割合は低下しており，特に核を保有する大国を巻き込んだ戦争はもはや起こりえないのではないかという認識の広まりがあった。このような認識は，紛争の形態の変化によって醸成されており，特にその紛争の形態の変化は「主体」と「争点」において顕著であった。

　紛争の「主体」の変化とは，国家が紛争の主体となる国家間紛争が減少する一方，非国家主体と国家，または非国家主体同士の争いの割合が増えてきていたことである。冷戦終結以前もスリランカにおける政府とタミル・イーラム解放の虎（LTTE）との内戦やレバノン内戦をはじめ，非国家主体を巻き込んだ紛争は少なからず発生していたが，冷戦後はその割合が増加した。最近ではエチオピアにおけるアビー政権とティグライ人民解放戦線（TPLF）との紛争，スーダンにおける政府軍と即応支援部隊（RSF）等々，その例は枚挙にいとまがない。図7-1はその推移を表したものである。

　紛争の形態のもうひとつの変化は「争点」である。米国とソ連という大国の対立を軸とする冷戦の緊張下，宗教，民族に基づくアイデンティティの差異の争点としての比重は低かった。大国であった米ソ二国間の対立という重しがとれた後，その宗教，民族等に起因する差異を人々は明確に意識するようになり，

その差異による不利益を理由とする紛争が増加した。ナイはそれをエスニック紛争と形容する（ナイ，2002：189-193）。

　ただ，日本のように同質的な国民国家は世界には珍しく，それぞれの国，地域には多様な差異が存在している。インドのように多様な宗教，民族を抱えつつも，（昨今ムスリムに対する抑圧的傾向はみられるものの）平和裏に国家が機能し，人々が暮らす国々は数多い。つまり，ナイのエスニック紛争という表現はあたかも民族，宗教の差異が紛争に結び付くという短絡的印象を与える言葉であると言えよう。

　人々が属すると考える宗教，民族の集団は国家の領域を越えて存在することから，この争点の変化は，紛争の主体の変化とも密接に結びついている。

（3）脆弱性と脅威の拡散

　紛争と平和構築の議論の中で，脆弱性（Fragility）という言葉が多用され，国際社会において議論が展開されてきた。脆弱性に対して焦点が当てられてきているのは，脅威が多様化，先鋭化し，脆弱性はさまざまな問題と脅威の世界への拡散をもたらすからである。

　第一に拡散するのは，紛争及び暴力であるが，特に国境を越えたテロ，具体的には2001年9月11日の米国本土における同時多発テロやイスラム国による世界各地に広がったテロのような脅威が21世紀に入って顕在化した。国家の脆弱性は紛争や内戦とは異なる性質の暴力が蔓延する事象につながることもある。それはマフィアのような暴力組織が跋扈して暴力の連鎖が止まらないという状況である。中南米における麻薬を巡る争いがひとつの例であろう。

　第二の拡散は難民である。脆弱性を抱える地域では，国家が機能不全に陥るだけではなく，時に国家が市民を抑圧することさえも起きる。結果，国家からの保護が期待できないと考える人々は大量の難民となって国外に流出する。特に難民の数は2011年以降飛躍的に増えている（図7-2）。さらには難民のうち77％以上が5年以上難民状況におかれ，難民状況の長期化も顕著である。

　また，脆弱性は貧困を固定化するという側面もある。多様な宗教，民族に属する社会において，時に政府によって成長や天然資源収入の公平な分配が行わ

図7-2　難民及び国内避難民数の推移（1991-2021）

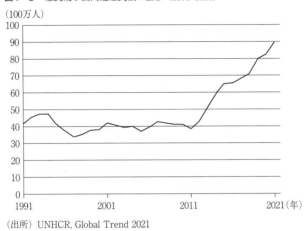

（出所）UNHCR, Global Trend 2021

れず，それが一部の宗派，民族グループの抑圧と貧困の固定化を生み出し，更なる不安定な状況を醸成している。世界銀行の2020年2月に発表された，「世界銀行の脆弱国支援戦略文書（World Bank Group Strategy for Fragility, Conflict, and Violence 2020-2025）」は，2030年までに最貧困層の3分の2は脆弱国，紛争国に居住する市民となると分析しており，世銀の目標である貧困層の削減のためにも脆弱国支援の効果を高める必要があることを強調している（World Bank, 2020：2-3）。

　紛争，テロ，暴力，難民，貧困という脅威は，気候変動，自然災害，感染症といったグローバルな課題と脅威と複合的に絡み合い，複雑化し，人々の生存と生活に大きな影響を及ぼす。特に気候変動による農業の耕作パターンの変化は多くの社会の人々の生活に影響を及ぼし，紛争の要因となっていることを注視すべきである。現在の世界に生きる我々はこの複合的脅威への対応が求められている。

（4）紛争の背景要因の分析と無形（Intangible）要因の重要性

　平和構築に効果的に取り組む上では，紛争及び脆弱性の背景にある要因の深い考察と対応が前提となる。これまでの平和構築の取り組みが必ずしも上手く

いかなかったのは，それらの要因に対する考察が不十分なまま活動を行っていたことが影響していたのではないだろうか。特に以下の二側面に関する要因への考察が重要である。

　まず，紛争の要因に対する考察である。それは具体的には，紛争や脆弱性の背景にある「潜在的な（歴史的・文化的・社会的）要因」は何かということ，その潜在的要因を顕在化，争点化させ紛争へと導く「切っ掛け」「誘因」が何かということ，さらには，その「切っ掛け」を作り利用し拡大する「誘因を持つのは誰か」ということ，そして紛争が継続することにより「政治・経済・社会的利益」を得るのが誰かということ，である。

　もちろんそれぞれの要因は単一ではなく，多様かつ複雑であり，相互に作用する。関与アクターも国内，国外双方に存在しており多様であるとともに，シリアの内戦やウクライナへのロシアの侵攻のように特定の個人及びその周辺にいる者，いわゆる「取り巻き」が大きな影響力を及ぼしていることがある。さらには，現在世界で起きている多くの紛争の背後には，冷戦期と同様代理戦争的な側面，つまり戦略的利益を持つ外部アクターの介入が働いている。ただし，現在の代理戦争と冷戦期の代理戦争との大きな違いは，米ソという東西陣営に分かれた介入ではなく，介入アクターが多様化しており，介入の対象も国家主体に加えて，時に非国家主体を背後で支援していることが，紛争をさらに複雑化させている。その外部アクターの戦略的利益と，紛争国内アクターの政治・経済・社会的利益が結びつくことによって，紛争が発生，長期化することが起きている。

　平和構築への取り組みにおいて，もうひとつ重要な要因は必ずしも目に見えず，定量化が難しい「無形要因（Intangible Factor）」に対する考察と対処である。紛争によって多くの人命が失われ，住居，インフラ等の破壊が起きる。そのような目に見える損失に加えて，組織，制度，人的資本，社会資本という目に見えない無形要因の破壊も同時に進行する。図7-3の氷山の図は，目に見える破壊・損失だけではなく，水面下にある無形要因の重要性を表したものである。破綻国家や脆弱国家においては，そもそもそれらの無形要因が脆弱であり，それが国家総体としての脆弱性や破綻につながっているという側面もある。

一方，戦後の日本のように物理的な破壊と失われた人命は甚大なものであった
が，人的資本，社会資本，組織と制度が力強く残っていたために，復興及びそ
の後の経済発展につながったケースもある。

　ただし，この無形要因に対する対処の難しさは，外部者はそれを壊すことは
容易にできるのであるが，外部者がそれを修復し，強化することは容易ではな
いということである。しかしながら，それらを無視した介入は悲惨な結果をも
たらすことは数々の失敗例が明らかにしている。

図7-3　紛争における無形要因

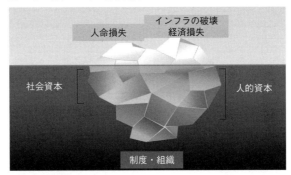

（出所）筆者作成

2　国際協力による平和構築活動

（1）紛争の異なる時間軸における国際協力

　紛争に対する平和構築への取り組みは，異なる時間軸，フェーズにおけるさ
まざまな活動を通じて実施される。そのフェーズを大別すると紛争の発生前と
紛争の発生後に分けることができる[1]。紛争を発生させないためには，軍事分野
では抑止，予防外交的な交渉も不可欠であるが，国際協力の分野でも紛争予防
への取り組みが特に近年注目されてきている。紛争発生後の取り組みは，さら
に紛争中及び紛争終結後の活動に分別することができる。

　この国際協力を通じた平和構築活動のうち，①人道援助，②治安維持，③法
の支配，④復旧・復興等の経済支援，の4分野について簡単に触れることとし
たい。

（2）人道援助

　第一の平和活動分野「人道援助」は，紛争中また紛争終結後，さまざまな脅威にさらされる人々を保護し，支援するものである。多くの人々が生存と生活に対する紛争の脅威から逃れるために自分自身の居住地を離れ，その一部は難民となり国外に流出し，また国内においても国内避難民として紛争から逃れ，別の場所で生活を送ることが発生する。人々は生活の場と，仕事，財産を奪われることとなる。同じ事象が大規模な自然災害によっても発生することがある。

　このような紛争や自然災害といった外部要因によって助けを求める人々の生存と生活を守るために供与されるのが人道援助である。人道援助においては国連難民高等弁務官事務所（UNHCR），世界食糧計画（WFP）といった国連機関や国際赤十字等の国際人道支援機関及び多くの非営利・非政府の団体や各国の政府の開発援助機関が支援の主体となる。冷戦終結後この緊急人道支援の活動は拡大し，その活動分野は難民支援，食料支援，医療支援と多岐に渡る。

　国連難民高等弁務官や JICA 理事長を歴任した緒方貞子は「命さえあれば次の機会は開ける」と語っていた。また，緒方は「人道問題に人道的解決なし」と発言していたが，難民の発生の背景には政治的要因があり，政治的な対処が不可欠であることを強調するとともに，政治的解決が行われないうちに援助を打ち切ることへの警鐘を鳴らしていた（緒方，2006）。人々の生命を守る，保護するという行為は，平和構築のための前提条件，紛争と平和の橋渡し的役割であり，それなしには人々の苦難と混乱が続くのである。

（3）治安分野

　第二の「治安分野」に関する取り組みについて概観したい。紛争中または紛争終結後，人々が暴力の脅威から解放され，安心して日常生活を送り，復旧，復興の取り組みが着実に進むためには，治安が維持されることが不可欠である。その治安維持のための取り組みの代表的なものとして DDR（武装解除・動員解除・社会復帰：Disarmament, Demobilization, Reintegration），SSR（治安分野改革：Security Sector Reform）及び地雷除去といった支援が挙げられる。国連の PKO（平和維持活動）についてもまさに治安維持を目指す活動の代表的なものである

が，各国の軍隊が参加する軍事的要因を含み，冒頭の定義における「国際貢献」と「国際協力」の境にある活動の形態と言える。

　DDR は紛争終結後，武器を手に戦闘に参加していた一般市民及び元兵士が再び暴力のサイクルに巻き込まれないように，保有する武器を回収し武装解除を図り，また戦闘員を正規軍または武装組織から除隊させて，また雇用訓練を施し，雇用機会を提供することによって，再び武装組織に参加することがないようにする取り組みである。シエラレオネのようなアフリカのいくつかの国及びアフガニスタンにおける取組が代表的なものである。

　DDR と同様に治安維持において頻繁に行われてきた平和構築活動が，当該国の治安維持能力を向上させるための SSR である。藤重はその目的を第一に当事国が自らの力で秩序を維持するために必要な実効的な治安能力を向上すること，第二に，治安組織の国民に対する抑圧的傾向や組織の不透明性，政治的偏り等を正すこと，と整理している（藤重，2009：211-212）。この支援の対象となるのは政府の軍及び警察といった治安組織であり，その治安オペレーション能力の向上及び装備・機材の充実が主な活動内容であった。一方，このアプローチについては紛争の一方の当事者である政府側の能力向上につながるだけではないかとの批判もある。

　DDR 及び SSR 双方の治安分野の活動においては，その支援対象に国家に属さない武装集団，民兵等の非国家主体を如何に巻き込むかということが常に課題であり，実施上の困難さに結び付いている。

（4）法の支配の確立

　第三の活動分野が「法の支配」である。「法の支配」の強化は紛争予防のための重要な活動である。また，紛争下にある国，地域は法の支配に基づく統治が機能しない状況に陥っていると言える。前述の治安維持への支援は，まさに法が遵守される環境を構築しようとする活動であり，両分野の支援は不可分一体である。実際，DDR や PKO の活動において司法能力強化が含まれていることが多い。

　法の支配の活動は，国家の司法，立法，行政に渡るものである。その分野の

具体的な事業として，紛争後の憲法やさまざまな法律策定に対する技術協力，裁判官や刑務官等の能力強化を通じた司法遂行能力強化支援等多様な取り組みが行われているが，これらは立法，司法の一側面に焦点をあてた活動ということが言える。

「法の支配」の活動は制度と統治能力の強化という，より広範なガバナンス分野の支援ということもできる。紛争国・脆弱国が暴力の連鎖のサイクルから解放され，市民が安定と平和の下に生活できる環境が存在するためには，正当な制度と統治の強化及びその背後には「法の支配」が不可欠なのである。

一方，その「法」の中身が国民にとって包摂的なものであるのかについては留意しなければならない。例えばイラクにおいては2003年のイラク戦後，憲法が策定されたが，異なる民族，宗派に対する石油収入の分配において曖昧さを残したことが継続する紛争の要因になった。不正義な法律，その不公平な提供が国民の一部の不満につながり，対立・実力行使・紛争を招いている。

（5）復旧・復興への取り組み

第四の分野が，紛争後または紛争中にも取り組まれる復旧・復興等の経済支援である。かつては戦後復興というと，まずは停戦合意がなされ，その後停戦の枠組みのもとで復旧，復興が進められるというイメージが一般的であった。そのイメージを形作り，また成功したと考えられているのが，第二次世界大戦後のマーシャル・プランに基づく欧州復興及び日本の戦後復興であった。

21世紀において国際社会の多くの国を巻き込んだ復旧・復興の代表例は，2001年以降のアフガニスタン，2003年以降のイラクにおける取り組みだろう。この2つのケースとそれまでの復旧・復興との大きな相違点は明確な停戦合意という枠組みが不在であり，治安が必ずしも安定していない中，つまり紛争が進行する中，復旧・復興への取り組みが進められたことである。[2]この復旧・復興については次項において考察を深めることとする。

これらの平和構築の活動は相互に関連し，その有効性を高めるには，外交や政治的な動きとも連携しつつ，適したタイミングで行い，同時に包括的に取り組む必要がある。篠田が平和構築は極めて動きの激しい政策課題であり，現実

の変化に応じて，その内容は変容していくダイナミックなものであることを指摘しているように（篠田，2013：11），各国の個別事情及び紛争と脆弱性の実態に即した活動を，適切なタイミングで行うことが，その効果を高める上では不可欠である。

3　平和構築のための国際協力の蹉跌と課題

（1）国際協力の蹉跌

　国際協力を通じた国際社会の介入は平和と安定の実現に効果があったであろうか。冷戦終結後のこの数十年の実績を振り返ると，その成否は極めて不透明さが伴うものである。そもそも，国際協力というアプローチを通じた平和構築への取り組みの効果は，白（成功）と黒（失敗）できれいに判定できるものではなく，極めてグレーな領域が続き，しかもそれはまだら模様のグレーと言える。

　まず，平和構築が成功したか，失敗したかの判定の基準は，判定を行う主体によって大きく異なる。主体を大別すると，介入する側の国際社会のアクターと介入された側の紛争国のアクターに二分することが出来，同時にそれぞれの領域で多様なアクターが存在する。成否判断においては，介入された側の国の人々の認識が重要であるが，紛争国の社会は多元的な部族，宗派，政治グループを抱え，属するグループによって基準と認識は大きく異なることがある。

　冷戦後の紛争後の平和と安定の達成の成果はまだら模様であると言える。凄惨な紛争・内戦を経て一定の平和と安定を達成したルワンダ，シエラレオネ，バルカン諸国のようなケースも存在している一方，2021年8月のアシュラフ・ガーニ政権が崩壊し，タリバンの復権したアフガニスタン，戦争開始後20年近く経過するものの，依然，不安定な社会，政治，治安状況が続くイラクのようなケースがある。復興及び平和構築のための国際協力の取り組みが，それぞれの結果及び状況に影響したかについては議論があるが，少なくともアフガニスタン及びイラクでの取り組みは上手くいかなかった事例であるとみなされている。この二国での苦い経験は，その後，多くの国の紛争状況への介入への躊躇につながったことは否めない。

　果たして国際社会は，いくつかの紛争に対する国際協力の蹉跌をもって，脅威にさらされる人々を傍観することが許されるのであろうか？　紛争や暴力の連鎖による最大の被害者はその当該国の市民，特に弱い立場にある人々である。その，傍観の結果「遠くの場所の誰かの問題」が自分自身の問題となって降りかかってくる事態も発生している。例えばシリアの内戦と大量の難民の周辺国や欧州への流入がひとつの例であろう。

　イラク及びアフガニスタンの戦争後の平和構築を目指す活動，特に復興の事例を中心に，以下にその上手くいかなかった要因を分析し，課題と教訓について考察する。

（2）誤った政策と機会の損失

　米・英を中心とする有志連合による2003年3月20日に始まった侵攻は，イラクを1979年より独裁統治していたサダム・フセイン政権の崩壊につながった。それから2004年6月28日まで約1年間イラク政府は主権を持たず，国の統治は米・英が主導する暫定行政当局（CPA）によって行われた。

　そのCPAによる治世における最も致命的な政策の失敗が軍の解体とバース党員の追放であり，その後現在に至るまで負の影響を与え続けているとともに，イラク復興において苦闘が続いた最大の要因となっている。サダム政権に属した軍を解体，軍事作戦策定能力を持つ軍幹部，武器と戦闘能力を持つ軍人を野に解き放ち，旧政権の幹部やさまざまな政府や公的機関の要職に就いていた能力を持つバース党員を追放したことは，その後の不安定要因を生み出し，最終的にはイスラム国が台頭する遠因を醸成した。その後，バース党員を戻す動きも見られたが，機会を逸していたのは明らかであった。

　もし当初からイラクの治安機関及び行政機構を活用して復興を進めていたら，結果は大きく変わった可能性は高い。アフガニスタンにおいても初期の戦闘終了後にタリバーンとの和解を進めていれば，その後の状況は大きく異なっていたかもしれないという議論もある（東，2017：35）。

　初期の政策の失敗は致命的であり，また失われた機会というのは回復に長い時間がかかるか，もはや回復が不可能だということを2つの事例は明確に表し

ていると言える。

（3）当該国のオーナーシップと正当な制度と統治の確立

　政策的失敗及び機会の逸失に加えて，復興おける方法自体がイラクやアフガニスタンの復興が上手くいかなかった原因であると考えられており，その最も致命的なものが当該国のオーナーシップを軽視したことにある。イラクにおける復興の方法の最大の問題が，2003年からの最初の一年間，復興へのイラク人・組織の関与を制約し，外部アクターである米国関係者が復興のプロセスを主導しようとしたことである。CPA の統治下，各セクターの復興の計画と実施は米国人を中心とするイラク人以外の責任者が担い，イラクの既存の行政機構の関与を制限した。当然ながら，外部から来た専門家達はイラクの現状に精通しているわけではなく，対処療法的な対応が中心となった。

　外部から来た人材が能力的に優れており，紛争国，受益国の人材は劣っており，教えを乞う側であるという間違った認識をもって当該国に介入することが通常の開発でも頻繁に発生する。アフガニスタン，イラクにおいては米国を中心にその姿勢は顕著であった。どのような国でも優秀な人材はおり，その当該国の人々の主導的な役割なしには当該国の復興の効果には限界があり，つかの間の成功と見える事象もそれを維持することは不可能に近い。

　一方，難しさは，紛争中または紛争後の国及び地域においては誰がオーナーシップを持っているのか，持つべきなのかが明確ではない状況が往々に発生することである。紛争下にある宗派，民族，政治的に多元的な社会においては，所属するグループを代表した利益を巡る争いが生じることが起きることがある。政府が包摂的に多的な市民の利益を代表しておらず，特定グループに属する市民への抑圧が発生することもある。

　国際社会は，正当な制度と統治の確立を助け，当該国自身のオーナーシップ及び内発的なイニシアティブが強まっていくことにつながる支援を行う必要があるが，実際には多くの困難と複雑さが伴うプロセスとなる。一方，ソマリランドのように国家承認されていなくても，多様な氏族によって認識された正当な制度とそのバランスに基づく統治される社会が存在し，平和と安定が保たれ

ている例もあることを忘れてはならない。

（4）国家と市民の信頼と社会契約

　紛争中の国，脆弱性を抱える国においては，国家の機能が著しく低下し，国家が市民を抑圧することが往々にして発生する。結果，市民の国家に対する信頼，別の言葉で言うと国家と市民の間の社会契約が崩壊し，さらなる不安定さが醸成される事態が発生する。

　イラクにおいて，法治国家連合というシーア派の政治グループを基盤とするヌーリー・マリキ首相（在任期間：2006年5月から2014年9月）は，その第二次政権（2010年12月以降）樹立後，スンニ派を排除し抑圧しようとする傾向を強めた。[3]その状況下，スンニ派の多くの市民及び部族の政府に対する信頼が崩れ，結果として相対的に彼らには「まだましに見えた（Lesser Evil）」イスラム国との関係を強化せざるを得なかったことがイスラム国の台頭につながっていた。つまり国家との社会契約の崩壊が，非国家主体であるイスラム国との代替の社会契約の成立と，その後の混乱につながったと言える。

　この国家と市民の社会契約の破綻は，2010年末からの中東諸国におけるアラブの春の発生とその後の混乱の要因になった。独裁者が統治していた中東の国々において国家と市民の関係はある特徴的な社会契約に基づいている。その社会契約においては，政府は食料や燃料の補助金，安価または無料の（しかし質には問題を抱える）保健や教育サービスを提供し，公的セクターで多くの市民を雇用する一方，市民の政治的な活動，発信には大きく制約が課されていた。この社会契約がさまざまな外部要因より機能しなくなったことが，アラブの春の発生の要因のひとつであったと言われている。また，アラブの春後もシリアのように延命した独裁的かつ強権的な政府が一部の市民を抑圧し，社会契約の崩壊が進行し，内戦が継続していくケースもある。

（5）二重の説明責任（Dual Accountability）のジレンマ

　イラクにおける米国主導の統治において顕著だったのは，その施政者である暫定行政当局（CPA）や米大使館の復興関係者がイラクの現実やニーズよりも，

首都にいる政策決定者，具体的にはホワイトハウスや国防総省の意向や戦略的利益を中心に動いていたことである。これはイラクにおける米国にかかわらず，国際協力においてどの国の援助機関，また国際機関にも見ることのできる現象である。

　世界銀行の2011年の世界開発報告は，その現象を『二重の説明責任（Dual Accountability）のジレンマ』として説明している（World Bank, 2011 : viii, 26-28）。この二重の説明責任とは，国際的な主体は二国間主体か国際機関かには関係なく，最初に自国なり自機関の有権者層と株主に対して説明責任を負い，受益国の相手方ないし市民に対する説明責任が劣後する事象を表したものである。結果，国際的主体は，行動を起こさないリスクや長期的な成果をあげることが出来ないというようなリスクについては本国では説明責任が小さいので，これらを犠牲にし，短期的な利益や自身に対するリスクだけを強調する傾向が強くなる。この二重の説明責任による弊害は米主導のアフガニスタン，イラク双方の復興の取り組みにおいて顕著であり，現場で復興事業が上手くいかない原因となっていた。

4　平和構築実現のためのアプローチの模索

　これまで議論してきたように，冷戦終結後の紛争と平和構築に対する国際協力の取り組みは数々の困難に直面し，試行錯誤の連続であった。特に21世紀に入り，その困難さは増しているように見える。その背景には，紛争の形態の変化及び脅威の拡大と新たなる脅威の出現がある。この紛争と脅威の変容に対応するために，国際社会は平和構築を実現するためのさまざまなアプローチを模索してきた。そのアプローチのいくつかについて議論することとしたい。

（1）人間の安全保障（Human Security）とその進展

　「人間の安全保障」の概念が明示的に提示，整理されたのは国連開発計画による1994年の「人間開発報告書」においてであった。それ以来「人間の安全保障」は国際社会の平和構築の希求において重要な役割を果たしてきた。同人間開発報告書は，人間の安全保障をさまざまな「脅威」からの保障として規定し，

「恐怖からの自由」と「欠乏からの自由」から構成されるとした。紛争国，脆弱国において国家は往々にして機能に課題があることから，国家の安全保障を補完し，その限界を克服するために1人1人の「人間」に焦点を当てたアプローチが提唱されるに至ったのである。

　その概念の提唱及び推進にあたっては，ノーベル経済学賞を受賞したアマルティア・センとともに緒方貞子が「人間の安全保障委員会」の共同議長として大きな役割を果たした。その委員会における議論は2003年の「人間の安全保障の今日的課題（Human Security Now）」という報告書として結実している。

　報告書において，両氏は人間1人1人の生存・生活・尊厳に対するあらゆる脅威から，「保護」と「エンパワーメント」の2つの戦略を通じて，世界で平和と安定を実現し，人権を擁護し，人々の参画の下に衡平な開発を進め，人間の尊厳と多様性を尊重し，同時に個人や社会の潜在能力を開花させて，情報に基づいた選択を行い，自らのために行動できるようになることが「人間の安全保障」であると提唱している（人間の安全保障委員会，2003）。

　一方，この「人間の安全保障」の概念，アプローチによって国際協力の効果が直ちに高まったわけではなく，さまざまな批判も聞こえてくる。代表的な批判が，概念的すぎ分かりにくい，総花的すぎる，具体的なアクションに落とし込むのが難しい，といったものである。

　しかしながら，同概念は今でも平和と安定の達成のためには重要な概念であり，さまざまな考察が加えられてきた。国連開発計画は，地球規模のプロセスに対し人間が加えた圧力により，危険な地球規模の変化が起きている状況下，いわゆる人新世の時代における「人間の安全保障」のアプローチを検討した特別報告書を2022年に出版した。同報告書においては「保護」と「エンパワーメント」の戦略に加えて，地球上すべての人々の間の相互依存性や，さらに地球と人間との相互依存の関係までをも体系的に考慮するために「連帯」を新たなる戦略として追加することを提唱している（国連開発計画，2022）。

（2）国際協力分野のネクサスを巡る議論

　ネクサス（Nexus）とは聞きなれない英語であるかもしれないが，英和辞典

には「きずな，つながり，むすびつき」との訳が掲載されている。国際協力分野は90年代までは大別すると人道支援機関と開発機関に二分されていた。その中で課題として認識されたのが，緊急人道支援から開発協力に移行する間に隙間（ギャップ）が生じ，スムーズに平和と安定を維持するための取り組みが継続していない，という問題意識である。

　このギャップの問題を指摘し続けていたのが，国連難民高等弁務官であった緒方貞子であり，90年代の終わり頃より，世界銀行の総裁であったジェームズ・ウォルフェンソンとともにブルッキングスプロセスというギャップ問題について議論する場を設け，その対応策，人道支援と開発のネクサス（Humanitarian-Development Nexus）の議論を進めた。

　さらには，安全保障と開発の連携（Security-Development Nexus）に関する議論も行われてきた。国際協力に従事する国際機関，例えば世界銀行はその活動のマンデートとして，軍事的な安全保障に関する分野は範囲外であると考えられており，軍事及び治安分野に関する協力には関与しない方針を保持することが一般的であった。日本の ODA においても同様の傾向が見られる。

　しかしながら，アフガニスタンやイラクを始め，治安の不安定な国，地域において活動するためには，軍との関係を保持することは不可避であった。また同時に軍の機能，例えば陸軍工兵隊が復興に直接関与するというケースが増加してくるとともに，アフガニスタンやイラクでは PRT（Provincial Reconstruction Team）と言われる，軍民連携によって地方の復興を進める取り組みも推進されるようになった。

　これらの議論を総括して，現在，頻繁に使われる用語が Humanitarian-Development-Peace Nexus（人道と開発と平和の連携）である。

　ギャップは受益国の国家主体の機能の低下によっても生じ，また協力側の組織と支援方法の限界によっても生じる。ギャップの存在は不安定さ（Instability）及び安全の欠如（Insecurity）を生み出すことから，これらのネクサスの議論が展開され，また実践に結び付けられようとしているのである。

（3）国際公共財と新たなる概念「グローカル公共財」

　昨今，国際協力の世界においてどのように「国際公共財」を実現するか，提供するかということが議論になっている。そのひとつが，2022年の世界銀行の年次総会で提示された「世界銀行グループ改革へのロードマップ（The World Bank Group's Evolution Roadmap）」であり，その主眼は世界銀行を気候変動のような地球規模の課題，国際公共財の提供により効果的に対応できるように改革していくことである。気候変動，紛争とテロ，新型コロナウイルスのようなパンデミック等，人類が国境を越えたあらゆる脅威に直面する今日，この議論は国際社会の役割及び国際協力におけるあらゆる側面に波及していく可能性が高い。

　公共財とは「市場原理の下では供給されないか，供給量が不十分な財」という経済用語であり，市場原理が働かない範囲外の財，特に純粋公共財の提供は国家レベルでは政府が担うことが想定されている。例えば治安や国防というものである。世界政府不在の中，国際レベルの公共財，つまり世界レベルにおいて平和と安定を提供するメカニズムは確立されておらず，何かしらの連帯メカニズムによって提供，対応される必要がある。

　一方，国際公共財の供給に向けた国際協力・国際連帯を強化するにはいくつかの障害が現在の国際社会では発生している。第一には，冷戦終了後，国際公共財供給のリーダー及びメカニズムが不在であることである。第二に，脱グローバル化とナショナリズムが台頭，地政学的対立の激化が起きている中，各国政府は国内課題により注力するようになっており，国際的な共通利益，国際公共財に対する意識が低下している傾向である。

　先鋭化する脅威と，新たなる地球規模の危機に国際社会が対応していくために，国際公共財の概念を発展させた，「グローカル公共財」という新たなる概念を筆者は提唱したい。「グローカル公共財」とは，「個人の利益」「コミュニティ・社会・ローカルレベルの利益と公共財」「国家の利益と公共財」そして「国際レベルの利益・国際公共財」を結び付けた公共財を意味するものである。このような概念を提唱する理由は次の通りである。

　第一に，脱グローバル化が叫ばれるものの，人々が世界中を行き交い，デジ

タル空間が発展する現代において，ある種のローカルレベルの問題はまたたく間に世界中に波及することは不可避である。シリア・イラクの片隅で誕生したイスラム国は，あっという間に難民やテロの拡散という形で世界中を席巻した。COVID-19ウイルスは中国の武漢市の海鮮市場で発生し，わずか4ヵ月ほどで世界中のあらゆる社会・経済・政治を麻痺させた。これらの例は，ローカルの悪は極めて短い期間で国際公共悪になり得ることを示唆しているのである。「遠くの国の誰かの問題」は自分自身の問題になって跳ね返ってくる確度が上がっているのである。

　第二に，地球規模の脅威，課題の解決は国際社会，国家，社会，個人の各レベルにおいて枠を超えて取り組む必要があるからである。それぞれのレベルの主体はさまざまな機能の問題と課題を抱えており，完全からは程遠い。お互いのギャップを補完しつつ，各レベルの主体が連帯して課題に対峙する必要がある。

　人間の安全保障の概念が，国家から人間へと安全保障の視点を広げ，連帯を強調するようになったこと，ギャップを埋めるためのネクサスの議論，そしてグローカル公共財の議論に共通するのは，人とローカル（現場）の現実を中心にすること，そして枠を超えることの重要性である。国際社会が紛争と平和構築に効果的に対峙していくためには，現場の実態とその現状を生み出した背景についての深い考察を背景に，それぞれの課題，活動及びアクターの枠を超え，有機的につながっていくことが求められている。
松永秀樹

注
(1)　平和構築を達成するための国連の政策についてのアクションを定め，国際社会に大きな影響を与えた文書が1992年に当時の国連事務総長であったブトロス・ブトロス＝ガーリが発表した「平和への課題」と言われている。同文書は1995年，国連創設50周年に際して事務総長のポジションペーパー「平和への課題＝続編」として補完されている。同文書の中で，国連の紛争管理，解決のための一連の手段として「予防外交と平和創造」「平和維持」「平和建設」「軍縮」「制裁」「平和実施」の各方法が記述されている。この提言は政治，軍事，経済の活動を含む包括的なものであった（ブトロス＝ガーリ，1995）。
(2)　アフガニスタン戦争においては2001年12月のボン合意を和平合意とみなす議論もあ

るが，紛争の一方の当事者であるタリバンが参加していなかったことが将来的な崩壊を招いたことは自明である。

(3)　民主主義に解決策を求める議論もあるが，多元的な社会においては容易ではない。イラクにおいては2003年以来民主的な選挙が幾度か行われているが，世俗的な政治グループが弱体で，宗派的なグループが選挙の勝敗を握る中，選挙は勝ち組，負け組を固定化することにつながり，それがさらなる不安定さを醸成させている。

演習問題

1. 冷戦後の国際協力を通じた平和構築実現の取組の成果はどうだったのか？　またその理由はなぜか？
2. なぜ紛争は絶え間なく続くのか？
3. 国際社会が紛争中の国・地域に介入する際に重要な視点は何か？

引用・参考文献

緒方貞子（2006）『紛争と難民──緒方貞子の回想』集英社

国連開発計画　星野俊也監訳（2022）『人新世の脅威と人間の安全保障』［日本語版］日経BP

篠田英朗（2013）『平和構築入門』ちくま新書

下村恭民，辻一人編（2009）『国際協力──その新しい潮流』［新版］有斐閣選書

ナイ・ジュニア，ジョセフ・S　田中明彦・村田晃嗣訳（2002）『国際紛争──理論と歴史（原書第六版）』有斐閣

人間の安全保障委員会（2003）『安全保障の今日的課題』朝日新聞社

東大作編著（2017）『人間の安全保障と平和構築』日本評論社

藤重博美（2009）「脆弱国家の再建と治安部門改革（SSR）」稲田十一編『開発と平和──脆弱国家支援論』有斐閣ブックス

ブトロス゠ガーリ，ブトロス（1995）『平和への課題　1995年』［第二版］国際連合広報センター

Matsunaga, Hideki（2019）, *The Reconstruction of Iraq after 2003 : Learning from Its Successes and Failures*, World Bank

OECD/DAC（2005）, *A Proposal for Monitoring Resources Flows to Fragile States*, DCD/DAC

World Bank（2011）, *World Development Report 2011 : Fragility, Conflict and Violence*, World Bank.

──（2020）*World Bank Group Strategy for Fragility, Conflict, and Violence 2020-2025*, World Bank,

理解を深めるための読書案内

野林健・納家政嗣編（2015）『聞き書　緒方貞子回顧録』岩波書店
　2019年にご逝去され今なお国際社会に大きな影響を与え続けている緒方貞子。その人

生を振り返りながら，緒方が国際社会のリーダーたちと対峙しながら，いかに数々の国際的な危機解決にあたっていたかをまとめたオーラル・ヒストリー。

岡本行夫（2022）『危機の外交　岡本行夫自伝』新潮社
　　外務省において安全保障課長，北米一課長を歴任しＧ７首脳会合や湾岸戦争にあたり，外務省を辞した後も，二人の総理大臣の補佐官として，沖縄問題やイラク戦争後の復興に奔走した，昭和・平成の国士の自伝的遺稿。

アセモグル，ダロン・ロビンソン，ジェイムズ・A（2013）『国家はなぜ衰退するのか——権力・繁栄・貧困の起源』（上・下）早川書房
　　なぜある国家は繁栄し，別の国家は衰退するのか。そのメカニズムについて二人のエコノミストが制度分析を通じて解きほぐす。

宇沢弘文（2000）『社会的共通資本』岩波新書
　　数理経済学を極めた伝説的な経済学者宇沢弘文による，人間の尊厳や，魅力ある社会を生み出す自然環境についての思索の結晶。

高野秀行（2013）『謎の独立国家　ソマリランド』本の雑誌社
　　暴力が蔓延するアフリカの角において，国際社会に国家承認をされずに平和と安定を実現しているソマリランドに筆者が潜入。その平和維持の構造を解き明かした記録。

第8章

Identity and Nationalism
アイデンティティ・国家とは何か

　国際関係学の中心的な概念である「国家」は社会的に形成された概念である。国家は人々の共同体であるという「ネーション」, 国の政治システムが強調された「ステート」などのほか, 「帝国」「国民国家」という概念で理解されることも多い。国家の本質を領土として捉える議論がある一方で, 国家を国民の「アイデンティティ」によって説明する議論もある。この考え方に注目することで, ナショナリズムやファシズム, 社会主義などを理解することが可能になる。

　本書の第一部では特定の国を主体とした議論が続いたが, そもそも国とは何だろうか。本章では国というものを考えるため, まずは国家の概念的な理解とその構成要素について順に見ていく。

キーワード

ステート　ネーション　国民国家　アイデンティティ　ナショナリズム
ファシズム　社会主義

1　国家の概念的理解——ステート, ネーション, 帝国, 国民国家

　国という日本語にはステート (State) とネーション (Nation) という英語が当てられることが多いが, 両者の指すものは異なる。一般的にステートという用語は, 国家内の組織, 政治システムを指す。一方, 国民や社会に注目したアプローチでは, 国民や国民意識を中心に据えたネーションに焦点を当てる傾向がある。例えば, 国民を中心とした社会全体を指すのであればネーション, 政策決定者やそれらを取り巻くシステムに注目するのであればステートである。

　また国家の概念として一般化されているものの例として, 「帝国」と「国民国家 (ネーション・ステート)」が挙げられる。帝国は帝国主義及び植民地主義と密接に結びついている。大日本帝国やオスマン帝国, 大英帝国などの帝国は

現在のところほとんどなくなっているが，広義の概念としての帝国はいまだ躍動しているのだという議論がある（Hardt and Negri, 2000 参照）。領土支配という観念に注目したとき，一般的に帝国主義という概念は，ある国や地域が他の国や地域を支配するメカニズムを示すものである（Kiely, 2010）。21世紀初期にはアメリカの覇権の例に鑑み，進歩的でリベラルなものとして帝国主義をポジティブに再考する研究も現れたが，キーリーはこのような「リベラル帝国主義」を政治的プロジェクトとして捉え，これが進歩的な動きであるという主張に反論している（Kiely, 2010）。

　帝国は経済的動機から世界各地を侵略し，植民地を建設した。帝国主義は領土と市場の拡大を目的としていたが，同時に植民地において文化的な影響も及ぼしたことは言うまでもない。例えば領土の所有権を争うとき，「誰がこの土地を持っているか」「誰がこの土地で働き居住する権利があるのか」という，物語（ナラティブ）が形成される（Said, 1994）。誰の声が聞かれ，誰の声が無視されるのか。こうした「物語る」力関係が文化と帝国主義の間に深く関係しているということだ（Said, 1994）。植民地支配は通常ヨーロッパ中心主義的な価値観に支えられていたが，（ラテンアメリカなどのケースを除いては）植民地主義それ自体が文化や価値観の輸出を目指していたわけではない。それらの価値観は，貿易や経済的搾取という本来の目的の副産物として形成された（Young, 2001）。

　帝国も帝国主義も植民地主義も単なる歴史的出来事ではなく，現代の文化や精神に根深く残る思想である。例えばグローバルな視点に切り替えたとき，植民地主義の名残は現代でも散見され，先進国と途上国，あるいは白人と非白人の間の不均衡を生み出している。[1] ポスト植民地主義（ポスト・コロニアリズム）は，このようなグローバル・サウス（典型的には旧植民地または発展途上国）への，第一世界の国々（典型的には旧宗主国または先進国）による歴史的な搾取などを研究する（Young, 2015）。ポスト植民地主義はマルキシズムや社会主義，フェミニズムと共鳴し，ともになって階級，ジェンダー，人種などに基づく抑圧に対し，批判的な分析している（Young, 2015）。

　一方で国民国家は，帝国勢力に対抗し得る力と，都市国家の特性のうちいく

つかを持った政治単位と説明できる（Miller, 2003）。アテネに代表される都市国家は政治哲学や民主主義などで繁栄したが，帝国などの巨大勢力に対しては脆弱であった（Miller, 2003）。国民国家は帝国でも都市国家でもなく，大きな規模を保持しながら，国民はナショナル・アイデンティティの下に団結する。国民国家は，厳密に言えばひとつの国家につきひとつの民族的・文化的集団が住んでいる時に使用される概念である（Smith, 1995）。日本は数少ない例のうちのひとつだが，アイヌ民族や在日朝鮮人の人々などを考慮するとそう言い切ることは難しく，現代において厳密な意味での国民国家は珍しい。

2　国家の構成要素——主権，領土，国民

　国家の三要件とされる「主権」「領土」「国民」について取り上げよう。まず主権は，政治において究極の権威を持つ主体と理解できる。ただし，国家主権について一般的には，他国家や国際機関の承認を受けたもの，という条件付きである。一方，自らの独立を宣言したものの他国家や国際機関の承認を受けていない「国」（ミクロ・ネーション）は無数にある。具体的な例として，同性婚を認めない当時のオーストラリア政府に対し2004年に独立を宣言した「コーラル・シー諸島のゲイ・アンド・レズビアン王国」が挙げられる。

　領土は自然資源などのリソースにもなり得るため，いわゆる「国益」という概念と密接に結びついており，世界各地で領土を巡る対立がある。国際関係学においてはこうした領土をめぐる紛争に注目し，国の定義において領土というものを重視する研究も多い。

　領土を重視する見方に対し，国民，または国民という考え方を重視する主張もある。国は物理的な，実態あるものではなく，ある考えでまとめられた集団である，ということだ。例えばアンダーソンは，ネーションを「想像された共同体（Imagined Communities）」として定義する（Anderson, 1983）。現代において，ネーションの構成員を 1 人残らず知る者などいない。そのため，誰もがネーションを「想像」するのだ。空想上の「想像された共同体」としての国家を考えたとき，キーワードになるのは「アイデンティティ」という概念である。

3　国家と国民，アイデンティティ

アイデンティティとは，平たく言えば「自分が自分であるという意識」のことである。本章では主に「ナショナル・アイデンティティ（国民あるいは国家アイデンティティ）」について考えていく。

アイデンティティについてまず注意すべきことが3点ある。ひとつは，これが常に「私」だけでなく「他人」を必要とすることである。こうした比較の際，差別や偏見の類が散見されることは想像に難くない。私たちと彼らは違う，私たちは正しく，彼らは間違っている，という言説が容易に生まれるからである。次に，アイデンティティは権力ある政治家が一方的に国民に押し付けるものでなく，むしろ政治家と国民の相互作用によって形成される。政治家の言動の背景には，映画やドラマ，本やマンガなどのポピュラーカルチャー，あるいは各種の報道を通じた，国民間でのアイデンティティ形成がある。こういったアイデンティティ形成の過程においては，その国の歴史，あるいは人々の「記憶」が利用されることが多い。最後に，アイデンティティは固定されたものではなく，常に変化し続けるものである。それは政治家の一声で急変するものではなく，先述の通り社会の構成員も変化に関わっている。

ではなぜ，人間はアイデンティティを持つのだろうか。そこには2つの考え方がある。ひとつは，人間は「なぜ生まれたのか」「何のために生きるのか」を問い，それに対する一貫性を求めているから，というものだ。国や民族といった集団意識は，こうした人間の原始的な欲求に貢献する作用がある。このような考え方は存在論的セキュリティ（Ontological Security）という概念で発展されている（国家の存在論的セキュリティについては Steele, 2008 参照）。次に挙げられる理由は，拡大した共同体の維持のためにアイデンティティが必要であるため，というものだ。かつての小さな共同体では住民同士は知り合いだったかもしれないが，領土が広がると誰もが顔見知りということはあり得なくなる。そこで，アイデンティティを通して信頼できる仲間を形成する。言語や民族のほか，その国「固有」の文化や歴史について物語を作り上げ，同じ認識を共有する人々を仲間とするということだ（Miller, 2003）。

4　アイデンティティとナショナリズム

　アイデンティティに注目することで，ナショナリズム，ファシズム，ナチズムなどの概念についても考えることができる。ナショナリズムはネーションを唯一のゴールとし，それは時にネーションに対し盲目の忠誠を要求するとされる（Grosby, 2005）。これが個人の自由を阻むことは想像に難くない。

　多くの研究者は，あるネーションがそれに合致するステートを欲する動きがナショナリズムであると考えてきたが，ナショナリストが常にステートとしての独立を支持しているとは言い切れない（Smith, 1995）。例えば，居住しているステートにおいて，自らのネーションの意向を汲み取らせる，という目的も考えられるだろう（Smith, 1995）。またナショナリズムは民族的なナショナリズム（Ethnic nationalism）と市民的なナショナリズム（Civic nationalism）と区分して説明することもできる。市民的なナショナリズムは，ネーションを民族でなく平等な市民の集う市民社会として考え，その価値観に対立しない範囲内で民族や文化の多様性を尊重する（Heywood, 2012）。

5　現代のナチズム

　ナチズムの脅威は過去のものではない。ナチス・ドイツが戦争に敗れたあとでも，ヒトラーやナチスの思想に共鳴する者たちが現れており，一般的に「ネオナチ」と呼ばれている。アーリア人の優生を唱えたナチズムと同様，ネオナチは一般的に白人至上主義と相性が良く，ドイツのみならず他の地域でもそのような集団が活動している。

　ナチズムという言葉が注目された直近の顕著な例は，2022年2月から始まるロシアによるウクライナ侵攻だろう。ロシア側が語る侵攻の目的のひとつは，ウクライナのナチ化を止めるため，である（Berger, 2022）。このようなロシアの説明は，西側諸国の政治家やメディアによって真正面から弾劾されている。脱ナチス化という言葉が使われる理由のひとつは，プーチン大統領にとって最も重要かつ栄光あるソ連の歴史が，第二次世界大戦においてソ連はヨーロッパをナチスの脅威から救ったという記憶にあるためだ（Bartov, 2022）。ナチスは，ソ連そしてロシアにとっては歴史的な「敵」であり，それに言及することで国

民をまとめ上げようとしているのだ。先述のとおり，歴史の記憶がいかに国民の共通意識に訴えかけ，かつ現代の政治に影響を与えているかが分かる。

6　ナチズム，ファシズム，全体主義，軍国主義

　ナチ党は，先進的な民主主義憲法を掲げていたワイマール共和国に反抗する形で国民の支持を集めた。グリフィンは自身の想定する一般的ファシズムの特徴として「腐敗した古い国から再生する，新しく生まれ変わる」というビジョンが使われる点を挙げており，この点はナチズムも同様としている（Griffin, 1995）。ナチズムは排他的であり，「適切な」国民像に当てはまらない人間，つまりユダヤ民族など他民族や同性愛者，ホームレスなどは排除され，強制収容所に送られ，大量虐殺された。

　他にファシズムの特徴として，統一された共同体を想像し，団結を通して力を獲得できると考える点がある（Heywood, 2012）。このような集団意識のもと人々の個性は否定される。一方イタリアのファシズムとドイツのナチズムの違いは，前者がステートの力を強調した一方で，後者は血統や人種，民族を優生の根拠とした点などである（図8-1）。

図8-1　ファシズムの型

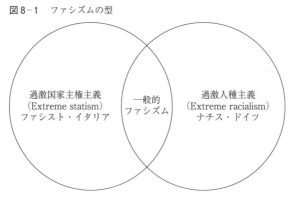

（出所）Heywood（2012），p.211（筆者訳）

　第二次世界大戦中の日本は天皇制ファシズムと形容されるほか，軍国主義国家として扱われることも多い。軍国主義国家では軍が最大級の影響力を持っており，国家のすべてを軍備強化のために活用しようとする。藤原（1982）によ

れば，軍国主義は支配階級が支配体制及び階級社会の維持のため使う手段でもある。また全体主義の国家では，権力者が国民の生活まで事細かに統制し，個人の自由も市民生活も認められない。

7　社会主義，共産主義，社会民主主義

　社会主義は，ブルジョワジー（資本家が多くを占める中産階級）によるプロレタリアート（雇われた賃金労働者）の搾取や，資本主義で繁栄した帝国による植民地の搾取などを批判する。ブルジョワジーとプロレタリアートの階級格差をなくすため，従来の資本主義体制を変え，大衆を中心とした共同体を作ろうとする試みが社会主義である。

　共産主義は，私有財産を否定し，権力者の独占でなく集団オーナーシップを促進しようとするものとされる。一方で社会主義の中には社会民主主義（ソーシャル・デモクラシー）もあり，これは社会主義的共同体を議会主義に沿って漸次的に達成しようとする考えである（図8-2）。社会民主主義の思想は現代国家にも影響を与えており，福祉国家の実現につながった。

　極左の思想としてはロシア共産主義の一派であるトロツキズムが典型例のひとつとして挙げられる。これは世界革命論，永久革命論などを含んでおり，ソ連一国で社会主義国家が可能とする一国社会主義論に対し，その他の国も含めた世界規模の社会主義革命が必要であるとした。極左の他の例としては，テロリズムなど暴力的な手段を取った日本の日本赤軍がある。

　50年代後半，また60年代からは新左翼と呼ばれる動きも起こる。新左翼は，従来の思想や活動を批判するものとして登場し，左翼に失われつつあったラディカルさを取り戻そうとした。具体的に言えば，新左翼はそれまでに形成された国家，特に社会民主主義によって実現した福祉国家や共産主義国家を官僚的なものであるとし，それらに代わるような大衆中心の体制に到達しようとするものであった（大嶽，2007）。また，マーチとキースは特にヨーロッパの文脈における急進左派を次の4つのサブグループに分けている；①保守的コミュニスト，②革新的コミュニスト，③民主主義的ソーシャリスト，④革命的急進左派である（March and Keith, 2016）。保守的コミュニストはソビエトの伝統に従

図8-2　社会主義内部の緊張

共産主義	社会民主主義
科学的社会主義	倫理的社会主義
原理主義	修正主義
ユートピア主義	改良主義
革命	進化・漸進主義
資本主義の廃止	資本主義の「人間化」
共同所有	再分配
無階級社会	階級闘争の改善
絶対的平等	相対的平等
集産主義化（state collectivization）	混合経済
中央司令型	経済管理型
前衛党	議会政党
プロレタリアートによる独裁	政治的多元主義
プロレタリアート・人々の国家	リベラル民主主義国家

（出所）Heywood（2012），p. 132（筆者訳）

い，革新的コミュニストは共産主義の伝統を保ちつつ市場経済などにも寛容である。民主主義的ソーシャリストはヨーロッパの急進左派の中で最も典型的な類型で，共産主義や社会民主主義とは一線を画す。革命的急進左派は特に珍しく，議会政治などを否定し草の根の社会運動に重点を置いている（March and Keith, 2016）。

8　右派・左派の現在と未来──ヨーロッパとラテンアメリカの例

　章末のコラムにもあるように，右派と左派，極右と極左というのはレッテル張りとして機能することもあり，厳密には定義が難しい。本節では，それぞれの具体例として現代のヨーロッパとラテンアメリカを見てみよう。

　現代政治に注目したとき，ポピュリズムの概念は無視できない。ポピュリズムは，2016年のトランプ大統領選出に伴い特に注目を集めたが，研究はそれ以前から蓄積されている。ミュデによれば，第二次世界大戦後，ヨーロッパにおいて唯一成功した新しい政党はポピュリストの急進右派のみである（Mudde,

2007)。右派の核になる要素としてはナショナリズム，ネイティヴィズム (nativism)，排外主義，ゼノフォビアなどが挙げられる。フォン・バイメは第二次世界大戦後の過激右派の台頭には３つの波があったとし，特に1980年からの「第三波」は失業率の上昇とゼノフォビアによって引き起こされたとしている (Von Beyme, 1988)。またインタビューにおいてミュデは，現在極右のアクターとその考えがメインストリーム化した「第四波」にあると表現している (Mudde, 2020)。2023年時点において，ヨーロッパではハンガリーやポーランド，イタリアで特に保守的な政党が政権を握っているほか，フランスのル・ペン率いる国民連合が影響力を持っている。このような中で，右派ポピュリズムと，右派に典型的な保守主義とは区別しておく必要があるだろう（表8-1）。

表8-1　右派ポピュリズムと保守主義の違い

右派ポピュリズム	保守主義
変わりやすく，予測不能	安定しており，固い価値観がある
反エリート主義	エリート主義
制度・機関（Institution）への軽蔑	制度・機関（Institution）への敬意
「われわれ」vs「彼ら」 （分極化；Polarization）	「われわれは皆同じ船に乗っている」 （皆同じ状況である） （同化；Integration）
日和見主義	精神的なうねり

（出所）Hartleb（2011），p. 23, 及び Von Beyme（2019），p. 9 による英訳参照（筆者訳）

　左派ポピュリズムについてはギリシャの急進左派連合（SYRIZA）やスペインのポデモス（Podemos）などの例が挙げられるが，双方とも2023年現在，支持は減退している。マーチとキースは2008年の経済危機が急進左派に及ぼした影響を分析し，それは急進派政党にとってより望ましい環境を作り出したものの，その効果を最大限活用することはできなかったとしている（March and Keith, 2016）。

　ヨーロッパで一定の支持を維持する右派に対して，なぜ左派は失敗しつつあるのか。左派ポピュリスト政党に関しては，個人のリーダーシップに頼っており，個人政党のような垂直型の構造になってしまうこと，また選挙で成功した

あと，どのように政治を行うのかが不透明であることが挙げられている（Agustín, 2020）。ロヴニーはここに左派の歴史的な説明を加えている。従来の左派は労働者のための政党であったが，戦後経済の変化により，典型的な労働者は工場労働者からサービス業における「単純労働」に従事する人々に変わった。後者（プロレタリアートではなくプレカリアートと呼ばれる）は不安定な職についており，投票を棄権する傾向などが見受けられる（Rovny and Rovny, 2017）。伝統的な左派政党は次第に（新しいミドルクラスと呼ばれる）主にホワイトカラーの労働者に集中するようになり，プレカリアートを軽視するようになった。グローバリゼーション及びトランスナショナリズムの盛り上がりもあり，左派政党に放置された労働者はナショナリスト的保護主義を醸成していき，極右ポピュリストに吸収されていくことになる（Rovny, 2018）。グローバリゼーションによる格差の拡大は経済的な問題ではあるが，文化の面でも影響力が強いことから，今後もアイデンティティに関する対立に油が注がれることは想像に難くない。伝統的左派政党の得意分野は経済問題であり，その他の側面（文化やアイデンティティ）は伝統的左派政党にとっては新しい分野である（Rovny, 2018）。

　このようにヨーロッパでは左派の存在が希薄になっているとの議論もある中で，むしろ左派はメインストリームになってきているという見方もある（March and Keith, 2016）。ダイアモンドは，中道左派の社会民主主義的価値観は社会に拒絶されていないとする（Diamond, 2016）。左派の中道派は急進派とは異なり，資本主義を制御し，より平等かつ公正なものに変えようとしてきた。また，現代社会及び経済において存在感を増している共有，協力，相関性などの価値観は左派の得意とするところである（Diamond, 2016）。しかし，グローバリゼーションの利益は均等に配分されず，その不満は移民に押し付けられる傾向があった。

　近年ラテンアメリカでも急進右派ポピュリズムが誕生したように見えるが，ケストラーはラテンアメリカ特有の文脈を考慮し，ミュデの概念がそのまま使用できないことを指摘している。例えばミュデは，外国人排斥のネイティヴィズムを急進右派ポピュリズムの特性として挙げているが，ラテンアメリカでは単一民族の国民国家が想定されない（Kestler, 2022）。ケストラーは，地域にお

ける近年の右派ポピュリストの隆盛は2000年以降の左派政権支配の反動である
とし，ヨーロッパや北アメリカと同様ではないとした（Kestler, 2022）。

　一方で，ラテンアメリカでは1990年から2000年初期にかけて多くの左派リー
ダーが生まれた（松下，2014）。ラテンアメリカの左派政治家に対しては一部の
右派政治家と同様に，長期政権を保持し権威主義的であるという側面があるが
（キューバのカストロなど），2021年に35歳にして大統領に当選したチリのボリッ
チなど，新世代を代表するような動きも見える。チリはラテンアメリカの中で
も地政学的に特殊な国であるが，福祉の基盤を固くすることと併せて資本主義
モデルの成功を維持し，かつ社会参加の拡大と不平等の是正に向けて変容でき
れば，そのモデルは今後グローバル・サウスの他国に対し影響を与えると考え
られる（Benedikter and Zlosilo, 2022）。

9　おわりに

　本書の第Ⅰ部では，国を主体として説明されてきた。しかし，本章では国と
いう概念そのものを解体し，どのような角度から見るかによって国の中身が変
わることを示した。また，焦点を国家でなく個人に移したとき，アイデンティ
ティという考えが国を構築することが分かる。こうした非物理的な考えに注目
することで，人々を戦争に向かわせるナショナリズムやファシズムなどを理解
することができる。

船橋幸穂

コラム　「右」と「左」はどう決まるか？

　「左派」や「右派」は自動的に決まるものではない。こういった政治体制は，
他者との相対的な比較を通して決まるもので，時代や地域によっては完全に異
なる集団が「右」あるいは「左」として語られることがある。「中道」という
言葉も同様に固定された意味はない。
　「左」「右」という言葉の由来は，フランス革命の時代，議会において王政反
対の革命派が左側，王政擁護の保守派が右側に陣取ったことであると言われて
いる。このように一般的には，左派は従来のシステムに対抗する革命派，右派
は従来のシステムを堅持しようとする保守派と理解されている。しかし，この
理解には問題がある。まず，「従来のシステム」というものが何であるかにつ

いては専門家の中で同意がなく，文脈によっても大きく異なる。

　　さらに左派だけが「革命」を起こすわけではない。イギリスのサッチャー政権は保守政党として著名だが，その政策の多くは革新的な側面があった。ネオリベラリズムに基づき，炭鉱などの国営産業の民営化を試みたことが一例として挙げられるだろう。

　　政治思想のすべてが右派か左派かで二分されるわけではない。白黒はっきりしたカテゴリーではなく，揺れ動くものとして理解することが重要だ。また，「何もしない」「関心がない」ことが中道なのではない。何もしないことはつまり，革命を求めず，現状維持を優先する右派と言われることもあるかもしれない。政治は常に私たちの生活に関わっていて，そこから逃れることはできないものだ。

注

(1)　思想家・精神科医のファノンは，フランスの植民地支配が黒人の人々の精神に及ぼした影響について重要な著作を残している。フランツ・ファノン　海老坂武・加藤晴久訳（2020）『黒い皮膚・白い仮面』みすず書房など参照。

(2)　ネオリベラリズム（新自由主義）は，イギリスのサッチャー，アメリカではレーガンに代表される思想で，市場を開放することでむしろ大企業の利益を最大化させるものだ。産業を民営化し，競争を促進させることで，資本力のない小さな経営者は大企業に対抗できず，競争から姿を消すことになる。自由主義・リベラリズムという用語は左派思想と結びつけられることがあるが，ここでは意味や文脈が異なるので注意が必要だ。

演習問題

1．この先，国家はどうなるのだろうか。グローバリゼーションの流れは，国境を消すことができるのか。

2．人間はアイデンティティなく生きていくことはできるのだろうか。人間が国家・国民アイデンティティ以外のアイデンティティを重視することはあるだろうか。

3．「分断する世界」の，「分断」とはなんだろうか。分断は抗えないものなのだろうか，あるいは，制御されるべきものなのだろうか。また，植民地支配からの独立は「分断」なのだろうか。イギリスからのスコットランドの独立や，中国からの香港の独立は「分断」なのだろうか。

引用・参考文献

大嶽秀夫（2007）『新左翼の遺産——ニューレフトからポストモダンへ』東京大学出版会
藤原彰（1982）『戦後史と日本軍国主義』新日本出版社
松下洌（2014）「ラテンアメリカ「新左翼」はポピュリズムを超えられるか？（上）
　　——ポスト新自由主義に向けたガヴァナンス構築の視点から」『立命館国際研究』第

27巻第 1 号（June）。

Agustín, Ó., G.（2020）, *Left-wing populism : the politics of the people*. First edition. Emerald Publishing Limited（Emerald points）.

Anderson, B. R. O.（1983）, *Imagined communities : reflections on the origin and spread of nationalism*. Rev. ed. Verso.

Bartov, O.（2022）, 'Why Does Russia's Leadership Keep Saying that Ukrainians Are Nazis?', *The Wall Street Journal*, 12 May（2023年 5 月19日閲覧）

Benedikter, R. and Zlosilo, M.（2022）, 'Chile's New Start : Where is the nation headed under the Boric presidency?', *Challenge*, vol. 65, no. 3-4, pp. 113-124.

Berger, M.（2022）, 'Putin says he will "denazify" Ukraine. Here's the history behind that claim', *Washington Post*, 25 February（2023年 5 月19日閲覧）.

Diamond, P.（2016）, *Endgame for the centre left? the retreat of social democracy across Europe*. Rowman & Littlefield International.

Griffin, R.（1995）, *Fascism*. Oxford New York : Oxford University press（Oxford Readers）.

Grosby, S. E.（2005）, *Nationalism : a very short introduction*. Oxford University Press.

Hardt, M. and Negri, A.（2000）, *Empire*. Harvard University Press.

Hartleb, F.（2011）, *Nach ihrer Etablierung - rechtspopulistische Parteien in Europa : Begriff - Strategie - Wirkung（After their establishment - right-wing populist parties in Europe : concept - strategy - effect）*. Konrad-Adenauer-Stiftung（Zukunftsforum Politik, 107）.

Heywood, A.（2012）, *Political ideologies : an introduction*. 5th ed. Palgrave Macmillan.

Kestler, T.（2022）, 'Radical, Nativist, Authoritarian—Or All of These? Assessing Recent Cases of Right-Wing Populism in Latin America', *Journal of Politics in Latin America*, vol. 14, no. 3, pp. 289-310.

Kiely, R.（2010）, *Rethinking imperialism*. Palgrave Macmillan.

March, L. and Keith, D.（eds）（2016）, *Europe's radical left : from marginality to the mainstream?* Rowman & Littlefield International.

Miller, D.（2003）, *Political philosophy : a very short introduction*. Oxford University Press（Very short introductions）.

Mudde, C.（2007）, *Populist radical right parties in Europe*. Cambridge University Press.

—— （2020）'We are now in a fourth wave of postwar far-right politics', *VoxEurop*, 22 October（2023年 5 月19日閲覧）.

Rovny, A. E. and Rovny, J.（2017）, 'Outsiders at the ballot box : operationalizations and political consequences of the insider—outsider dualism', *Socio-Economic Review*, vol. 15, no. 1, pp. 161-185.

Rovny, J.（2018）, 'What happened to Europe's left?', *LSE European Politics and Policy*, 20 February. Available at : https : //blogs.lse.ac.uk/europpblog/2018/02/20/what-happened-to-europes-left/（2023年 5 月19日閲覧）.

Said, E. W. (1994), *Culture and imperialism*. 35. [reprinted]. Vintage.

Smith, A. D. (1995), *Nations and nationalism in a global era*. Cambridge, UK : Polity Press.

Steele, B. J. (2008), *Ontological Security in International Relations : Self-Identity and the IR State*. Routledge.

Von Beyme, K. (1988), 'Right-wing extremism in post-war Europe', *West European Politics*, vol. 11, no. 2, pp. 1–18.

Von Beyme, K. (2019), 'Populism, Right-Wing Extremism and Neo-Nationalism', in J. Wiatr (ed.) *New Authoritarianism ; Challenges to Democracy in the 21st century*. Verlag Barbara Budrich, pp. 9–16.

Young, R. (2001), *Postcolonialism : an historical introduction*. Blackwell Publishers.

—— (2015), *Empire, colony, postcolony*. John Wiley & Sons Inc.

理解を深めるための読書案内

エンゲルス，フリードリヒ　戸原四郎訳 (1965)『家族・私有財産・国家の起源——ルイス・H・モーガンの研究に関連して』岩波書店
　国家の起源について，社会主義的な観点から分析した古典的な本。「家族」における女性の扱いなど，フェミニズムの視点から考える上でも参考にすべき本である。

大澤真幸編 (2002)『ナショナリズム論の名著50』平凡社
　ナショナリズムは広範な分野で研究されている概念である。ナショナリズムに興味がある方は，この本を通して気になったものについて読み，批判的に考えることをおすすめしたい。

岡真里 (2000)『記憶／物語』岩波書店
　人々の記憶が物語として語られ，集団をつなげる。越境する記憶と物語について思考する本。国家・国民アイデンティティを考える材料になる。

高橋哲哉 (2005)『国家と犠牲』NHK 出版
　日本の戦後アイデンティティについて考える時に参考になる本。言説（ディスコース）というものが，国家との関係においてどのように機能しているかを垣間見ることができる。

第Ⅲ部

トランスナショナル／グローバル
Transnational/Global

<table>
<tr><td rowspan="2">第**9**章</td><td>Operation</td></tr>
<tr><td>国連は国際の平和を
どのように維持するのか</td></tr>
</table>

　国連憲章は第7章において軍事的措置を含む集団安全保障制度を定める。冷戦期は一部の例外を除き東西対立のため集団安全保障制度は機能しなかった。これを補完したのが国連平和維持活動（PKO）である。冷戦後は国連安全保障理事会の機能回復によって第7章に基づくさまざまな措置がとられるようになった。特に1990年の湾岸戦争を先例とする加盟国に対する武力行使の許可（authorize）方式は事例の積み重なりによって定着した。また，PKOは1990年代前半の拡大期から1990年代後半の揺り戻しを経て2000年前後以降の「強化された」PKOへと発展している。国連憲章に基づく平和のための軍事的「オペレーション」は柔軟なダイナミズムの中で遂行されているといえよう。

キーワード

国際の平和及び安全の維持　集団安全保障　国連安全保障理事会　国連平和維持活動（PKO）　PKO三原則　武力行使の許可（authorize）方式　平和構築　平和強制　「強化された」PKO

1　背景

　1945年に発足した国連は，国際の平和及び安全の維持をその1つ目の目的に掲げ，第7章に規定される集団安全保障制度によってこの目的の実現を図ることを想定する。あくまでも現実主義の立場から，国際の平和及び安全が損なわれる事態が発生しうることを前提として，実際にそのような事態が発生した場合には国連安全保障理事会の下で，最終的には軍事力を用いて，これに対応することにしたのである。集団安全保障制度それ自体は従来の勢力均衡に代わる平和維持手段として第一次世界大戦後に国際連盟によって採用されているものの，結果として第二次世界大戦を防ぐことはできなかった。国連はこの反省に

立ち，より実効性のあるものとして集団安全保障制度を強化している。なお，国連憲章は第2条7項において加盟国の国内問題に干渉してはならないことを規定するものの，第7章に基づく措置は但書きによってこの対象から外されており，何ら問題はない。本章は，国際社会における平和及び安全の維持を国際社会全体の課題としてとらえ，これまでにこの課題が特に軍事力の「オペレーション」を通じてどのように取り組まれてきたのかを扱う。

2　集団安全保障制度

　集団安全保障制度は従来の勢力均衡に代わる平和維持手段として第一次世界大戦後に考案されたものである。従来の勢力均衡は，対立関係にある仮想敵国を外部に置いた上で，仮想敵国間同士の力のバランスに依拠して，お互いに相手を攻撃できない状況を作り出す制度であった（浅田，2022：484；酒井，2011：517）。バランスが保たれている間は機能するものの，バランスが崩れた場合には戦争を招きかねない脆さを抱えており，実際に第一次世界大戦が生じてしまった。これに対して，集団安全保障は，対立関係にある国を集団の内部に取り込んで，関係国が相互に牽制し合うことで，平和の維持を図る制度である。このために，集団における武力行使が法的に禁止され，これに違反した国には他のすべての国による軍事的措置を含む集団的な制裁が加えられることになる（浅田，2022：484；酒井，2011：517）。

3　連盟規約に基づく集団安全保障

　国際連盟規約は，戦争または戦争の脅威がすべて連盟全体の利害関係事項であるとし（第11条1項），規約に違反して戦争に訴えた連盟国に対して非軍事的制裁と軍事的制裁を課すことを定めた（第16条1・2項）。非軍事的制裁は連盟理事会の決定を必要とせず，連盟国によって直ちに実施されることが規定されていたものの，1921年の「経済的武器」に関する連盟理事会決議が規約違反の認定を各連盟国に委ねて個別化したため，非軍事的制裁の集団的な性格は大幅に減じられることとなった（酒井，2011：518）。また，軍事的制裁については，そもそも連盟理事会が兵力の分担の程度を各加盟国に提案するにとどまり，連

盟国に兵力提供義務が課されたわけではなかった。国際連盟が第16条を適用したのは、1935年にエチオピアに侵攻したイタリアに対してのみである。もっとも、非軍事的措置は内容が不十分で参加しない国もあったことから失敗に終わり、軍事的措置が取られることもなかった。国際連盟規約は集団安全保障制度を導入したものの、制度の内容とその実施のいずれにも問題があり、想定された機能が十分に発揮できない結果となった（酒井、2011：519）。

4　国連憲章に基づく集団安全保障

　国連憲章は、国連の目的の1つ目に「国際の平和及び安全を維持すること」を挙げ、「そのために、平和に対する脅威の防止及び除去と侵略行為その他の平和の破壊の鎮圧とのため有効な集団的措置をとる」と規定する（第1条1項）。これを踏まえ、武力行使を禁止した上で（第2条4項）、集団安全保障制度を定め（第7章）、国際の平和及び安全の維持に「主要な責任」（第24条）を負う国連安全保障理事会にその任務を委ねた。

　集団安全保障制度はまず、国連安全保障理事会が「平和の脅威」、「平和の破壊」または「侵略行為」の存在を認定することから始まり（第39条）、次に非軍事的措置によって事態を是正し（第41条）、これが十分に機能せずまたは機能しないことが明らかな場合は軍事的措置を講じることによって平和の回復を図る（第42条）。第7章に基づく「決定」は加盟国を拘束するため（第25条）、国連安全保障理事会の決定する措置は強制的な性格を帯びることになる。

　事態の認定は、国際連盟とは異なり、国連安全保障理事会が集権的に行うこととされた。第39条に明記される3つの事態は国連憲章によって定義されていないことから、この点に関する国連安全保障理事会の裁量はかなり広く（浅田、2022：486）、武力行使禁止原則違反にとどまらず、第1条1項に合致した広範な事態が含まれる（酒井、2011：519）。もっとも、いずれの事態が認定されるかは国連安全保障理事会の決定する措置に影響を与えない（浅田、2022：486）。実践上は、「平和に対する脅威」の認定が圧倒的多数を占めている。冷戦期は自決権侵害（南ローデシア：決議232）と人権侵害（南アフリカ：決議418）にとどまったものの、冷戦後は、内戦、国際人道法違反、テロ行為、大量破壊兵器の不拡

散など非常に多様な事態が「平和に対する脅威」として認定されている。「平和の破壊」の認定は1950年の朝鮮戦争（決議82），1982年のフォークランド紛争（決議502），1987年のイラン・イラク戦争（決議598），1990年の湾岸戦争（決議660）の４例であって，いずれも国家間の武力行使の事態である。「侵略行為」の認定例はない。ただし，1974年の「侵略の定義」に関する国連総会決議3314(XXIX)は国連安全保障理事会に認定の指針を示すものである。

　非軍事的措置は「兵力の使用を伴わない」措置をいう。第41条に列挙された「経済関係及び鉄道，航海，航空，郵便，電信，無線通信その他の運輸通信の手段の全部又は一部の中断並びに外交関係の断絶」は例示にすぎず，その他極めて広範な措置が含まれる。冷戦期は主に禁輸に限られていたのに対して，冷戦後は資産凍結，渡航禁止，航空機乗入禁止，スポーツ大会への参加禁止，国際刑事裁判所の設置などにまでその内容が拡大している。

　軍事的措置は非軍事的措置では不十分であるかまたは不十分なことが明らかな場合にとられる。必ずしも非軍事的措置を前提とするものではなく，当初からとることも可能である。国連憲章の想定する軍事的措置は，第43条に基づく加盟国と国連安全保障理事会との間の特別協定に従って提供される軍事要員により国連軍として行われるものである。もっとも，自国の軍隊を国連の指揮下に委ねることに対する加盟国の懸念を反映して，第43条に基づく特別協定が締結されていないことから，これまでの軍事的措置はこの想定とは異なる形で実施されてきた。

5　冷戦期の軍事的措置

　冷戦期は米ソを盟主とする東西対立のため国連憲章の想定する集団安全保障制度はそもそもほとんど機能しなかった。東西対立が絡む問題に関しては，決議案が提出されたとしても米ソのいずれかが拒否権を投じることは明白であったため，決議案が提出されないことや会合自体が開催されないことも多かった。

　それでも，初めての軍事的措置として，1950年６月の朝鮮戦争勃発の際に国連安全保障理事会は朝鮮国連軍を派遣した。すなわち，決議82は北朝鮮による大韓民国に対する武力攻撃を「平和の破壊」であると認定し，決議83において

「国連加盟国が大韓民国に対して武力攻撃を撃退しならびに地域における国際の平和及び安全を回復するために必要な支援を提供すること」を勧告し，さらに決議84において加盟国の提供した軍隊が国連旗の使用を認められた米国下の統一軍（unified command）に置かれるとした。これらの決議に基づいて，米国をはじめとする計23ヵ国が軍事要員その他を提供し，朝鮮戦争に参戦したのである。ただし，決議の採択が実現したのは，ソ連が中国代表権問題に関して北京政府を支持する立場から国連安全保障理事会の会合を欠席していたからであって，いわゆる「大国一致の原則」に基づいて軍事的措置が取られたわけではない。実際にソ連が会合に復帰すると，たちまち国連安全保障理事会は機能不全に陥ってしまった。

　そこで，米国を中心とする西側諸国はこの状況を打開すべく，1950年11月に「平和のための結集決議」（国連総会決議377（Ⅴ））の採択を主導した。この決議により，国連総会は，国連安全保障理事会が拒否権行使のため機能しない場合にこれに代わって3分の2以上の多数によって集団的措置について勧告できることになった。特に平和の破壊または侵略行為の場合には軍事的措置の勧告が認められる。要するに，当時西側及び西側に近い諸国が多数を占める国連総会を代替的に利用する道を開いたのである（酒井，2011：522-523）。1951年2月にはこの決議に基づいて国連総会がすべての国及び当局に対して朝鮮における国連の行動にあらゆる支援を引き続き提供するよう要請する決議を採択した。

　もっとも，その後は軍事的措置が勧告されることはなかった。国連総会は発展途上国が多数を占める構造へと変貌を遂げており，西側諸国が国連総会を代替的に利用できる可能性は大幅に低下した（酒井，2011：523）。また，大国が直接的または間接的に関与する事態に対して軍事的措置を勧告することはおよそ現実的なものではなかった。実際には，「平和のための結集決議」は，集団的措置の勧告とは別に規定される緊急特別会期の招集のために用いられるにとどまったといえよう（浅田，2022：492）。

6　国連平和維持活動（PKO）による補完

　国連憲章に規定された集団安全保障制度が機能しない中，国連はPKOを考

案し実施することでこれを補完してきた。冷戦期のPKO（伝統的PKO）とは，紛争当事者間に停戦合意が成立した後に，軍事衝突の再発を防止し事態を鎮静化させるために，受入国の同意に基づいて国連が軍事監視団または平和維持軍を派遣し，紛争当事者の間に介在させる活動をいう。平和維持軍は1956年のスエズ危機の際に派遣された国連緊急軍（UNEF）を先例として，その後コンゴ（ONUC），キプロス（UNFICYP），シリア・ゴラン高原（UNDOF）などのミッションが続いた。1960年代に「平和維持活動」という概念が一般化すると，1948年の第一次中東戦争を踏まえた国連休戦監視機構（UNTSO）と1949年のカシミール紛争におけるインド・パキスタン国連軍事監視団（UNMOGIP）など以前からあった軍事監視団もPKOに含めてとらえられるようになった（岩沢，2020：730）。

　いずれにしても，これらの国連の実践を通じて，いわゆる伝統的PKOの3原則が確立している（浅田，2022：494；酒井，2020：613-614）。第一に同意原則である。すなわち，PKOの派遣にあたり受入国の同意が必要となる。受入国の意思に反して強制的に派遣されることはなく，受入国の同意が撤回された場合には撤退しなければならない。第二に中立・公平原則である。紛争それ自体には関与せず，あくまでも中立的な立場を維持する。また，紛争の利害関係国はPKOの構成から排除される。第三に自衛原則である。PKO要員による武器の使用は自衛（正当防衛）の場合に限られ，この範囲を超えてはならない。そもそもPKOは戦闘行為に従事する任務を有していないからである。ただし，1960年に派遣されたコンゴ国連ミッション（ONUC）は，例外的に，関連する国連安全保障理事会決議によって中立・公平原則及び自衛原則から逸脱したものと評価されている（山田，2018：101）。

　以上を踏まえると，伝統的PKOの3つの特徴が浮き彫りとなる。1つ目は活動が暫定的だという点である（浅田，2022：494）。そもそも紛争の最終的な解決を図ることは意図されておらず，期待されるのはあくまでもそのための暫定的なつなぎの役割である。この点を反映して，PKOには一定の派遣期間が定められており，必要に応じてこれを更新するという方法が採用されている。もっとも，紛争解決のための他の手段が機能しない場合にはPKOの派遣期間が繰

り返し更新されることになり，実際に現在に至るまで50年以上の長期にわたり派遣されているミッションも存在する。2つ目は活動が非強制的だという点である（浅田，2022：494）。これを担保するのが同意原則と自衛原則である。受入国の同意があるため，憲章第2条7項の禁止する国連の不干渉義務に抵触するような干渉とはみなされない。また，自衛原則が含意するのは，その任務が警察的なものにとどまり，武力行使は含まれていないということである。要するに，伝統的PKOは憲章第7章の行動ではないのである。3つ目はPKOが軍事要員の派遣によって成り立っているという点である。現地では停戦合意があるとしても，紛争は未解決のままであって，依然として軍事衝突の再発の可能性は否定できない。そのような状況の中，紛争当事者の間に物理的に介在することでいわば緩衝材の役割を果たすことができるのは武装した軍事要員しかいない。

　興味深いことに，このような伝統的PKOの活動が国連憲章のどの規定に法的根拠を置くかは必ずしも定かでない。国連憲章起草者はこのような活動を想定せず，それゆえ国連憲章に明示の規定がないからである。第6章（紛争の平和的解決）が軍事要員の派遣を想定していない反面，第7章（集団安全保障）が強制的な性格を有することをとらえて，その中間に位置する「第6章半」の活動と表現されることも多い。この点についてさまざまな議論が展開されてきたものの，結局のところいずれかの条文に明示的な根拠を見出すのは困難である。実践を通じて国連加盟国が新たにPKOという制度の設置に合意したものと考えるのが適切であろう（酒井，2020：613）。

7　冷戦後の軍事的措置

　冷戦後は集団安全保障制度が機能を果たすようになり，国連安全保障理事会の決議によって第7章に基づくさまざまな措置がとられてきた。特に軍事的措置については，1990年の湾岸戦争への対応の過程で武力行使の許可（authorize）方式が考案された。すなわち，国連安全保障理事会は決議678（賛成12，反対1（キューバ，イエメン），棄権1（中国）で採択）において，「加盟国に対してあらゆる必要な措置をとることを許可する（authorize）」と規定した。決議採択の

前提として「あらゆる必要な措置」という文言は武力行使を含むものと解されている。要するに，依然として第43条に基づく特別協定が締結されない状況の中で，国連安全保障理事会は第42条を直接援用することなく，第7章に読み込まれる軍事的措置に関する権限の行使を加盟国に委ねる（「許可する」）ことにしたのである。米国を中心とするいわゆる多国籍軍はこの決議に依拠してイラクに対して武力を行使し，クウェートの解放をもたらした。

　国連安全保障理事会の許可に基づく武力行使は第2条4項の例外として合法である。許可に関する意思決定は国連安全保障理事会が集権的に行うものの，実施は各加盟国により分権的に行われることから，加盟国の行動に対する国連安全保障理事会のコントロールが重要となる（酒井，2011：525）。具体的には，「あらゆる必要な措置」の目的を特定して武力行使がその範囲にとどまるようにし，許可に一定の期限を設けて武力行使の継続のためには新たな決議を必要とし，決議の実施状況について国連安全保障理事会に報告を求めている。

　武力行使の許可方式は湾岸戦争以降も頻繁に用いられ，憲章第7章に基づくいわゆる多国籍軍型の軍事活動として多くの実践の積み重ねを経て，今日までにすっかり定着したといえる（浅田，2022：491）。ただし，以下のとおり，これまでどのような状況に武力行使が許可されてきたかについて留意する必要がある。

8　国家に対する武力行使

　武力行使の許可方式は湾岸戦争を先例とするものの，湾岸戦争のように国家に対する武力行使が許可された事例は実際には極めて少ない。特に他国に武力攻撃を行った国に対する軍事的措置として武力行使が許可されたのは湾岸戦争のみだと考えられる。

　2011年のリビアに関する決議1973（賛成10，棄権5（ブラジル，中国，ドイツ，インド，ロシア）で採択）は，実質的にリビア政府軍に対する武力行使を許可したものである。しかし，その目的は，内戦状況に陥ったリビアにおいて攻撃の脅威の下にある文民及び文民居住地域を保護することと文民保護に資するために設定した飛行禁止を遵守させることであって，リビア政府軍を打倒すること

ではない。特に外国軍がリビア領域を占領する事態は明示的に排除されている。なお，本件はいわゆる「保護する責任」の概念が適用された唯一の事例だと考えられる（浅田，2022：483）。後述の1999年の北大西洋条約機構（NATO）諸国によるコソボ空爆を契機として，「保護する責任」という考え方が提示され概念化が進められた。国際社会のコンセンサスは2005年の世界サミット成果文書（国連総会決議60/1）に示されている。特に重要な点は「保護する責任」が第7章を含む国連憲章に従って実施されるとされたことである（岩沢，2020：716）。これは，一方的な武力行使を認める従来の「人道的干渉の理論」とは一線を画し，この概念をあくまでも既存の国際法の枠組の中で位置づけたことに他ならない。

　1999年のコソボ空爆と2003年のイラク戦争についていえば，国連安全保障理事会の許可に依拠する主張が存在するものの，いずれもその説得力は乏しい。まず，1999年のNATO諸国によるコソボ空爆に関して，1998年に採択された3つの決議（1160, 1199, 1203）がいずれも憲章第7章の下で採択されていることをとらえて，これらの決議によって武力行使が黙示的に許可されたという主張がある。しかし，この主張が認められてしまうと，憲章第7章に言及のある決議はすべて武力行使を許可したものとなってしまうので妥当ではない。ロシア，中国，インドなどは国連安全保障理事会の許可を得ていないとして，NATO諸国によるユーゴスラビア連邦共和国に対する空爆を武力行使禁止原則違反であると主張した。なお，その後の国連安全保障理事会決議は，「憲章第7章の下で行動して」という表現にとどめず，さらに「第41条に基づく措置をとって」という文言を加えたり（決議1718, 1970），逆に「憲章第7章の下で行動して」という表現を用いないことにより（決議2118, 2231），黙示的許可の主張を封じ込めている。次に，2003年のイラク戦争に際して，米国と英国は，イラクによる累次の国連安全保障理事会決議の違反によって1990年の決議678に基づく武力行使の許可が復活するという主張を展開した。当初は武力行使を許可する新たな国連安全保障理事会決議の採択を追求したものの，ロシアと中国に加えてフランスやドイツなどが難色を示したことからこれを断念したという経緯がある（浅田，2022：492；酒井，2011：525–526）。もっとも，米国と英国の主張が他

の諸国から支持を集めたとはいえず，また軍事行動の理由とされた大量破壊兵器は結局発見されなかった。

9　国家における武力行使

　武力行使の許可方式は，湾岸戦争とリビアの事例を除けば，特定の国家における人道的任務の遂行（ルワンダ：決議929，ボスニア・ヘルツェゴビナ：決議1031他），国内の治安維持・回復（アルバニア：決議1101他，アフガニスタン：決議1386他，イラク：決議1546他），反テロ活動支援（コートジボワール：決議1464他，マリ：決議2085）などの目的のために用いられている。後述のように，PKO の活動を補完する形で武力行使が許可される場合も多い。より重要だと考えられるのは，自国領域において武力が行使される国家（領域国）が基本的にこのような目的のための武力行使について事前の同意を与えているという事実である（阿部，2017：92）。憲章第 7 章に基づくいわゆる多国籍軍型の軍事活動といっても，実践上はそのほとんどが強制的な性格を持たない武力行使ということになる。もっとも，人的その他資源の負担や犠牲のリスクを考えると，実際に武力行使を行う国は領域国と密接な関係を持ちかつ直接の国益を有するものに限られるであろう（酒井，2011：525）。対象となる国または地域機関が国連安全保障理事会決議の中で特定される場合も多い。この意味では，上記の目的のための武力行使の場合は領域国と関係国の協力や連携が不可欠である。

10　PKO の発展

　冷戦後に PKO は大きな発展を遂げた。停戦監視を主な任務とする伝統的 PKO に加えて，冷戦後に各地で多発した内戦への対応として，広範かつ多様な任務を与えられた PKO が派遣されるようになったのである。

　まず，1990年代前半には 2 つの方向性で拡大路線が進められた。いずれも冷戦後の国連の役割に可能性を見出そうとする流れに合致するものであって，1992年の国連事務総長報告書「平和への課題」にその考え方が示されている（浅田，2022：495）。1 つは紛争終結後の平和を構築する任務を与える PKO の登場である（平和構築型）（浅田，2022：495-496；酒井，2011：528）。内戦終結後の包

括的和平合意の実施過程において，選挙の実施・監視，戦闘員の武装解除・動員解除・社会再統合，難民・避難民の帰還，基礎的社会インフラの整備，憲法の制定などに関する任務が与えられるようになった。具体例として，国連ナミビア独立移行支援グループ（UNTAG），国連カンボジア暫定機構（UNTAC），国連モザンビーク活動（ONUMOZ）などが挙げられる。特に UNTAC は日本が自衛隊要員を派遣した初めての PKO である。いま 1 つは憲章第 7 章に基づき武力行使を許可された PKO の出現である（強制型）（浅田，2022：496；酒井，2011：528）。ソマリアに派遣された第二次国連ソマリア活動（UNOSOM-II）とボスニア・ヘルツェゴビナに派遣された国連保護軍（UNPROFOR）はいずれも，現地の情勢変化に対応する形で任務が拡大され，任務遂行の実効性確保と要員の安全確保のために憲章第 7 章に基づいて武力行使が許可されることになった。もっとも，結果的には紛争に巻き込まれて多くの犠牲者を出し，失敗に終わった。この失敗によって国連安全保障理事会が PKO に消極的な姿勢をとったため，1994年のルワンダ内戦におけるジェノサイドを防げなかったことが指摘されている（山田，2018：105）。1995年の国連事務総長報告書「平和への課題・追補」では，強制型 PKO からの教訓として，伝統的な 3 原則に従うことの重要性が強調され（浅田，2022：496），1990年代後半は伝統的 PKO への揺り戻しが顕著になった。

　もっとも，2000年前後以降は「強化された（robust）」PKO の路線が敷かれることになった。伝統的 PKO への回帰では不十分だったためである。和平に合意して PKO が派遣されたとしても，和平合意が破棄されたり，和平合意に反対する勢力が現れる場合があり，このような事態に対応するためには一定の武力行使が必要となるのである（山田，2018：105）。2000年の国連平和活動パネル報告書（通称，ブラヒミ報告書）は，伝統的な 3 原則の重要性を確認しつつも，紛争当事者に対する不偏性を強調することで従来の中立原則からの軌道修正を図るとともに，第 7 章に依拠して任務遂行に必要な武力行使を認めることを支持した（浅田，2022：497；岩沢，2020：732）。要するに，「強化された」PKO は，幅広い任務を与えられた平和構築型 PKO に武力行使権限を付加するものである。この文脈に沿う形で，1999年の国連シエラレオネ・ミッション（UNAMSIL）

図 9-1　PKO 要員数（1991〜2022年）

（出所）国連ホームページ　https://peacekeeping.un.org/en/troop-and-police-cont
ributors；https://peacekeeping.un.org/en/fatalities

以降，「文民の保護」が任務の１つに含められてきたことが重要である。PKO
は紛争に当事者としてかかわらないとしても，「文民の保護」を任務とするこ
とにより，その範囲内で現地の治安維持に積極的に関与できるようになったか
らである。このようなミッションでは軍事要員と文民要員を合わせて１万人を
超える規模の要員が派遣されることも稀ではなくなった（**図9-1**）。具体例と
して，国連コンゴ民主共和国ミッション（MONUC），国連リベリア・ミッショ
ン（UNMIL），国連コートジボワール活動（UNOCI）などを挙げることができ
る。

11　許可に基づく武力行使と PKO の連携

　PKO は必ずしも常に単独で展開しているわけではない，状況に応じて武力
行使の許可された国または地域的機関と連携する場合がある。例えば，中央ア
フリカ共和国（1997〜1998年），東ティモール，コートジボワール，ハイチ，マ
リ，中央アフリカ共和国（2013年）の事例では武力行使の許可された国または
地域的機関が先行して活動した（決議1125，1264，1464，1529，2085，2127）。こ
れは近い将来の PKO の派遣を想定した地ならし的な展開であって，実際に
PKO が派遣されると，その後は PKO が武力行使の権限を引き継いだ。また，

クロアチア，コソボ，コートジボワール，中央アフリカ・チャド，中央アフリカ共和国（2014年から現在）の事例（決議1037，1244，1528，1778，2134）ではPKOと武力行使の許可された国または地域的機関が同時に展開している。後者は国連の指揮下に入らないことで柔軟性を確保しつつ，PKOの活動を側面から支援している。さらに，ルワンダとコンゴ民主共和国（2003年・2006年）の事例では，すでに派遣されたPKOの活動中に，多国籍軍に武力行使が許可された（決議929，1484，1671）。これはPKOが十分に対応できない事態が発生したためである。重要なことは現地の状況が改善に向かうことである。許可に基づく武力行使とPKOの連携あり方は，今後も，現地の状況，受入国の意思，関係国の意向，国連安全保障理事会の姿勢などの考慮要因に照らしてケースバイケースで模索されることになるだろう。

阿部達也

コラム　朝鮮国連軍の「現在」

　朝鮮国連軍は1950年7月24日に創設された。司令部は当時連合国総司令部（GHQ）の占領下にあった日本の東京に置かれ，最高司令官はGHQのマッカーサーが務めた。1951年9月8日のサンフランシスコ平和条約締結を受け，日本は，同日の吉田・アチソン交換公文によって朝鮮国連軍司令部がサンフランシスコ平和条約の発効以降も日本で行動することを認める。さらに1953年7月27日に休戦協定（朝鮮国連軍司令官と朝鮮人民軍最高司令官及び中国人民義勇軍司令官の間の協定という形式がとられている）が成立したことにより，朝鮮国連軍司令部はソウルに移転し，これに伴って日本には後方司令部がキャンプ座間に設立されることになった。同後方司令部は，2007年に横田飛行場に移転した現在もなお小規模ながら活動を続けている。1954年の「日本国における国際連合の軍隊の地位に関する協定」は日本における朝鮮国連軍の地位及び待遇を定めた条約であって，特に第5条において，朝鮮国連軍が日本政府の同意を得て在日米軍の施設・区域を使用できると規定する。現在朝鮮国連軍による使用が認められているのは，キャンプ座間，横須賀海軍施設，佐世保海軍施設，横田飛行場，嘉手納飛行場，普天間飛行場，ホワイトビーチ地区の7ヵ所である。

演習課題
1．武力行使の許可方式の意義と課題について論じなさい。
2．国連PKOの特徴を冷戦期と冷戦後で比較して論じなさい。

表9-1
国連 PKO 費用分担率上位10ヵ国（2022-23年）

順位	加盟国	分担率（%）
1	米国	26. 95
2	中国	18. 69
3	日本	8. 03
4	ドイツ	6. 11
5	英国	5. 36
6	フランス	5. 29
7	イタリア	3. 19
8	カナダ	2. 62
9	韓国	2. 57
10	ロシア	2. 29

（出所）UN Doc. A/76/296/Rev. 1/Add. 1

表9-2
国連 PKO 要員数上位10ヵ国（2022年末）現在

順位	加盟国	割合（%）
1	バングラデシュ	9. 52
2	ネパール	8. 22
3	インド	7. 95
4	ルワンダ	7. 80
5	パキスタン	5. 70
6	エジプト	3. 71
7	ガーナ	3. 64
8	インドネシア	3. 54
9	セネガル	3. 22
10	中国	2. 91
107	日本	0. 005

（出所）国連ホームページ　https://peacekeeping.un.org/sites/default/files/02_country_ranking_57_december_2022.pdf

3．国連 PKO の費用分担率上位10ヵ国（**表9-1**）と要員提供数上位10ヵ国（**表9-2**）のデータから浮き彫りになる現状と課題について論じなさい。

引用・参考文献
浅田正彦編（2022）『国際法』［第5版］東信堂
阿部達也（2017）「領域国の同意に基づく武力行使の今日的展開」『世界法年報』第36号
岩沢雄司（2020）『国際法』東京大学出版会
黒﨑将広，坂元茂樹，西村弓，石垣友明，森肇志，真山全，酒井啓亘（2020）『防衛実務国際法』弘文堂（本文で参照の場合は執筆者を特定した）
酒井啓亘，寺谷広司，西村弓，濵本正太郎（2011）『国際法』（本文で参照の場合は執筆者を特定した）
山田哲也（2018）『国際機構論入門』東京大学出版会

理解を深めるための読書案内
香西茂（1991）『国連の平和維持活動』
　冷戦期に国連が考案した平和維持活動について形成・発展過程と基本的課題を考察した専門書。
酒井啓亘（2009）「国連安保理の機能の拡大と平和維持活動の展開」村瀬信也編『国連安保理の機能変化』東信堂

冷戦後に質的・量的に発展を遂げた国連 PKO の現代的な展開を法的観点から詳細に
検討した学術論文。

阿部達也（2017）「領域国の同意に基づく武力行使の今日的展開」『世界法年報』第36号
　　領域国の同意に基づく武力行使が国連安全保障理事会による武力行使の許可に包摂さ
　　れる事例に着目して分析した学術論文。

佐藤哲夫（2015）『国連安全保障理事会と憲章第 7 章　集団安全保障制度の創造的展開
とその課題』
　　冷戦後の国連安全保障理事会が集団安全保障制度の実施を通じて国際社会における法
　　の支配に果たす役割と機能を明らかにした専門書。

<table>
<tr>
<td>第10章</td>
<td>Economy

感染症クライシスを踏まえた
資本主義モデル</td>
</tr>
</table>

　本章では経済力を最新鋭の兵站・軍事技術の開発力への転嫁を通じて，覇権を下支えするパワー・ベースであるととらえ，さらに持続的開発目標（SDGs）の新たな担い手としての投資家や民間ビジネスが国家ないし国際機関という従来の枠組みを超えて果たしうる役割と方向性に注目する。宇宙旅行を商用化し，ドローンを軍事利用するのも民間ビジネスである。この点注目すべきは，2005年頃に日本の国内総生産を追い越し，世界第2位，やがて第1位の経済大国になるとされる中国がアジア，さらには世界の覇権国家としてアメリカと覇権競争を行っていることである。2020年にCOVID-19のパンデミック化に連鎖するように，ミャンマー，アフガニスタンが「陥落」したが，アメリカ一国ではなすすべもなく，ロシアのウクライナ軍事侵攻を許してしまった。

　資本主義モデルはかつてないアイデンティティ・クライシス（Aghion 他，2020：387）に見舞われている。経済力が覇権の構造変容をもたらしうるのか。COVID-19の勃発とその対処において資本主義モデルは成功したのか。一帯一路構想を推進する中国の台頭と覇権を念頭におきながら，SDGs諸課題の中で特に目標16が掲げる「持続可能な開発のために平和で包摂的な社会を促進し，すべての人々が司法を利用できるようにし，あらゆるレベルにおいて効果的で説明責任のある包摂的な制度を構築する」の達成において投資家や民間ビジネスが果たしうる役割に焦点を当てつつ検討する。

キーワード

　一帯一路　資本主義　COVID-19　ワクチン外交　援助の相互補完性

1　コロナウイルス感染症2019（COVID-19）騒動を振り返る

　コロナウイルス感染症2019（以下COVID-19という）はおよそ100年ぶりの世

界大恐慌ともいえる経済禍を全世界にもたらした。1920年代の世界大恐慌，金本位制の崩壊，経済のブロック化が世界の分断と対立をもたらし，第二次世界大戦の副因となった20世紀前半の歴史を21世紀に繰り返さないために，どうすべきか。

　2000年代に入り，ほぼ10年おきに新型感染症が起こってはまた次の感染症が起こった。まず，2002年に中国で重症急性呼吸器症候群（SARS）が発生し，2012年には中東呼吸器症候群（MERS）が発生した。新型感染症が収束する頃に新たな感染症が流行するというサイクルを繰り返しており，このこと自体は感染症学からみれば自然のサイクルだが，人類はその都度パニックを繰り返し，リスク対応時の行動規範を何ら学習してこなかったようにも思える。ゆえに，COVID-19が2019年12月に中国の武漢で確認されるや，中国と人的交流の盛んだったイタリアを皮切りに2020年３月までには欧米を中心に感染者が全世界にまん延するパンデミックをもたらした。当初，多くの国で「ペスト」（Camus, 1947）の再来だとメディアは世論をあおり，インフォデミックともいえる煽り報道が，医療インフラの不足，医療崩壊を助長し，封じ込めのために都市封鎖，国境封鎖を含む，厳しい行動制限を余儀なくされた。

　SARSやMERSのワクチンや治療薬さえ確立していない中で，COVID-19ワクチンの開発は驚異的な速さで実現した。日本国内で薬事承認された，メッセンジャーRNAワクチン（ファイザー社，モデルナ社），組み換えタンパクワクチン（アストラゼネカ社，ヤセンファーマ社）を開発・実用化したのはいずれもアメリカないしイギリスを本社とする製薬業者であった。欧米諸国が自国民を優先に接種しはじめ，日本を含む非欧米諸国の接種が伸びない中，2021年には菅義偉首相が渡米してファイザー社などと直接契約交渉し，自衛隊を動員して「１日100万回」を達成するなどして同年後半には欧米並みの接種率を達成した。

　非欧米諸国も次々とワクチンを開発，実用化していった。中国がCOVID-19ワクチン（シノバック，シノファーム）を開発しインド（コビシールド，コボバックス）やロシア（スプートニクV）も自国製のワクチンを開発し，また，医療援助の一環として，アフリカ，南アジア，ラテンアメリカ方面に供給するようになっていった。中国・インド製のワクチンは世界保健機構（WHO）を通じた

ワクチン供給システム（COVAX）で承認を受けた。その結果，途上国のワクチン接種率が改善されていったのである（図10-1）。

図10-1　中国・インドによるワクチン供給

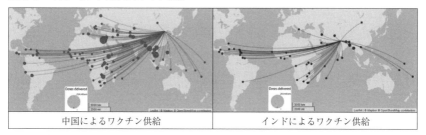

中国によるワクチン供給	インドによるワクチン供給

注：円の大きさは供給量を示す。二国間・COVAX を通じた多国間による供給を含む。
（出所）UNICEF データ

　中国がワクチンを供給することによって，ワクチン市場の西側資本による独占が崩れ，途上国側からは概ね歓迎されたものの，中国の「ワクチン外交」や人権状況に対する非難は増していった。全世界が一致して取り組むべき感染症対策が外交的対立の政争の具と化したのである。

2　感染症クライシスとアフガニスタン・ミャンマーの「陥落」

　21世紀に入ってからの20年は，冷戦崩壊後の国際協調レジームがターニング・ポイントを迎えるきっかけとなった，人智も及ばぬクライシスが次々と起こった20年と振り返られるであろう。戦争，自然災害，金融危機，そして感染症が追い打ちをかけた。2015年に国連総会で採択された持続的開発目標(SDGs)は，ミレニアム開発目標（2000～2015年）の達成状況やその間に起こった地域紛争やテロ活動の活発化などを踏まえ，将来起こり得るクライシスを国際社会が連帯して未然に防ぎ，万一勃発した場合には連帯して対応すべく制度設計を目指していたはずであった。しかしながら，2020年に武漢からはじまったCOVID-19への対応では各国の国益の対立が先鋭化し，ワクチン利権の独占などにより，途上国の欧米諸国に対する不信感が増したことも影響し，2022年に発生したウクライナ危機では，ロシア非難決議に棄権ないし反対する投票行動に結びついた。世界は再び「新」冷戦時代に戻り，米ソ冷戦時代よりも核戦争

の現実味が増し，中国はいつ台湾を攻めてくるのかが連日メディアで報道され
ている。

　この20年間，中国やインドがG20諸国の主要メンバーとして存在感を増して
いく中で，従来の政策協調枠組みであったG7，特にアメリカのリーダーシッ
プが精彩を欠くようになった。冷戦終結直後の湾岸戦争（1990～1991年）でシュ
ワルツコフ将軍が多国籍軍を率いて「砂漠の嵐」作戦を指揮していた頃からの
アメリカの国力の凋落ぶりは明白であった。ポスト冷戦時代の国力とはとりも
なおさず経済力・技術力であり，冷戦終結直後においてはアメリカの経済力は
同盟国の日本や西ヨーロッパ諸国と合わせれば非西側諸国の中国やインドと比
較して圧倒的な差をつけていた。

　2021年2月にはミャンマー国軍が民衆の支持を得て指導者（国家最高顧問）
の地位にあったアウン・サン・スー・チーを突然逮捕・拘束し，同氏の支援
者・国民数千人規模の群衆に対して，火炎放射器を用いて無残にも無差別に皆
殺しにした。2012年4月の総選挙でスー・チー氏率いる国民民主連盟（NLD）
が政権を掌握して民主化プロセスを進め，日本や欧米諸国を含めた諸国との経
済的結びつきを着実に深化してきたように思われたが，民主化への道筋が突然
に遮断されたのである。さらに，2001年末にアメリカや日本の支援でカルザイ
政権が成立し，急進的イスラム主義を標榜するタリバン勢力に代わって，欧米
や日本の援助を受けながら民主化プロセスを歩んでいるように思われたが，
ミャンマーが「陥落」してからわずか半年後の2021年8月には，カブールはタ
リバン勢力が武力奪還し，女性が教育を受ける権利を認めないなど，急進的な
イスラム主義が復活した。

　追い打ちをかけるように，カブール陥落後のおよそ半年後の2022年2月にロ
シアによるウクライナ軍事進攻がはじまったのである。ウクライナは北大西洋
条約機構（NATO）加盟国ではないため，集団的自衛権が発動することはなかっ
たが，それでもアメリカをはじめNATO加盟国の多くはウクライナに対し軍
事支援を行うなどし，日本も経済物資の人道支援を行うなどして，当初予想に
反してロシアは劣勢に立たされたまま，ロシア・ウクライナ両国の戦闘状態が
1年以上続いた。

　COVID-19危機が発生したことで，国家権力による市場経済への介入が緊急避難措置として正当化され，国境封鎖や人流抑制がもたらした経済低迷状況の中で，アメリカを中心に支援してきた開発途上国の民主主義が音を立てて瓦解し，ロシア・プーチン政権が軍事力により領土拡大ないしソ連邦の崩壊（1991年）により失った領土の「失地回復」を図ろうとする野望を，防ぎきることができなかったのである。国連の機能低下や国際法の脆弱性については従来から認識されていたが，COVID-19発生とそれに連動するかのようなこれらの事件は，国連を中心とする戦後レジームに最後のとどめをさした発端であったと後の歴史家により振り返られるだろう。

3　ロシア・東欧の冷戦崩壊と民族紛争

　1990年代はじめに戦後冷戦体制が崩壊してから，2000年代はじめ頃までは，共産党一党独裁体制を廃止し「民主主義」国家となったロシアは西側主要国の仲間入りをし，G8の正式メンバー国として認知されていた。9.11同時多発テロ事件に対するブッシュ大統領による「テロとの戦い」宣言に対し，いち早く国際社会の連帯を支持したのもプーチン大統領その人だった。プーチンは旧ソ連邦の再統合ないし失地回復を目指していたため，2008年8月，北京五輪が開催される中，旧ソ連邦のジョージアが南オセチア地区の帰属[4]をめぐってロシアと軍事衝突した。軍事衝突は1ヵ月以内に集結したが，ロシア・ジョージア両国はその後も軍事衝突・国交断絶したままである。

　さらに，2014年3月，ソチ（ロシア）五輪が閉幕されるとウクライナ・クリミア半島に軍事侵攻をし，併合してしまった。クリミア併合が決定打となり，ロシアはG8メンバーから「正式に」除外された。2022年2月末，北京五輪の開催中にロシアが再びウクライナに軍事侵攻を行った。このようにロシアは五輪が開催される機会を狙って他国を軍事侵攻，領土拡大を図ってきた印象さえある。ペレストロイカ（改革）を掲げて，ソ連の最初で最後の大統領（1990～1991年）となったゴルバチョフから「8月革命」（クーデター）を経て権力を奪い，ロシア共和国の初代大統領（1991～1999年）となったエリツィンが後継者として任命したプーチン大統領・首相（2000年～）（2008～2012年にメドヴェージェフ大

統領であった時期は首相を務めたが実権を掌握し続けたとされる）が長期政権化するにつれて，反プーチン派の有力政治家やジャーナリストを強引な手法で失脚させるなど，ロシアの民主主義は事実上崩壊した。

もっとも，冷戦崩壊後のロシア・東欧地域が常に平和であったかというと決してそうではない。1990年代には，冷戦時代にはチトー（1892～1980年）というカリスマ的指導者の下で，封じ込められていた民族紛争がバルカン半島で噴出し，約10年にわたる悲惨を極めた旧ユーゴスラビア紛争が起こった。2008年にコソボがセルビアから独立するまで，スロベニア，クロアチア，マケドニア，ボスニア・ヘルツェゴビナ，セルビア，モンテネグロに分離独立していった。その過程で，セルビアの初代大統領ミロシェビッチが後にNATO軍も軍事介入するコソボ紛争において敵対勢力のアルバニア系住民を大量虐殺（ジェノサイド）・民族浄化したことで国際刑事裁判所（ICC）（旧ユーゴスラビア国際戦犯法廷，オランダ・ハーグ）に訴追され，身柄拘束されたのは象徴的な出来事であった。なお，中国，ロシア，インドはICCに加盟していない。

4　リベラル・デモクラシーに対する中国の挑戦と欧米諸国の打算

ロシアが2014年のクリミア併合以降，G8メンバー国から完全に離脱していく中で，中国に対しては期待と打算を込めて西ヨーロッパ諸国は経済交流，人的交流を深めていった。日本とアメリカが距離をおく中で，一帯一路への協力や協定，2015年には北京に本部が設置されたアジアインフラ投資銀行（AIIB）への加盟も，いち早く表明した。COVID-19がパンデミック化するのも，港湾の整備拡張事業の一帯一路と連動した共同プロジェクトを展開するなど，中国との経済交流を深めていたイタリア・ベネチアからはじまったことも記憶に新しい。

このように，アメリカでトランプ政権（2017～2021年）が誕生し，GDPにおいて日本の二倍以上，アメリカに肉薄する勢いのアジアの覇権国として台頭する中国と対峙するまで，西側諸国は1990年代後半から2010年代半ばまで中国に対しては対話路線をとり，世界貿易期間（WTO）の加盟（2001年）についても国際社会は加盟条件を満たしていない中国に「下駄をはかせる」など概ね支援

していた。ロシアが参加するＧ８サミットでも中国はオブザーバー国として招
聘されるようになっていた。西側諸国はなぜ，中国に対して融和的であったの
か。天安門事件（1989年６月）以降の西側の対応について触れておきたい。

　鄧小平（1904～1997年）が政治的支配をはじめる1980年代はじめから中国は
政治的には共産党の一党独裁を維持しながら，経済的には「黒猫白猫論」に基
づき，改革開放路線をとるという独自の方針をとっていた。しかし，1989年６
月に，後に「天安門事件」と記憶されることになる，民主化を求める学生や人
民に対して戦車を用いて武力弾圧をするという惨事が起こり，国際社会から経
済制裁を課された。ところが，日本がいち早く円借款を再開(1991年，海部内閣)，
天皇訪中（1992年）などをきっかけに徐々に国際社会に復帰する中で，中国に
対しては「封じ込め（containment）」ではなく「対話（engagement）」を進める
ことにより，内部から人権の尊重や民主化という課題を克服していくという期
待感が生まれた。

　しかし，その後の歴史を見る限り，欧米諸国が期待したほどには中国は民主
化することもなく，香港やチベット，ウィグルで人権弾圧や粛清を行い，民主
化運動の象徴であった天安門事件は中国共産党の歴史上は「動乱」(2021年に中
国共産党大会で採択された歴史決議)と片付けられ，完全に塗り替えられること
になった。歴史決議の中でいくつかの注目すべき見解が示されているので，一
部を紹介したい。

　まず，「毛沢東同志は当時のわが国の階級的情勢および党と国家の政治状況
について，まったく誤った判断を下したことで，「文化大革命」を引き起こし，
これを指導した」と総括し，毛沢東の功績を認めつつも経済政策の失策を非難
した。さらに，天安門事件については，「1989年の春から夏への変わり目にわ
が国でゆゆしき政治的風波が起きた。党と政府は人民に依拠し，旗幟鮮明に動
乱に反対し，社会主義の国家政権と人民の根本的利益を守り抜いた」と決めつ
けた。また，「「台湾独立」をもくろむ分裂の行動に断固として反対し，外部勢
力からの干渉に断固として反対し，両岸関係の主導権と主動権をしっかりと握
りしめた」としてひとつの中国の立場を堅持してみせた。

　習近平政権（2012年～）の成立以降，中国が世界に対して強硬な姿勢をとり

続けている。香港や少数民族自治区に対する強力な監視と人権の弾圧が行われ，それに対する西側諸国の非難に公然と反論するようになったのである。自国の「内政干渉」に対する反発は習近平政権以前もあったが，中国の国力，すなわち経済力の増大に伴い，より大きな影響力を国際社会に対して持ってきたということではないだろうか。

　中国人の海外旅行者は2020年までに１億5,000万人の海外旅行をし，消費額は2,000億ドルに上る（サンジュアン，2021：67）とみられる。彼らの行先は約７割がアジア（訪問先の多い順からタイ，日本，シンガポール，韓国）であり，アメリカ及びヨーロッパ諸国と続く。一帯一路に関連する国々だけでも多大な経済効果をもたらしている。中国は経済力においてアジアの超大国になっただけではなく，アフリカやラテンアメリカ諸国等を含めたグローバルなパワーになった。中国はG20の主要メンバーであるだけにとどまらず，上海協力機構（2001年に創立）やAIIB（2015年に創立）の中心的メンバーとして，国際舞台で存在感を増している。また，ASEANとの通商関係も強化しており，シンガポールとの自由貿易協定を締結するなど，目立った動きを見せている。欧米諸国は中国の人権を批判しつつ通商関係を維持したいという打算がある。日本もそれでよいのか。

　中国は2008年の北京五輪の頃には日本のGDPを抜き，2016年のリオ五輪の頃にはユーロ圏を上回り，2030年までにアメリカのGDPに肉薄する勢いである（図10-2）。アメリカとしては中国の勢いをなんとか押さえ込みたい一方で，軍事支出においては中国をはるかに上回る規模を誇る（図10-3）。人工知能（AI），ドローン，自動運転技術など，軍事転用が可能な分野においてアメリカと中国の覇権争いは熾烈を極めている。

　日本はアメリカの同盟国であると同時に中国の隣国である。日本の周囲は，中国を含め，北朝鮮，ロシアといった核保有国に取り囲まれているという地政学上の脅威にさらされていることを明記しなければならない。日本は中国とやみくもに衝突するのではなく，競争のメリットを活かし互恵的な戦略関係を築くことが大切である。

図10-2 世界主要国GDP（2015年価格）

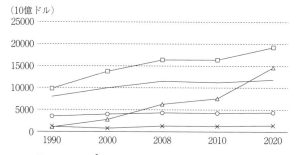

—— Euro area -○- Japan -△- China -□- United States -✕- Russia
（出所）世銀 World Development Indicator

図10-3 主要国の防衛支出

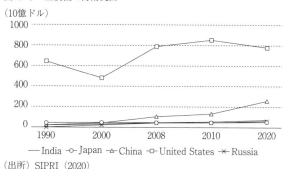

—— India -○- Japan -△- China -□- United States -✕- Russia
（出所）SIPRI（2020）

5 日中の相互互恵的競争と援助補完性仮説

　日本と中国が競合する分野（例えば高速鉄道，港湾等のインフラ）において，対外的な投資や援助を通じて自国の利益を最大化することに注力し，仮に援助協調の枠組みを通じて相互に信頼・協力を構築する意思がない場合でも，競争の舞台が第三国，例えば開発途上国でなされる場合，関係する３ヵ国が公共の利益，例えばSDGsの目標達成に貢献する意思をもって貢献を行うのであれば，結果として日本,中国,被援助・投資国の３ヵ国にとってウィン・ウィン・ウィンな状況がもたらされ得ることをDaimon-Sato（2021：289-308）は被援助国をインドと仮定してゲーム理論の枠組みを用いて示した。

表10-1　援助の相互補完性仮説

Numerical Example A：Non-Cooperative Game（'Social Dilemma' Case）

		China			
		Contribute		Not Contribute	
		Japan		Japan	
		Contribute	Not Contribute	Contribute	Not Contribute
India	Contribute	1.5, 1.5, 1.5	0.5, 2, 0.5	0.5, 0.5, 2	−0.5, 1, 1
	Not Contribute	2, 0.5, 0.5	1, 1, −0.5	1, −0.5, 1	0, 0, 0

（出所）Daimon-Sato（2021）

　日中印の援助補完性仮説はインドを他国に入れ替えても成立しうる一般則である。まず，それぞれの国が公共利益（例えば，SDGs目標ないし平和構築）に貢献するかしないかという選択権を持つと仮定する。数値はそれぞれの選択肢の自国へのペイオフ（取り分）である。ここで便宜上，公共利益への貢献を1（単位は省略するが億ドルとしてもよい）供与した場合にその1.5倍のコストを払い，貢献しない場合には他国の貢献分を享受すると仮定する。公共利益への貢献は自国にとっては短期的には寧ろマイナスであるという仮定は必ずしも非現実的なものではない。表10-1はすべての国が貢献を行うと仮定した場合の各国のペイオフが1.5であり，全体として4.5の公共利益に貢献することを示している。以上が，ウィン・ウィン・ウィン仮説，すなわち援助の相互補完性仮説の概略である。

　援助の「ウィン・ウィン・ウィン（相互補完性）仮説」が成立するために重要になってくるのが，援助を受ける側も公共利益に貢献するというコミットメントの姿勢の有無である。換言すれば，日中という競争関係にある援助・投資大国がコミットするだけではウィン・ウィン・ウィンではないということである。

　参考例として，台湾に対してヨーロッパ勢（特にフランス）と日本が高速鉄道の受注を巡って激しく競合し，最終的に交通システム・設計はヨーロッパ仕様でありながら，鉄道車両は日本の新幹線を用いて，官民パートナーシップ（PPP）方式により完成したことを挙げたい。PPP方式とはPublic Private Partnershipの略称で，国家的事業でありながら，民間による融資・投資を主な財

源とし，一定期間運営も民間に委託しつつ，その後，受入国に引き渡す方式である。どの程度民間部門が関与するかはさまざまだが，台湾高速鉄道の場合には，BOT（Build-Operate-Transfer）方式を採用することになった。BOT方式は，民間事業者が資金調達をして建設（Build），一定期間運営（Operate）を行い，将来的に先方側に事業を移管（Transfer）する方式である。台湾側の高速鉄道により経済を活性化したいという思いと，日欧の互恵的競争関係が本事業の成功につながった。

　日中間の激しい援助競争の中にあって，台湾高速鉄道に匹敵するウィン・ウィン・ウィンの成功事例を見出すのは難しい。ここで比較検討のため，東ティモールとモーリタニアの事例を挙げたい。まず，東ティモールでは国内最大の港湾（ディリ港）をPPP方式で実施した。出資者はフランスの企業ボロレであり，世銀グループの国際金融公社（IFC）がPPPに対して不慣れな東ティモール政府に対して技術支援を行い，中国港湾エンジニアリング（CHEC）がコントラクターとなった。CHECは筆者が現地訪問をした際（2022年5月下旬）には，ディリ港の建設はほぼ完成段階にあった。

　突然の訪問にもかかわらず，日本側の訪問を笑顔で迎え入れてくれたCHECのプロジェクト・マネージャー氏はこれまでの職務経験や日本への留学経験を話してくれた後，流暢な英語でこう言った。「日本が東ティモールに援助している道路や橋は我々の港湾プロジェクトと接続性（コネクティビティ）が高い。東ティモールは開発課題を抱えており，日中が協力してこの国の開発に取り組むべきだ」と。これに対して，東ティモールに対する唯一にして最大の円借款事業（国道1号事業）を，国際競争入札の結果，上海エンジニアリング社とシノハイドロ社という中国企業に落札されたことを「外交的敗北」であると考える日本側外交筋からは，中国脅威論や日本衰退論を振りかざすだけで，中国との競争をどう勝ち抜いていくかとか，競争から日本がどのように利益を得ていくかという積極的なビジョンや戦略について語られることはなかった。

　さて，地球儀を反転した先にある，モーリタニアはサハラ砂漠に位置する貧困国である。北にモロッコ（同国は認知していないが「西サハラ」を含む），南にセネガルと隣接する。日本はモーリタニアに対して2016年から看護師・助産師

の養成を目的とした「国立ヌアクショット公衆衛生学校」を無償資金協力で支援した。モーリタニアに対しては従来から水産業・漁業を中心に援助を行い，2000年代に入ると給水，小学校建設などの支援を行なっていたが，保健医療分野への支援は未経験であった。

2022年8月に現地調査を実施したところ，COVID-19が発生する前に日本が支援した校舎とトレーニング用資機材は既に完成・導入されていた。維持管理状況も良好であった。しかし，校舎への入り口が鍵のかからない状態で放置され，治安が必ずしも良いとは言えないヌアクショットでは盗難の問題などが懸念された。以前使用されていた，施錠門が使用されなくなった理由は同じ敷地内に突然，日本側に事前通告もなしに中国が病棟を建設し，建設工事用の入り口が放置されていたことが分かった。

養成された看護師・助産師の評価をするために，同じ区画内に位置する中央病院をインタビュー調査したところ，赤い中国国旗をあしらった白衣をまとった医師・看護師らに中国語で話しかけられた。同病院の眼科部長（医師）は，日本からの医療資機材の支援に感謝する旨述べられた。日本は同病院に対して，眼科を含め一切の援助を行っていない。なお笑顔でインタビューに応じてくれた眼科部長の背後にはご本人が笑顔で映る「万里の長城」の写真が，「熱烈歓迎」の刻印が入った額縁に収まって，誇らしげに掲げられていた。

このように，モーリタニアの現場医師レベルでは中国側からの援助と日本側の援助をまったく混合していた。しかし，日本側も中国側も，さらにはモーリタニア側も，同国の医療水準を引き上げ，感染症を含めた疾患を減らそうという目標（SDGs）に対して並々ならぬコミットをしている。日本側にも中国側にも援助協調を行う機会も意思もない非協力ゲームであるが，結果としてウィン・ウィン・ウィン（援助の相互補完性）を達成しているようにも思えた。

6　おわりに
──ポストコロナの平和構築の担い手としての民間ビジネスの可能性

中国は歴史決議において，なお「社会主義建設」を国是として掲げている。しかしその実は，China Inc. とも言うべき国家資本主義体制であり，それは1980

年代に日本経済がアメリカ経済にとって脅威として認識された時代 Japan Inc.
と揶揄された時代状況といみじくも符合する。日本経済の戦後復興は官民一体
となって，時に政府（特に通産省 MITI）が主導して海外への輸出を主力として
成し遂げられ，日本からの輸出攻勢がアメリカの生産業を圧迫しているとして，
日米貿易摩擦を生んだ状況である。しかし，当時の日本はアメリカの同盟国で
あり究極的には「No と言えない」構造的弱点を抱えていたが，中国は「No
と言える」立場にあるのが根本的な相違点である。

　日中援助競争は PPP の成功事例が示唆するように，国家権力の影響力を可
能な限り排除する形で行われた方がウィン・ウィン・ウィンな状況（援助相互
補完性）を達成しやすい。PPP の担い手は民間企業ないしは個人投資家であり，
彼らが人間の安全保障を含む SDGs 分野の次世代の主要な担い手なのである。
また，それが感染症クライシスを踏まえた「新しい資本主義」を模索するある
種のヒントとなるかもしれない。

　冷戦終結直後から21世紀初頭にかけて，グローバリズムに対する過度の期待
や憎悪の念が入り混じり，国際機関や非政府組織（NGO）への注目度が高まっ
た。筆者を含め，当時東ティモールやアフガニスタンの戦後復興に夢を抱いた
若者たちが，それぞれの組織で活躍をしたのもこの頃である。

　あれから20年。東ティモールの独立と平和構築は達成したが，アフガニスタ
ンは「陥落」した。我々は何を間違えたのだろうか。次の世代に教訓として残
していかなければならない。グローバリズムに根差したリベラル平和主義は幻
想でしかなかったのではないか。真の平和構築を達成していくためには，ロシ
アや中国にリベラリズムを輸出（Mearsheimer, 2018）することでもなければ，
武力衝突により破壊することでもない。

　グーグル社の経営責任者はサンダー・ピチャイと言うインド人である。イン
ド系の IT 経営関係者はマイクロソフトやアップルなど，GAFAM とも称され
る企業体で目立つようになっている。GAFAM と対抗しているのがテンセン
トやファーウェイ等の中華系資本であることから，IT 分野であたかも中印の
代理戦争が繰り広げられているかのごとき様相である。

　しかし，インドが必ずしも「我々の側」にいるとは限らない。ウクライナ紛

争に対してロシア非難決議をボイコットしたのもインドである。インドは歴史
的にも軍事的にもロシアとは友好関係にあり親ロシアの外交姿勢はゆるぎない。
平和構築のために念頭におかねばならないのは，ビジネスや投資家をいかに
ウィン・ウィン・ウィンの渦中に巻き込むべきかという具体的な戦略であり，
そのために絞るべき知恵なのである。　　　　　　　　　　　大門（佐藤）毅

注

(1)　イギリス連邦やフランスの植民地等，同じ通貨圏を持つ国々が関税同盟を結んで他
ブロックと競合し，対立した。

(2)　Severe Acute Respiratory Syndrome（SARS）は新型肺炎とも呼称され，SARS コ
ロナウイルス（SARS-CoV-1）によって引き起こされるウイルス性の呼吸疾患である。
ワクチン，治療法とも研究段階だが SARS はその後2010年までに終息したといわれる。

(3)　Middle East Respiratory Syndrome（MERS）は MERS コロナウイルス（MERS-Cov）
によって引き起こされるウイルス性の呼吸疾患であり，韓国での発症事例を踏まえ，
日本では2015年に二類感染症に指定された。ワクチン・治療法とも研究段階である。

(4)　ソ連邦時代も南オセチア自治区の帰属をめぐってロシアとグルジア（ジョージア）
の間では争いがあり未解決の問題となっていた（塩川，2021）。

(5)　G7諸国はじめ約90ヵ国が独立を承認しているが，ロシア，中国，インドなど約90
ヵ国は独立を認めていない。

(6)　鄧小平が語った「不管黒猫白猫，能捉到老鼠就是好猫」（黒い猫でも白い猫でもネ
ズミを捕るのが良い猫だ）であり市場経済であっても社会主義は達成できるとした。

(7)　中国共産党「歴史決議」2022年11月に採択された決議。党決議の形で歴史を総括し
た指導者は毛沢東（1945年），鄧小平（1981年）に続き習近平（2021年）の3名のみ
である。

(8)　歴史決議（全文和訳）より引用。http://0a2b3c.sakura.ne.jp/cpc-rekisi2021.pdf（2023
年2月25日閲覧）

(9)　同上

(10)　同上

(11)　CHEC は1980年に設立された国営企業であり，世界で70ヵ国以上に支店を持ち，BOT
をはじめ PPP 方式で多くの港湾事業を実施している。

(12)　資本主義経済と SDGs との分析については拙稿（2023）に譲りたい。

演習問題

UNICEF のワクチンデータベース（https://www.unicef.org/supply/covid-19-market-d
ashboard）を用いて，以下の演習を行い，データ処理を熟知してほしい。

1．図1（中国・インドによるワクチン供給）と同じ地図を再現しなさい。

2．アメリカ，日本からのワクチン供給について同様に地図を作成しなさい。

3．以上4ヵ国のうちワクチン供給量上位3ヵ国を比較し，その地政学的意義を論じなさい。

4．ラオス，エジプト，ニカラグアについて受領国側からみた地図を作成しなさい。

5．以上3ヵ国を比較し，地政学的意義（特に供給上位国間の外交戦略に注目）を論じなさい。

引用・参考文献

片柳真理（2023）「ビジネスの平和への貢献——SDGs を推進するコミュニティ形成」『国際政治』第208号（2023年1月），44-59頁

日下部尚徳・本多倫彬・小林周・髙橋亜友子編（2022）『アジアからみるコロナと世界——我々は分断されたのか』毎日教育出版

サンジュアン，ティエリ　太田佐絵子訳（2021）『地図で見る中国ハンドブック』原書房

塩川伸明（2021）『国家の解体——ペレストロイカとソ連の最期』東京大学出版会

大門（佐藤）毅（2023）「資本主義経済と SDGs——豊かさの意味を問い直す」野田編『SDGs を問い直す』法律文化社

黛秋津（2022）「冷戦後東欧における紛争と暴力の歴史的背景——ユーゴスラヴィアとウクライナ」，伊達・藤岡編『「暴力」から読み解く現代世界』東京大学出版会，135-150頁

Aghion, Philippe, Antonin, Céline, et Bunel, Simon（2020）*Le Pouvoir de la Destruction Créatrice-Innovation, Croissance et Avenir du Capitalisme*, Odile Jacob.

Camus, Albert（1947）*La Peste*, Gallimard.

Daimon-Sato, Takeshi（2021）"Sino-Japan Aid War and India's Role : Possibilities for 'Win-Win-Win'," *China Report*, vol. 57, no. 3

Mearsheimer, John（2018）*The Great Delusion : Liberal Dreams and International Realities*, Yale University Press.

理解を深めるための読書案内

鎌田一宏・山中克郎編（2023）「COVID-19パンデミック　振り返りと将来への備え」『総合診療』2023年1月号

　医師向けの専門誌。高校で生物・物理・化学を履修していない人にはやや難しい説明（化学構造式等）もあるが，パンデミックの本質を理解するためには必携。

野田真里編著（2023）『SDGs を問い直す——ポスト／ウィズ・コロナと人間の安全保障』法律文化社

　コロナ禍を経て国際開発目標と人間の安全保障の概念を問い直す必要があるかを問う研究書。筆者は既存概念の「創造的破壊」が必要であり，そのためには従来見落とされがちであった，民間投資を通じた実践が必要であるとの論を展開。

セン，アマルティア　石塚雅彦訳（2000）『自由と経済開発』日本経済新聞出版

ケイパビリティ・アプローチを一般的な読者にもわかりや書き下したテキスト。セン
をはじめて読む人にとっても，ある程度読み込んだ人にとっても読むたびに味わいの
ある作品。一方，功利主義への強い批判があり，新古典派経済学を学んだ読者にとっ
ては頭の切り替えが必要。ケイパビリティ論を通常の経済学の試験で論じたら赤点が
来ることを覚悟。

習近平（2020）発言集 3

Xi Jinping（2020）*Xi Jinping : The Governance of China III*, Foreign Languages Press
習近平に関する書は多いが，習近平が書いた本は日本ではあまり流通していない。中
国側のプロパガンダには違いないが，意外と「質の高い」一帯一路政策への提言など，
安倍ドクトリンが目指した「自由で開かれたアジア太平洋」「質の高いインフラ政策」
を意識したと思われる記述が多い。日中の互恵的競争を考えるには良書。

<table>
<tr><td rowspan="2">第11章</td><td>Emerging country/region</td></tr>
<tr><td>アフリカとアジア，共通の問題，
共通の解決？</td></tr>
</table>

　アフリカとアジアは高い経済成長を誇る世界の成長のエンジンである。しかし，アフリカにおけるスーダン，アジアにおけるミャンマーは，軍政による抑圧的・暴力的政策と，根底にある劣悪な人道状況という，両地域における共通の問題のショーケースとなる国である。平和的な民政移管，軍政に対する制裁，人道支援・開発支援，AU や ASEAN という地域機関及び国際社会からの圧力は，こうした問題への処方箋になり得るか，本章では両国の現状を論じつつ，問題の解決策の効果・正当性につき考察する。

キーワード

アフリカ　アジア　経済成長　開発　貧困　民主化　軍政　制裁　AU
ASEAN

1　アフリカとアジア──概況と問題

　現在13億人を超えるアフリカの人口は，2050年までに30億人を超えると予測されており，その人口の半数以上は25歳以下の若者である。サブサハラアフリカ全体の実質 GDP は，2000年代の21年間で倍増しており，巨大な市場と豊かな天然資源のもたらすポテンシャルは計り知れない。その中でも BRICS の一角を担う南アフリカ共和国は成長めざましく，金をはじめとする豊富な埋蔵資源による収入に支えられつつ，多くの直接投資を受け入れ，世界で34位の GDP を誇る。

　しかし，2021年の新型コロナウイルス感染症（以下「新型コロナ」）のパンデミックを受け，各国でロックダウンや保健措置が取られることで経済は停滞し，2023年から24年にかけても，サブサハラの上位経済国であるナイジェリア，南アフリカ共和国，アンゴラにおいても経済成長率は低迷すると予想されている

(World Bank Group, 2022)。また，ウクライナ情勢の長期化は，アフリカにおける埋蔵資源保有国と非資源保有国の経済格差をさらに広げると考えられる。ロシアからの化石燃料に大きく依存してきた世界の国々は，その供給先をアフリカに求めることになり，石油・天然ガスに恵まれるナイジェリア，アンゴラ等は，新型コロナにより下振れした経済成長を取り戻すためにも，輸出ルートの拡大に乗り出すであろう。しかし，域内貿易の不振と購買能力のそもそも低い非資源保有国においては，日常必需品を含めた物資の不足とそれに呼応する価格高騰による生活苦が，中間層を襲うことが考えられる。さらに深刻なことに，援助物資の供給不安定化や人道施設及び基幹インフラの整備の遅れは，低所得及び貧困層への支援に直接影響し，人道状況の悪化が懸念される。

　アジアに目を向けると，そこにはさらに大きな人口と地理的範囲が含まれる。中国，日本を含む北東アジア，インド，パキスタンなどの南アジア，そしてASEAN諸国を含めれば，世界人口の半数以上をアジアが占める。中国やインドは急成長を遂げ新興国の代表をなし，インドネシア，フィリピンは1億人を超える人口に下支えされた成長が見込まれ，BRICSに続き経済発展の期待されるネクスト11（インドネシア，ベトナム，タイ，フィリピン，メキシコ，ベネズエラ，イラン，サウジアラビア，トルコ，ナイジェリア，南ア）に含まれるし，ベトナムやマレーシアも，新型コロナの影響を受けた2020年までは一貫した成長を見せていた。しかし，アジア各国がすべて安定的な経済発展の途上にあるわけではない。人口増加による消費の増加に対し，新型コロナによるサプライチェーンの断絶やウクライナ情勢に影響される原油高により，貧富の差はさらに広がり，域内国の経済格差も同様に深刻化している（Asian Development Bank, 2022）。

　さまざまな不安定要素を未だ多く抱えるアフリカとアジアにおいて，それぞれの発展のボトルネックとなる問題を共有する2ヵ国が，本章で取り上げるスーダンとミャンマーである。貧困と軍政により圧迫された人々の生活と，その双方からの脱却を望む両国だが，いかにしてその問題に直面するに至ったのか，手を差し伸べる援助が，暴政に対する制裁が，両国の長期的な発展に寄与するのか，そして本当に民主化がその問題の根本的解決足り得るのか，目覚ましい経済成長を遂げながらもこうした難問を抱えるアフリカとアジアについて

考察してゆく。

2 アフリカにある問題──スーダン

　筆者の勤務経験のあるスーダンは，今日のアフリカにおける途上国が直面する問題の多くを孕むショーケースとなり得る国である。初めて現役の国家元首ながら，国際刑事裁判所からダルフールにおけるジェノサイドや人道の罪により逮捕状の出されたバシール大統領は，30年以上にわたる独裁を敷いた。

　状況が一変したのは2019年初旬である。国内の知識層，女性，その他多くの反政府を掲げる国民が，補助金削減によるパンや日常品の価格高騰に耐えかねて平和的デモを敢行した。SNS を通じた呼びかけによりデモの規模は次第に大きくなったが，参加者はバリケードを築いたり，タイヤを燃やして黒煙を上げたりと，暴力には訴えないデモ行進を各地で行った。1,000人近くとも言われる逮捕者と，鎮圧部隊との衝突による犠牲者を出しながらもデモは継続され，民衆の支持を一気に失ったバシール政権は，ついに軍部に政権を託しつつ崩壊した。スーダン国軍は，最高司令官を元首とし，暫定軍事政府を樹立した。

　しかしバシール政権が崩壊した後も，国軍が政権運営を担うことになったことに対して国民は不満を抱き，また150％を超えるインフレや継続する通貨下落のために一般国民の生活は一切の好転を見せなかったため，人々は完全な民主化移行を求めるデモを続けた。この最中，2019年6月，首都ハルツームでデモ参加者に対して多くの発砲があり，1日にして120人が亡くなるという事件が起きた。国内には国家緊急事態宣言が発令され，民間のインターネットの遮断，外出禁止等多くの危機管理措置がとられていた。その後も散発的に大規模デモは継続し，民衆は完全な民主化移行を希求し続けた。暫定軍事政権は，デモを主導する「自由と変化宣言」と呼ばれる勢力との間で，アフリカ連合（AU：African Union）や地域機関の仲介の下，暫定的な統治機構の設立に合意し，文民首相を筆頭とするテクノクラート内閣を組閣，民主的に選出された議会の設置に向けた中間的な統治機構を整備することとなった。

　2020年3月ごろからは新型コロナの影響により，数ヵ月にもわたる長い国境閉鎖と国内でのロックダウン措置がとられ，デモ活動はいったんの休息を見せ

写真11-1　スーダンの民主化を求めるデモ

写真提供：ロイター＝共同

るが，2021年に入ってからは，社会的・経済的活動も再開し，同時に世界的な
サプライチェーンへの影響とドル高を受け，国内物価はさらに上昇の一途をた
どることとなる。また，従来の国連組織による人道支援活動に加え，世界銀行
（世銀）や国際通貨基金（IMF：International Monetary Fund）なども本格的な開発
のための融資を開始することを念頭に，スーダン政府に健全財政の再建を迫っ
た。IMFはスーダン政府による米ドルとの公式レートの切り下げなど，各種
財政健全化改革を条件に債務帳消しに乗り出したが，これにより国内通貨の価
値は急激に下落，2021年のインフレ率は前年比で382％となり，国民の生活を
さらに圧迫することとなった。

　政府による対応を求める声はさらに高まり，さらに事態への対処における軍
側と文民側の対処の方針の違いが浮き彫りとなっていった。2021年10月，軍事
政権側は，文民内閣の陣頭指揮をとっていたハムドゥーク首相が民衆のデモを
扇動したとして内閣を解散し，首相を軟禁した。国内ではこれに反対するデモ
が燃え上がり，国際社会も支援の停止などを発表した。ハムドゥーク首相は程
なく解放されたが，2022年に入り民政移管の結実に至らなかったことの引責と
して首相職を辞任，2022年を通じ首相が任命されることはなく，軍部による政
権運営の体制が継続したまま，民主化に向けた動きは停滞している。

　しかし，スーダンの貧窮の背景にあるのは独裁だけではない。スーダンを経
済的に長らく苦しめていた原因のひとつに，米国政府によるテロ支援国家指定

(State Sponsor of Terrorism) がある。スーダンは，オサマ・ビン・ラディンを含むアル・カーイダのメンバーを国内に退避させるなど，国際的なテロ組織を支援・隠蔽する国家として認識され，1993年にテロ支援国家指定を受けており，その他にも各国による経済制裁に加え，国連安保理決議による制裁の対象となっていた。1980年代まで，アフリカ最大の国土面積を誇る国として多くの埋蔵資源に恵まれていたスーダンには多くの国際企業が拠点を構えていたが，こうした制裁の対象となったことで，有力国際企業の多くがテロ支援国家で操業しているというレピュテーションリスク（起業に関するネガティブな評判・認識が広がり，企業の信頼やブランドが損なわれて損益が生じるリスク）を恐れ撤退し，かつ2011年の南北スーダンの分裂によりそれまでの石油産出の7割にも上る量を失うこととなり，スーダンは国際市場から完全に取り残されることとなる。基幹産業である農業も，こうした経済的機会の損失のため国際競争ができず，技術発展・人材育成等・成長のための要素が大きく損なわれた。

　加えて，こうした制裁対象国に対しては，OECD諸国をはじめとするドナー国は大規模な借款による援助の提供ができないために，30年にわたり中長期的開発も滞った。電気・上下水道・道路・港湾・空港などの基幹インフラは十分な整備がなされず，そのため機械生産のための大規模工場の設置も部分的であり，既得権益と湾岸の特定国との取引ルートを独占する限られた財閥が成長を続け，地元中小企業の成長は非常に限定的である。

　世銀の発表する，各国の投資環境・輸出入制度・企業活動に係る法的規制，透明性等を総合的に評価して，企業が経済活動を開始するのにどの程度の障壁があるかを計測する「ビジネス環境報告書（Doing Business）」の格付けにおいて，スーダンはイラクやアフガニスタンとほぼ同値であり，190ヵ国中171位という最下層にある（アフリカ全体を見るとこのランキングで最も上位に来るのはモーリシャス，ルワンダ，ケニア等であり，OECD国にも比類していると言えるが，その他の多くの国が100位以下である）（World Bank, 2022）。

　その理由はさまざまだが，やはり国内の法整備が未発達である点や，制度は存在するも執行・管理ができていないということや，横行する汚職等が挙げられる。スーダンを始めとするアフリカでは，いわゆるインフォーマルセクター

（法人登記などが行われていない企業などによる商業）における経済活動が非常に活
発であり，地元の経済はインフォーマルセクターに大きく依存している。他方
で，制度に基づいた登記や納税を行っていない企業が実際にどの程度の規模な
のかといった基礎的情報を把握することが難しいことはもちろん，透明性を重
んじる国際企業との契約・提携などを行うこともままならず，そうした地元企
業の成長には限界がある。また，こうした経済活動土壌のため，土着の技術以
上のテクノロジーが自立的に発展するケースは非常に少なく，海外からの最新
技術のスピルオーバー効果を望むこともできないため，革新的技術発展やイノ
ベーションによる質の高い製品の開発や生産性の向上が生じていない。

　2022年2月からのウクライナ紛争の影響も深刻だ。新型コロナの蔓延により
既に世界的なサプライチェーンに深刻なダメージがある中，ロシアへの貿易依
存度の高い国々は，主要輸入産品の不足や価格高騰に苦しむこととなった。スー
ダンも，トーゴ，セネガル，ガンビアに次いでロシアからの輸入が多い国であ
り，全体の輸入量の約4％をロシアとウクライナが占めている（World Bank
Group, 2022）。また，多くの国がテロ支援国家指定のため直接投資を憚る中，
ロシア企業はスーダン政府との間で採掘のための契約を結んでおり，スーダン
の主要な埋蔵資源産業への影響も懸念される。

　しかし，スーダンの抱える根本的問題は，やはり飢餓・衛生・安全にある。
国連機関のデータによれば，約4,970万人の総人口のうち，1,580万人が緊急的
な人道支援を必要とする状態にある（OCHA Sudan, 2023）。その中でも，食糧不
足，安全な飲料水の欠如，感染症への脆弱性，そして武力組織などによる散発
的な暴力に晒されている「生命の危機に瀕している（Life-Threatening）」人口は，
1,100万人にも上る。また，現在も各地方を統治する勢力と軍部を含む中央政
府の間では完全な和平が成立していない。各地で散発的な戦闘が見られるとと
もに，対人・対戦車地雷などの被害は継続しており，こうした危機に晒されて
いるコミュニティへの支援が急務となっている。

　加えて，国内において，こうした危険を回避するため定住地を追われたが，
国境を越えた難民にならず，国内で定住していない人口である「国内避難民
（IDP：Internally Displaced Persons）」の人口も約250万人とされており，緊急的な

食料, 飲料水, シェルターなどの需要は増える一方である。近隣諸国からの難民の流入も止まることを知らず, スーダン国内における脆弱な人口は増加し続けている。難民の発生源は内戦状態の続く南スーダンや, エリトリアが主となっているが, 2020年末から2021年にかけては, ティグレ州におけるエチオピア軍による攻撃で, 約100万人のエチオピア人がスーダンに入国した。UNHCR, IOM, WFP, UNICEF などは, こうした難民の突発的発生に対して連携して対応し, 緊急的人道支援の提供を機動的に行うことができたが, 難民の滞在が長期化するほど, 支援に充当できる資源も圧迫される。

3 アジアにある問題——ミャンマー

1988年の社会主義体制崩壊後, ミャンマーは民主化と弾圧の連鎖を繰り返しており, 多くの暴力を伴った2021年のクーデターは, ミャンマー国内のみならず, 国際社会に強い影響を及ぼし続けている。

2021年2月, 前年末の選挙でアウン・サン・スー・チー国家顧問率いる国民民主連盟が大勝すると, ミャンマー国軍はスー・チー氏とウィン・ミン大統領を拘束, 不正な選挙による国権の掌握を謀ったとの理由により国家非常事態宣言を発令した。同令の下, 国軍は, ミン・アウン・フライン総司令官を三権の頂点とする「国家行政評議会」を設立し, 新内閣を発足させた。厳しい報道規制, インターネット遮断, 国境閉鎖が敷かれ, ミャンマーの人々は平和的なデモを開始した。しかし, ミャンマー国軍は次第に規模を増すデモ隊に対して暴力的手段で対抗し, 多くの犠牲者を出し始めた。また反対分子と見られる人々を, 自宅で拘束, 拘留するなど徹底的な弾圧に乗り出し, これに対して反軍政の民衆も「国民防衛隊」を名乗る部隊を組織し, 国軍との交戦が開始される。2021年8月, そして2022年8月にも, 国軍側は非常事態宣言を延長する旨発表し, 国内での抗争は出口の見えない状況が続いている。報道や発表により数は異なるが, 「政治囚支援協会（Assistance Association for Political Prisoners）」によれば, 2022年12月までに, 約2,500人以上の市民が殺害され, 1万6,500人が逮捕・拘束されている（Assistance Associate for Political Prisoners, 2023）。

国際社会も, メディアへの報道統制や, 反発分子とみられる個人・団体への

写真11-2　ミャンマーの抗議デモ

写真提供：共同

執拗な弾圧，そして強制力と暴力性を増す軍事政権をさまざまな方向から批判する。国連安保理は2022年12月の決議において軍事政権に対する非難を発した。また，一体性と包摂性を根本原則とし，地域主義の下，コンセンサスによる共同体運営を行ってきたASEANにとって，そのメンバー国の政体に重大かつ問題のある変化があることは看過できない動きである。ASEANは2021年議長国であるブルネイにおいて緊急会合を開催し，ミャンマーでの評議会の設立を認めず，政府承認を行わない旨の決定を下した。他方，長年堅持してきた地域主義の下，メンバーを切り捨てることはASEANの原則に反する行為となるため，ASEAN首脳はミャンマーとの関係回復に向けた「5つのコンセンサス」すなわち，①暴力の即時停止，②平和的解決に向けた関係者間の建設的対話の開始，③ASEAN特使のミャンマーへの派遣，④ASEAN防災人道支援調整センターを通じた人道的支援，⑤ASEAN特使代表団のミャンマー訪問と関係者との面会（ASEAN, 2023），を発表し，ミャンマーの人道状況の改善と漸進的なりとも民主化に向けた動きを後押しする。

　しかし，2023年2月，既に2度の延長を行われている緊急事態宣言の期間が終了したことを受け，ミャンマー国軍は，憲法に記載されている緊急事態宣言の延長規定の原則（憲法では通常，同期間を1回につき6ヵ月間2回まで延長することができると制定されている）について「通常な状態ではない」として，宣言の6ヵ月の延長を発表した。ミン・アウン・フライン総司令官を頂点とする評議

会が依然として国政を担うこととなり，さらにこの延長により，緊急事態宣言
の終了後6ヵ月以内に実施することの定められている総選挙も同様に延期され
ることとなった。実際に反軍政の運動に参加している人々も，その疑いをかけ
られ拘束されている人々も依然として拘束されており，自由な言論や表現，政
治的活動には大きな制限がかけられている。ミャンマーと関係を持つ ASEAN
をはじめとする各国は，二国間の経済活動や，RCEP などの地域的経済枠組み
の中での取引という，実際的な経済活動の再開の兆しを見せているものの，評
議会を正統政府とする旨の政府承認を行うことはしていない。

　2021年末の国連の報告書によれば，ミャンマーの人々は「国軍による政権掌
握及び厳しい2021年の新型コロナの第3波以降，前例のない，政治的・社会経
済的・人権的・人道的危機に瀕しており，支援ニーズが劇的に上昇している
（UNDP Myanmar, 2021 : 3）」とされた。同報告書では，2005年以降，飛躍的に改
善してきた人道状況は，国軍によるクーデターにより完全に払拭されてしまっ
たと述べられており，多面的な人道的危機と支援へのアクセスの不足について
の情報は，それまで地域的ないし民族的なマッピングから把握できていたが，
一挙に全国的な問題に発展したとされている。そして，2022年末の報告では，
2021年からの人道危機は改善を見せておらず，2023年も，政治的動乱，暴力の
継続ないし激化，危機を逃れるための移動，経済発展の鈍化と基礎的サービス
へのアクセスの困難さが続くであろうとされた（OCHA Myanmar, 2023）。同調
査で，約5,400万人のミャンマーの全人口のうち，国連が支援を必要と定義づ
けるのは，その1／4にもおよぶ1,400万人であり，2020年末の調査時期に比
べ300万人が新たに人道危機に瀕している人口に追加された。さらに2022年末
の同様のデータでは，支援を必要とする人口は1,760万人に増え，その多くが
IDP であり，彼らの食料へのアクセスが最も深刻な課題となっている（OCHA
Myanmar, 2023）。2022年10月には，国際・国内の人道支援団体の活動登録が軍
政府により義務化され，国際機関を含む支援者側からのアクセスに制限がかけ
られることが懸念される。

　経済状況も，問題は国際的な物価高騰からの影響のみに限らない。国家緊急
事態宣言による移動及び金融活動の制限は，国内のサプライチェーンを分断し

ている。新型コロナによる経済活動の停滞に加え，クーデターによる政治動乱は，失業率を激増させ，平均労働時間と収入を大きく減少させており，世銀の調査では，新型コロナ蔓延とクーデター以前の2020年と比較して，2022年のミャンマー国内の貧困率は約２倍の40％に達し，10年前の水準に戻ったとされている。国際貿易も，貿易許可証の導入や外貨放棄命令などにより不安定化している（World Bank, 2022）。

4　アジアとアフリカの比較──共通の問題，共通の解決？

　歴史的背景が異なる両国において，現状の問題の原因は大きく異なるが，今日の状況という観点から述べれば，スーダンとミャンマーは共通の問題に直面していると言える。それは貧困の蔓延と，基礎的衛生・保健サービスの不足，教育への不十分なアクセスなどの基礎的人道状況の劣悪さに，軍部の敷く暴力的・抑圧的な施策が加わり，それに対する国際社会からの経済制裁などの圧力の結果，人々の生活が多層的に圧迫されているという点である。

　人道状況という点では，両国が辿ってきた発展のペースは非常に似通っており，「人間開発指数（HDI：Human Development Index）」を見ると，1990年代から2010年までの20年間，両国のそれは，ほぼ同じペースで上昇している。2011年の民政移管を契機に，次々と制裁が解除され，ミャンマーは多くの直接投資を受け入れ経済情勢は一気に好転し，HDI は加速的に上昇する。他方スーダンは，テロ支援国家指定等による国際取引の停滞に加え，2011年の南北分裂により，歳入の大部分を占めていた石油輸出の70％が失われたことで，経済的発展機会も失われ，HDI の成長も鈍化することになる（図11-1）。

　軍事政権による弾圧という点でも，両国は共通の経験を有している。2019年，スーダンのバシール政権崩壊後に起きた暫定軍事政府によるデモ鎮圧のための発砲事件や，2021年のミャンマーでのクーデターと，これに反対する民衆の弾圧のための度重なる暴力は，国際社会の関心を一気に高める事件であった。しかし，それまでの政権においても，スーダンにおいては国軍と民兵組織を直下に掌握するバシール大統領による独裁が30年にわたり継続し，民政移管後もミャンマー政府議会において軍部がプレゼンスを持ち続けていたことは，国政

図11-1　人間開発指数（HDI）

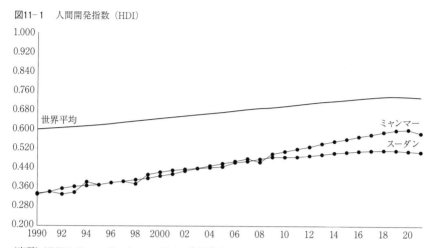

（出所）UNDP, *Human Development Index*（*HDI*）, https://hdr.undp.org/data-center/human-develo
pment-index#/indicies/HDI

において軍部が意思決定に多大な影響を及ぼし，自由な言論・政治活動，国内
外の経済取引を制限し続けてきたことを示している。

　そうした非民主的な政体により運営される両国に対して，国際社会も継続的
に圧力をかけ続けてきた。スーダンは先述のとおり，米国によるテロ支援指定
国家リストに登録されるとともに，90年代から経済制裁の対象となっていたし，
ミャンマーも，2011年の民政移管が果たされる以前は，米国やEUによる経済・
金融制裁を受け，国民1人当たりGDPはアジア諸国の中で最低基準となって
いた。スーダンは，長年にわたる国際市場からの締め出しにより，法的・制度
的にもビジネス環境は疲弊していたことに加え，新型コロナの影響により経済
成長率は米国の経済制裁解除後もマイナスを記録し続けている。ミャンマーに
対しても，2021年以降の軍事政権に対し，G7や国連は非難を発表して政治的
プレッシャーをかけるとともに，アジア開発銀行や世銀などの開発機関も支援
を停止し，欧米諸国も国軍関係者・企業に対する制裁措置を開始しており，2022
年の緊急事態宣言延長後には追加制裁の発表も行われている。

　両国の直面する問題に対し，直接的な解決策はあるのであろうか。もちろん
目指すべき状態は，暴力の停止と貧困の解消，そして人道状況の改善である。

単純化すると，これは，スーダンにおいては，憲法文書と政治合意において確認されている立法議会の樹立であり，ミャンマーにおいては非常事態宣言終了後の民主的選挙の実施がすべて平和的に行われ，軍部による国家運営が終了しすべてのステークホルダーに平等の発言が認められる状態を指す。民主的政府の樹立は，両国の民衆が希求していることであり，軍側からの自主的な政権移譲であろうと，さらなる民衆からの抵抗の末であろうとも，現行の軍事政権による政体運営が終了することが，一定程度，政府による暴力の停止につながることは間違いない。

　しかし，各派閥間での合意なき主権の移行は，国軍もしくは政府内で民兵組織の指揮をとっている派閥からの継続的な反発を受けることは容易に予測しうる事態であるし，民主的政府が，そうした反対勢力を実効的に取り締まる能力を構築できるかという点も疑問が残る。まさにこうした理由，すなわち急な民主化は国内の治安及び派閥間の抗争の種になるということが，軍政が一時的に国家運営を行うということの正当化事由のひとつとなっているわけだが，スーダン，ミャンマーの場合，政権運営開始時にある程度約束されているはずの民主的選挙に，未だ辿り着けていないことが，事態の長期化を招いている。軍事政府関係者が，民主化政府が樹立される際に，どのように政体に関与できるか不安定要素が残る中で，権力の移譲が行われる見通しは立ちにくい。

　また，仮に完全な民政移管が実現したとしても，どの派閥が権力の座に就くかという点は引き続き問題となる。スーダン，ミャンマーとも，各地に中央政府に対して大きな影響を及ぼす勢力が存在しており，そうした勢力の代表性や権利保障を確保し，勢力間の均衡を保障することも非常に機微な政治的作業である。軍事政権の打倒という目標に向かっているときは，異なる派閥や勢力間にもある程度の内的親和性が生まれていたかもしれないが，そうした共通の敵が失われた後，すべての勢力は自己利益の最大化を目指すこととなり，それを結束するのは至難であろう。

　貧困問題の解決についても方策はさまざまだが，教育や保健のための基礎的インフラ整備及び社会福祉設備の整備という長期的な開発と，衛生状態の改善や安全な飲み水の確保，難民及びIDP対応などの短期的な人道状況改善のた

めの取り組みは引き続き必要不可欠である。目の前の解決としては，こうした活動のための国内的・国際的アクセスを担保することが挙げられるが，支援の提供にはもちろん十分なリソースが，継続的かつ有機的に投入される必要がある。このためには，各ドナーが，国際社会からの圧力のための制裁や支援の停止を決定した後も，開発プランを作成し，状況に合わせて更新し続け，中長期的な開発のための取組を停止しないことが必要となる。

　また，ミャンマーについては，2011年以降の着実な経済的発展がクーデターのために鈍化しているが，民政移管以前の制裁下の状態や，さらにスーダンに見られるような10年以上にわたる長期的な直接投資の停滞に追い込まれないことが重要である。現在ミャンマーへの制裁は軍事政権関係者にターゲットを絞った形式で行われているが，今後，禁輸や投資制限等のより厳格な制裁も検討されかねない。そうなると，国際市場での取引の停滞による一般国民の生活への直接的な影響はもとより，すでに新型コロナ前との比較で70％以上の減少を見せている直接投資が，さらなるレピュテーションリスクを回避するために激減していくという状況も回避できなくなる。制裁措置は，「保護する責任」における正当な理由，正当な意図，正当な権限，比例的な手段，成功に対する合理的期待，最終手段という基準に照らし，特に必要最低限の効果範囲において行われるとともに，制裁による現政権の打破という直接的な目標の達成のみに拘泥せず，明確な出口戦略と実施後の経済状態の再建・回復が視野に入れられた上で行われなければならない。

　地域枠組もこうした問題の解決のために利用できる共同体である。スーダンについてはAUが，ミャンマーについてはASEANが，それぞれ軍による政体運営に対して非難を表明している。AUは2019年の暫定軍事政府誕生時には，軍側と文民政府側の仲介を行うべく，AU特使が派遣され，憲法文書と政治合意という民政移管のプロセスを明記した文書の署名にまで漕ぎ着けたが，その後も民政移管のプロセスが進んでいないことや，ハムドゥーク首相の拘束を伴った2021年クーデターも受け，同年スーダンのメンバーシップの停止を発表した。ASEANについても，上述の通りミャンマーに対して政治的なプレッシャーをかけ続けているが，5つの合意の履行は進展を見せておらず，ASEAN

のメンバー国の中でも，国政運営について介入を好まない国と，民主化を推し進める国とで意見が分かれている。

　他方で，こうした枠組みの持つ影響力は東南アジアとアフリカにおいては異なる。AU は，55ヵ国ものメンバーを持つ巨大な地域枠組であり，政治・安全保障・開発と，さまざまな議題を扱っているが，経済的統合の議論ついては進展が見られていない。2013年に採択された「アジェンダ2063」の下，「アフリカ大陸自由貿易圏」の設立が謳われ，巨大市場としての期待が集まったが，そもそも域内貿易が活発ではなく，各国の産業構造に大きな差異もないため，共同体内で生産・消費分配が比較優位に基づいて行われることが少ないアフリカにおいては，地域経済統合の利益が少ない（塚本，2021）。RECs（Regional Economy Community）と呼ばれる各地域の経済枠組も存在するが，経済的実利性のないアフリカ域内で実効性のある枠組みの運営を行うことは難しく，そのすべてが地域経済の基盤として十分に機能しているとは言い難い。こうした観点から，AU や地域経済枠組のメンバーシップ停止という措置は，軍政に対してのメッセージや，アフリカ全体の対外関係の意思決定過程から排除されるという点で効果は発揮されるが，そもそも対外関係において必ずしも足並みの揃わないアフリカにおいて，実体経済への影響がない以上，スーダンにとって強力なインセンティブにはならないだろう。

　これに比べて ASEAN の結束は，政治的・経済的両側面から見て，より大きな影響があると考えられる。1967年に発足し，97年のミャンマー加盟，99年のブルネイ加盟により現在の10ヵ国が揃った ASEAN 加盟国にとって，各国の開発と経済成長のための地域全体の安定は必須であり，そもそも冷戦下で米ソという二大勢力の対立に巻き込まれないことを目標とした東南アジア各国が創設した ASEAN は，現在の米中対立においても，地域の一体性と包摂性を理念に地域の結束した対外姿勢を重んじている。その上で，ASEAN の意思決定においては，憲章においてコンセンサス（全員一致）が原則とされている。したがって，ASEAN におけるメンバーシップの停止という事態は，域外との関係において多くの場合結束して対応することで安定と繁栄を獲得してきた東南アジア地域における重大な意思決定過程からの対象国の疎外を意味する。

　また，ミャンマーを含む ASEAN 諸国の貿易構造を見ても，縮小傾向にあるといえど，ASEAN の域内貿易は ASEAN 全体の貿易シェアにおいてまだ 20％以上の割合を占めているし，インド太平洋地域の巨大経済枠組である TPP 11 や RCEP の加盟国間では活発な取引がある。特に全 ASEAN 加盟国が署名している RCEP においては，ASEAN としての意思統一が重要となる。2022 年 1 月の RCEP 発効の際にも，ミャンマーの扱いについては ASEAN 加盟国間でも見解が別れ，最終的に各国が自由にミャンマーとの間での発効を決定することに落ち着いた。しかし，こうした「各国の自由な決定」とする方針それ自体も，ASEAN のコンセンサスの上に成り立っており，ASEAN における合意とコンセンサスに至るプロセスを踏むこと，すなわち ASEAN として一体の意思決定を行うことに重きが置かれていることを示している。

　こうした理由から，ミャンマーにとって，仮にも ASEAN のメンバーシップが停止されるような実態になれば，政治的のみならず経済的にも大きな打撃であり，ある程度の合意履行の強制力にはなり得るといえる。一方，ASEAN 側にとっても，メンバーシップの停止は，これまで長い時間をかけて築き上げてきた ASEAN の一体性が崩れることを意味する。一国でも ASEAN の連隊から除外してしまえば，他の枠組内において経済力の強い国に対して ASEAN が一枚岩で対応できなくなり，その国が非 ASEAN の大国の影響をより強く受けるとともに，域内での貿易バランスが崩れることとなるため，メンバーシップ停止は ASEAN としても容易に下せる判断ではないといえよう。

5　結論

　スーダンにおいてもミャンマーにおいても，民主主義的な政府の樹立は，強権的・暴力的な独裁や軍政を打ち倒し，自らの手で国家を運営することを希求する民衆の最終目標となっている。本章においては，例えばアラブの春による民主化運動が必ずしも成功を収めず，むしろ地域に内戦と不安定化の因子を生み出したのではないかという，民主化の意味とそれによりもたらされる功罪を問うことは敢えてしなかった。言論と思想の自由が担保され，自らの国家の行く末を自らの意思で決定することを望むことは，その国の民衆が望むこととし

て尊重されるという価値が民主化運動の根底にあり，その価値自体の正義につ
いての議論は，より形而上学的問いとして残るだろう。

岡田篤旺

※本章は筆者個人の見解であり，所属団体の見解，立場とは何ら関係ないものである。

演習問題

1. 開発目標の設定は，援助国や援助機関の政治的意図が多分に反映されるが，被援助
　 国の望む支援や目指すべき発展を達成しうるのだろうか。
2. 経済制裁は，個人資産の凍結など，範囲と対象を限定することにより，一般国民へ
　 の影響を軽減できるが，果たしてそれは軍政や独裁に対して効果的だろうか。
3. 地域機関による集団的な圧力は，最終的な独立主権を持つ国家に対して十分な影響
　 を与えうるのだろうか。

引用・参考文献

塚本剛志（2021）「アフリカ大陸自由貿易圏（AfCFTA）によるアフリカ経済統合への
　 展望と課題」『ファイナンス』2021年3月号，62-71頁

ASEAN（2023）, *Five-Point Consensus*. https://asean.org/tag/five-point-consensus/

Asian Development Bank（2022）, *Asian Development Outlook 2022 Update : Entrepre-
　 neurship in the Digital Age*. Manila : Asian Development Bank.

Assistance Associate for Political Prisoners.（2023）, *ASSISTANCE ASSOCIATION
　 FOR POLITICAL PRISONERS（BURMA）*. From ASSISTANCE ASSOCIATION
　 FOR POLITICAL PRISONERS（BURMA）, Home https://aappb.org.

OCHA Sudan（2023）, *Humanitarian Needs Overview 2023 Sudan*. Khartoum : OCHA

OCHA Myanmar（2023）, *Humanitarian Needs Overview, Myanmar*. Yangon : OCHA.

UNDP Myanmar（2021）, *Impact of the twin crises on human welfare in Myanmar*. Yan-
　 gon : UNDP Myanmar.

World Bank（2022）, *Doing Business Archive*. https://archive.doingbusiness.org/en/doi
　 ngbusiness.

World Bank Group（2022）, *Africa's Pulse*.

World Bank（2022）, *Press Release : Myanmar economy remains fragile, with reform re-
　 versals weakening the outlook*. https://www.worldbank.org/en/news/press-release/2
　 022/07/21/myanmar-economy-remains-fragile-with-reform-reversals-further-weakenin
　 g-the-outlook.

理解を深めるための読書案内

Collier, Paul（2007）, *The Bottom Billion : Why the Poorest Countries are Failing and
What Can Be Done About It*. Oxford University Press.

　　最貧国と呼ばれる国々の根本的問題を論じ，国際社会に本当に必要な開発支援とは何かを説く，開発学の大著。

Copnall, James（2017）, *A Poisonous Thorn in Our Hearts : Sudan and South Sudan's Bitter and Incomplete Divorce*. Hurst & Co Ltd.
　　2011年のスーダンの分裂と経緯，その両国への影響とスーダンが引き続き苦しむ国内紛争の様相を述べる。

Gordon, Joy（2011）, *Smart Sanctions Revisited. Ethics & International Affairs*, vol. 25, no. 3, pp. 315–335.
　　対象範囲を限定する冷戦以降の制裁について，その人道的影響，実効性，履行の困難さの観点から再考する。

北川成史（2021）『ミャンマー政変――クーデターの深層を探る』ちくま新書
　　ミャンマーでの2021年クーデターまでに至る流れと，複雑に絡む各民族・勢力の相関を解き明かす。

堀江正伸（2018）『人道支援は誰のためか』晃洋書房
　　スーダンの概況に触れつつ，特にダルフールやIDPへの支援のプロジェクトを追いながら，国際社会の支援について考察する。

編者コラム　スーダンでの2023年軍事衝突

　2023年4月15日，首都ハルツームを中心に，複数のスーダン国軍（SAF：Sudan Armed Force）の施設において，SAFとRSF（Rapid Support Force）の衝突が発生し，数日のうちに市街戦を含む大規模な戦闘に発展した。報道では，5月20日時点で，犠牲者は約800人以上に上る。両勢力の衝突の原因は，それぞれの司令官の対立にある。民政移管のステップとしてRSFのSAFへの統合が定められ，これがSAF司令官であるブルハン将軍と，RSFのトップであるハンダン・ダグロ将軍（通称ハメッティ将軍）の間に，熾烈な権力闘争を引き起こした。SAFが正規軍として認知されている一方，RSFは，前身が「ジャンジャウィード」というアラブ系の民兵組織であり，ダルフール紛争においてバシール大統領の間接的な指揮の下，機動的に反対勢力の沈静化を実行した部隊である。正確な規模に関する情報はないが，イエメン紛争等にも参加したりロシアのワーグナーとも関係を築いたりするなど，非常に大規模化，組織化されている。

　2021年12月のクーデター以降，国連スーダン統合移行支援ミッション（UNITAMS），AU，政府間開発機構（IGAD）は「三機関合同メカニズム」を立ち上げ，民政移管にかかわるすべての勢力の対話の機会を提供していた。軍・民兵勢力，民主化勢力，そして地方有力者達の継続的な対話を行うことは難航しつつも，22年12月には，民政移管に向けての枠組合意に軍民両勢力の署名が行われた。しかし同合意において，RSFとSAFの統合を意味する「軍・治安部門改革」が明記されたことで，正規軍に吸収される形となるRSFとSAFとの対立は先鋭化していく。ブルハン将軍はクーデター後，SAFの国政不干渉や，RSFとSAFを統合し文民政府の樹立に積極的に貢献していくという方針を打ち出していたが，23年2月ハメッティ将軍は，自身も当事者であったにもかかわらず，ブルハン将軍の先導したクーデターは間違いであったと公に発言し，ブルハン将軍との意見の相違を顕にしていた。

　そして23年4月，ついに両者の対立は物理的な衝突に発展し，現在も戦闘は続いている。国連機関職員を含めた外国人も交戦に巻き込まれ命を落としており，各国は自国民退避を進め，多くの人々が国外へ退避した。大規模な停電や，飲料水・食料・医療物資不足等，劣悪な衛生環境は更なる悪化の一途を辿っている他，戦闘を逃れるために，首都ハルツームのみならず，各地で難民・国内避難民が増加している。5月11日，米国とサウジアラビアの仲介の下，SAFとRSFは「スーダンの市民の保護のための宣言」に署名したが，同合意が履行され今後人道状況が改善していくか，そして停戦に向けて両勢力がどのように対話を行うかが鍵となる。

<table>
<tr>
<td rowspan="2">第12章</td>
<td>Connectivity</td>
</tr>
<tr>
<td>ICT・AI テクノロジーの
好影響・悪影響</td>
</tr>
</table>

　人と人とのつながりは，社会問題を解決に導くひとつの鍵であり，SDGs でもパートナーシップは目標のひとつとして掲げられている。テクノロジーの発展は，社会にさまざまな影響を与え，その扱いには注意を要するものの，人と人とのつながりが持つ力を強化することにも貢献する。テクノロジーを有効に活用することで，新たなサービスを創出し，社会問題の解決につなげることが期待される。

　本章では，つながり及びテクノロジーに焦点を当てて，変わりつつある世界でどのように途上国の社会問題にアプローチしていくかを考えていく。そして，先進国の立場から，平和に貢献する可能性について追究していく。

キーワード

SDGs　ソーシャルキャピタル　ネットワーク理論　情報　テクノロジー　ソーシャルイノベーション

1　つながりの観点から世界を考える

（1）人と人とのつながりを考える

　私たちは，人と人との関係性の中で，日々の生活を送っている。人とのつながりは社会的な相互作用を生み出し，社会に価値を提供する。パットナム (1993) は，「ネットワーク，規範，信頼など，相互利益に向けた協力を促進するための組織が有する特徴」を，ソーシャルキャピタルとして，その概念を提唱した。ネットワーク，すなわち本章がテーマとする「つながり」は，社会が有する資産のひとつであると考えられている。

　つながりが提供する価値のひとつとして，困難な状況に対して助け合いが行われることで，コミュニティの持続可能性が高まることが挙げられる。例えば，

身近なつながりだと，家族や友人が挙げられる。一般的に家族や友人同士のつながりは強く，ともに助け合える関係性であると考えられる。地域であれば，住民同士のつながりが強く，ソーシャルキャピタルが高いほど，子育てや介護などの問題に対して相互扶助が機能する。これらはつながりの強さを活かして，助け合いが行われ，コミュニティのレジリエンスが高まっている例である。

　つながりが持つ他の価値として，新たな情報が入手できることも挙げられる。情報は人と人とのつながりを媒介して，伝達されていく。逆に言えば，何か情報を得たい時には，人に訊ねることがひとつの有効な選択肢である。

　人と人がつながり，情報と情報が融合することで，新たなサービスの創出につながることも知られている。特に，革新的なアイディア，すなわちイノベーションは，既知の情報と既知の情報の組み合わせで創出されると言われてきた（Schumpeter, 1934）。革新的なアイディアは，現状では解決の困難な問題に対して突破口となる可能性もあるだろう。

　2015年に国連は，持続可能な開発目標　（SDGs：Sustainable Development Goals）を採択し，2030年までに達成すべき目標が掲げられた。パートナーシップはSDGsの目指す目標のひとつ（SDGs17）であり，多様な人々が協力し合うことが求められている。つながりの提供する価値は，世界の人と人との助け合いを促進し，目標の達成に向けた新たなアイディアを生み出す可能性があり，SDGsの達成に向けたひとつの鍵となることが期待される。そして，SDGsの掲げた目標を達成した先には，格差や貧困が減少し，安全・安心な生活が多くの人に提供され，飢餓や紛争等で命を落とす必要のない平和が待っていると信じたい。

　本章では，人と人とのつながりをひとつの軸として，先進国の立場からどのように途上国の社会問題を解決し，世界の平和に貢献できるかを考えていく。その上では，つながりや社会に影響を与える，近年のテクノロジーの発展についても，次節以降であわせて検討していきたい。

　本章の構成は，次の通りである。まずつながりを分析する枠組みとして，ネットワーク理論を紹介する。次に，テクノロジーがつながりや社会に与える影響を考察する。そして，つながりが持つ力を活かし，どのように途上国の社会問題を解決できるかを検討していく。本章を通して，つながりは世界を変える可

図12-1　強いつながりと弱いつながり

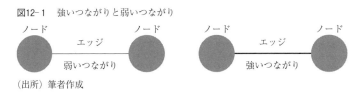

（出所）筆者作成

能性を秘めていること，そして平和に貢献できる可能性があることを，追究したい。

（2）弱いつながりから価値ある情報が届く

　ネットワーク理論とは，ノード（人，組織等の主体）とエッジ（ノード間のつながり）を用い，ネットワークを可視化，分析することのできる理論である。分析の観点はさまざまにあるが，つながりを強弱の観点から考察したのが，グラノヴェッター（1973）の提唱した「弱いつながり」の理論である（図12-1）。

　グラノヴェッターによると，つながりの強弱は，「一緒に過ごす時間，感情の共有度，親密さ，助け合い」が決定するという。前述した家族や友人，相互扶助のある地域などは，強いつながりを有していると言えるだろう。

　では，弱いつながりはどのような役割を果たすのだろうか。弱いつながりとは，先に述べた強いつながりの逆であり，日頃のかかわりが薄く，相対的に遠い関係性を指す。例えば，数年に1回程度しか会わない大学の OB などがこれにあたるだろう。

　強いつながりであれば，日頃から情報交換が行われているため，同じ情報を有している確率が高い。一方，弱いつながりにある人は，自分や周りとは異なる情報を持っている場合がある。弱いつながりは未知で有益な情報をもたらす可能性があるため，重要であるとグラノヴェッターは主張する。

　例えば，グラノヴェッターが行った調査によると，就職活動では，普段あまり会うことのない弱いつながりにある人脈から，就職につながる有益な情報を得ることができるという。近年では，弱いつながりがパラレルキャリアを始めるきっかけとなる可能性があることを，中井（2022）が示唆している。

　さらに，前述したとおり，新しいアイディアは既知の情報と既知の情報の組

図12-2　ストラクチュラルホール

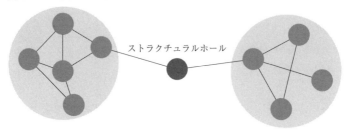

（出所）筆者作成

み合わせで創出されることから，弱いつながりはイノベーションを促進することも指摘されている。ハーガドン（2003）はさまざまな業界や分野の人が交流することで，新しいアイディアが生まれることを主張した。実証研究でも，弱いつながりがアイディアの創出に寄与することが示されている（例えば，Perry（2006）を参照のこと）。

（3）遠い人と遠い人とを，つなぐ役割の重要性

　ネットワークの分析観点は，つながり方の強弱だけではない。つながり方の構造に焦点を当てたのが，「ストラクチュラルホール理論」である。ストラクチュラルホール理論は，**図12-2**の通り，つながりとつながりの間にある隙間に注目した理論である。隙間を埋める立ち位置にいるノードの重要性を主張したのが，バート（1992）である。

　図の左右にあるノードの集合には，一定のつながりが形成されているため，それぞれの集合内で共有する情報は，同質性が高いと考えられるが，中心に位置するノードはそれぞれの集合をつなぐ唯一の接点となっているため，どちらの情報も得ることが可能である。さらに，このノードは，両者から得た情報を止めることで，ネットワーク上に流れる情報をコントロールすることも可能である。

　情報取得及び情報コントロールの優位性は，さまざまな実証実験で検証されている。仕事では，ストラクチュラルホールの立場にある従業員のパフォーマンスが高まることや，昇進が早まることが示されている（例えば，Burt（1997）

を参照のこと)。さらに，ストラクチュラルホールに位置することで，イノベーションの創出確率が高まるとの指摘も行われている（例えば，Tortoriello（2015）を参照のこと)。

（4）遠くの人ともつながっている

　ここまで見てきたように，人と人との間には，強弱の異なるさまざまなつながりが存在する。一見遠くにいる人とも，ストラクチュラルホールを介して間接的につながっている場合もある。つながりを辿っていくと，実は世界中の人とつながっている可能性があり，そのことを示すのが，「スモール・ワールド理論」である。

　ミルグラム（1967）が行った実験によれば，世界の人は6人程度を介せばつながる可能性があるという。その実験では，さまざまな被験者に手紙を渡し，遠くに住む同じ人物に，知り合いを介して手紙を届けるように依頼を行った。その結果，最初に手紙を受け取った人から，対象者まで，平均して6人を介せば手紙が届くことが，報告されたという。この結果は，「6次の隔たり」として知られており，知り合い同士をつないでいくと，世界の遠く離れた人と6回程度でつながることができるという。

　現代は，不確実性の高い時代であると言われており，特にテクノロジーの進展は目覚ましい。テクノロジーの指数関数的な発展は，その動向やそれに伴う社会の変容に対する不確実性を高めている（西口，2009）。そのような中，世界が小さくなることで，世界中の人々の間における情報交換の効率性が高まることが期待される。西口他（2016）は，スモール・ワールド理論を，人の認知限界と資源の制約を超えて繁栄するための秘訣であるとも述べている。

2　テクノロジーが変えるつながりと社会
（1）テクノロジーの飛躍的な発展

　つながりを分析する枠組みとして，ネットワーク理論を簡単に紹介してきた。ここからは，テクノロジーの発展がつながりに与える影響について，考えていきたい。

　前述した通り，テクノロジーは近年指数関数的に進化を遂げている。特に情報通信技術の発展は，第4次産業革命とも言われている。内閣府によると，第4次産業革命のコアとなる技術は2つある。ひとつはIoTとビッグデータ⁽¹⁾であり，もうひとつはAIである。前者は集める情報の量を増やし，後者は情報の処理を改善する技術であると考えられる。

　これらのテクノロジーは，例えば企業では，既存の業務を代替し，業務の効率化や省人化に活用されている。さらに，既存サービスの改良や，新たなサービスの創出といった付加価値の向上にも貢献している。

　そして，応用範囲は企業活動にとどまらない。2022年には，イーロン・マスクがウクライナに衛星データを無償で提供し，世界の注目を集めた。インターネットの活用が進む現代では，紛争における情報活用の重要性が，相対的に増していると考えられる。イーロン・マスクが提供した衛星データは，ウクライナがロシアとの戦争を継続する中で，軍事的に必要不可欠なインフラとなっている。

　テクノロジーは発展を続け，企業活動から国際関係に至るまで，人々の活動にさまざまな影響を与えている。では，本章が主題とするつながりには，どのような影響を与えているのだろうか。

（2）テクノロジーがつながりに与える影響

　人と人とのつながりは，情報のやりとりであるとも考えられるため，情報通信技術を始めとしたテクノロジーから多大な影響を受けてきたと考えられる。情報通信技術はインターネットの普及を皮切りに発展を続け，世界中で即時的に情報を共有できる時代が到来した。2021年時点で，100人あたりの携帯電話の契約数は，110にまで達している（World Bank）。情報の広がりとその拡散スピードは年々増しており，途上国においても同様である（伊藤，2020）。

　テクノロジーは，第一に，人と人とのつながりを維持することに寄与すると考えられる。Facebookを始めとしたSNSを例にとると，一度つながれば，能動的に連絡を取らずとも，受動的，かつ継続的に情報を得ることができるようになった。ユーザーがアクティブであるとの前提は必要とするが，そうでなけ

れば消えるであろう弱いつながりの維持につながると考えられる。

　第二に，テクノロジーは，人と人とのつながりを拡張する。Google 等の検索エンジンや，LinkedIn，X（旧 Twitter）等の SNS を使えば，遠い世界の見知らぬ人を簡単に探し，連絡をとることが可能になる。これらは，つながりの創出につながることが期待される。

　人と人とのつながりが維持，拡張されることで，世界はさらに小さくなっていくことが推察される。ネットワーク理論の節で紹介したとおり，6人を介すことで，世界の人とつながることができると言われてきたが，手紙でのやりとりをしていた時代の話である。2016年に Meta が行った調査によれば，Facebook のユーザー同士のつながりに限った場合，平均3.5人を介せば世界のユーザーとつながることができるという（Meta, 2016）。

　世界が小さくなることで，情報の拡散スピードは飛躍的に高まっている。2011年頃に始まったアラブの春では，SNS が重要な役割を果たしたことが指摘された（総務省）。エジプトやチュニジアでは，Facebook の利用者のうち8割以上が，市民運動の情報について，Facebook を通して収集していたという。

　一方，情報の伝達速度が増すことは，偽情報や非人道的な情報の拡散スピードも助長する。特に，災害や戦争といった有事に発信される情報は，精査が十分されずに広まる恐れがある。真偽の不確かな情報は住民の混乱を招くことに加えて，ウクライナ問題では，民間軍事会社がオンラインを通じて求人を行っているという（BBC, 2022）。

　さらに，ネットワークの構造に注目すると，2つの危険性を指摘できる。ひとつは，強いつながりにあるネットワークは同質性の高い情報を共有しやすいため，得られる情報に偏りの生じる恐れがある。特に SNS は似た人とつながる傾向にあるためエコチェンバー効果が生じやすい[2]。

　もうひとつは，ストラクチュラルホールにあるノードが恣意的に情報を操作できる危険性である。テクノロジーを用いることで，正しい情報を堰き止めることや，偽情報を流すことも相対的に容易になってきた。氾濫する情報は，民衆の煽動や，分断の加速といった危険性と隣り合わせである。

　情報は恣意的に操作される場合もあれば，AI の創出する情報に不確実性の

高い情報が含まれる場合もある。それらの玉石混合な情報が人と人とのつながりに流れ，さまざまな問題を引き起こしている。これからは，今まで以上に批判的思考や高い情報リテラシが求められることになるだろう。

3　つながりを活かして，途上国の問題を解決する

（1）どのようにつながりを活かすのか

　テクノロジーは，つながりや社会に影響を与え続け，その扱いには注意を要する一方，活用次第では，社会をより良い方向に導くこともできるだろう。物理的な障壁を超えて，先進国から途上国の支援を行うことのできる可能性も広がっている。先進国の情報，資金を届けることで，途上国の問題解決につなげるソーシャルイノベーションの事例も生まれている。つながりを活かし，途上国の問題解決を試みているNGOの例として，コペルニクを紹介したい。

事例①：コペルニクの概要

　コペルニクは，2009年に設立されたNGOである。支援の行き届いていないラストマイルと呼ばれる途上国の村々に対して，シンプルなテクノロジーを届けることで，地域の問題解決を目指している。

　コペルニクは，先進国でテクノロジーを製造するメーカーと，発展途上国の団体をつなぐ役割を担っている。具体的には，途上国向けサービスの実証実験や，支援団体のサービス導入時の資金援助を行っている。

　中村（2022）によると，コペルニクの支援で開発した製品のひとつにソーラーライトがある。従来，電気の通っていない村では，灯油ランプが使われてきたが，高価である上に，火事の危険や健康被害があることで知られていた。コペルニクのソーラーライトがあれば，それらの問題を解決できる。東ティモールにこの製品を届けることで，1ヵ月の灯油代を94％削減できたという。

事例①：コペルニクの実現するつながり

　コペルニクが途上国で新しいサービスを実現する仕組みについて，つながりの観点から考えてみたい。時系列で区切り，①サービスのアイディアを考える，

図12-3　コペルニクの仲介するつながり

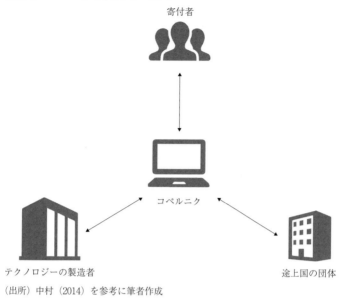

（出所）中村（2014）を参考に筆者作成

②サービスの検証・構築を行う，③サービスを定着させる，という段階を追って，検討していくこととする。どのようなつながりを作ることができれば，途上国支援の効率性を高めることができるのだろうか。

　まず，①のサービスのアイディアを考える段階では，繰り返し述べている通り，弱いつながりが新しいアイディアの創出には有効であると言われている。そして，②のサービスの検証・構築を行う段階においても弱いつながりは有効であり，多様な情報を集めることで，異なる視点が提供され，イノベーションを推進すると言われている（サイド，2021）。

　コペルニクは①の段階では，テクノロジーの製造会社と途上国の団体をつなぎ，途上国の社会問題を解決するためのアイディアを創出している。直接紹介することに加えて，オンライン上に製品の一覧を掲載することで，途上国の団体が地域に即した製品を選べるような工夫を行なっているという。

　②の段階では，現地における実証実験や，製品の改良に向けた支援を行なっている。さらに，途上国の団体が製品を購入する時の費用も，コペルニクは支

図12-4　サービスの実現過程とつながりのあり方

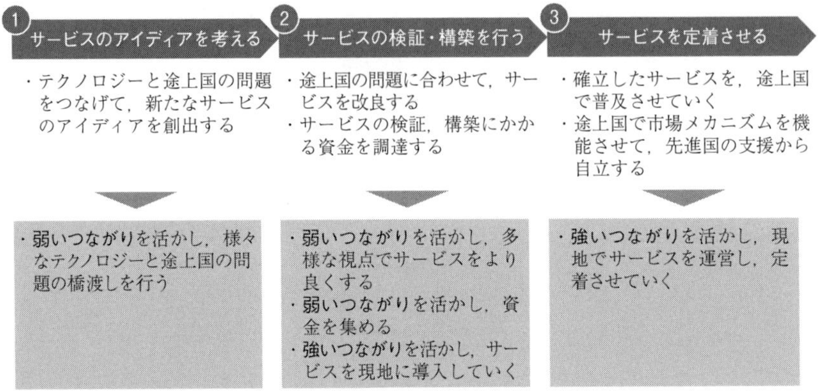

(出所) 筆者作成

援するという。その仕組みは，クラウドファンディングを応用し，寄付者から資金を集め途上国に渡すという。

①と②を通じて，コペルニクは各ステークホルダーをつなぐ役割を果たしていると考えられる（図12-3）。それは，ストラクチュラルホールのように弱いつながりを媒介する機能であるとも考えられる。

つながりの支援により完成した製品は，②で行われるサービスの構築を経て，③の段階で現地に根付き，途上国の問題を解決していくことが想定される。これまで弱いつながりの有用性について指摘してきたが，現地での定着にかけては強いつながりも重要であると考えられる。野中郁次郎も，弱いつながりがイノベーションを創出することに触れた上で，「ただし，イノベーションを実践するのは，強いつながりを持つ人材である（野中，2021）」と述べ，強いつながりの重要性を強調している。

コペルニクでは，前述している通り，途上国の団体をパートナーとしているが，製品の流通には農村の売店も活用しているという。途上国には，地域に根ざした売店のあることが多く，住民が日常品の購入の場として活用している。そしてコペルニクは，それらが「互いにつながっていて，ひとつの流通網を形づくっている（中村，2014）」ことに気がつき，活用することにしたという。

社会インフラが未整備である途上国では，地域の住民同士の助け合いが必要

不可欠である。したがって，ソーシャルキャピタルが高い状態にあり，強いつ
ながりが存在する場合が多いと想像される。サービスを広めていく上では強い
つながりの持つ機能は有用であり，コペルニクもその仕組みを活用しているも
のと考えられる。

　まとめると，サービスのアイディアを考え，検証・構築を行っていく上では，
弱いつながりを用いて支援していくことが有効である。弱いつながりはアイ
ディアを生み，技術面，資金面からサービスの実現確率を高めることに貢献す
る。そして，サービスを構築し，現地で定着させていく上では，途上国の持つ
強いつながりを活かしていくことが効果的である（図12-4）。

　事例を通して，つながりの観点から途上国支援のあり方を検討してきた。先
進国が持つ情報，時間，資金などのリソースは有限であるため，限られたリソー
スを有効に活用するためには，誰をどのようにつなぐかは重要だろう。戦略的
につながりを構築することで，支援の効率性を高められる可能性がある。

　そして，実現したサービスは，途上国の抱える社会問題の解決につながり，
社会の持続可能性を改善することが期待できる。そのようなサービスの創出を
支援していくことが，先進国として求められる役割のひとつではないだろうか。

（2）どのように途上国の社会問題を解決できるのか

　コペルニクの事例は，シンプルなテクノロジーを途上国に届けるモデルで
あった。そして，つながりを用いることで，支援が効率的に行われることを考
察してきた。

　他にも，高度化されたテクノロジーを用いて，新たなサービスを作り，途上
国でビジネスを展開する企業も現れている。本章では最後に，近年新しく事業
を始めた企業の例を紹介したい。テクノロジーを活用することで，今までは解
決の難しかった問題に対しても，アプローチが可能になりつつある。そして，
途上国の問題解決に寄与できる可能性が広がってきている。

事例②：HAKKI AFRICA

HAKKI AFRICA は，2019年に設立されたスタートアップである。ケニア

のタクシードライバー向けに融資を行うことで，貧困問題の解決を試みている企業である。

　途上国には，与信の問題で銀行等の金融機関から融資を受けられず，貧困から抜け出すことの困難な人々がいる。金利の高い高利貸しに頼る場合も少なく，貧困の罠に陥ることもある。ケニアのタクシードライバーも同様であり，金融機関から融資を受けることが難しい。ゆえに，車両はレンタルすることが一般的であるが，高いレンタル料により，稼ぎを増やすことを困難にしているという。

　HAKKI AFRICA は，そのようなタクシードライバーに対して，独自のデータを用いて与信を判断し，車両購入時の融資を行う。ケニアでは M-PESA と呼ばれる携帯電話を用いた金融取引が普及しており，そのデータを活用することで与信を判断することが可能になるという。

　さらに，HAKKI AFRICA は借り手が購入した車両に GPS を搭載する。GPSで車両の動きをモニタリングし，返済の遅延や貸し倒れのリスクを軽減しているという。これらのテクノロジーを活用することで，HAKKI AFRICA は新たな金融インフラを提供し，途上国の貧困問題に取り組んでいる。

事例②：テクノロジーが解決する途上国の問題

　HAKKI AFRICA の取組みについて紹介してきたが，では，途上国のどのような問題を，どのように解決しようとしているのだろうか。一般的に融資時におきるのは，情報の非対称性の問題である。情報の非対称性とは，2者の有する情報が異なることに起因して生じる問題を指す。

　貸し手側の立場に立つと，借り手側の返済能力や，融資後の行動（適切に資金を活用していて返済努力を行なっているか）を正確に把握することが難しい。特に，金融機関から融資を受けることのできない貧困層に貸し出す場合には，通常よりも返済能力の低くリスクの高い借り手ばかりが集まる「逆選択問題」や，返済に向けた適切な行動を行わない「モラルハザード問題」が生じやすい。

　これらの問題は，借り手側にまつわる情報を補うことで，解決できる可能性がある。まず，HAKKI AFRICA は融資の審査時に，独自のデータを使うこ

とで借り手の返済能力を判断する。これは逆選択問題の軽減につながることが期待される。さらに，車両につけた GPS で借り手の行動を監視することで，モラルハザード問題を防ぐことも可能にしていると考えられる。

　テクノロジーを活用することで，HAKKI AFRICA のように，途上国の抱える問題を新たなアプローチで解決できる可能性が広がってきた。ここで取り上げた事例は，金融の分野であるが，その他の分野でも同様である。

　さらに，テクノロジーの有用性を検証し，途上国で広めていくためにはコペルニクの事例のように，つながりを上手く活用することは有効である。HAKKI AFRICA に関しても，JICA をはじめとした支援を受けながらサービスの構築や定着に向けた取組みを行っているという。

4　おわりに

　本章では，つながりが途上国の支援に有用であること，テクノロジーがつながりの持つ力を高めることを述べてきた。テクノロジーは年々高度化し，世界は対応に追われている。個人情報の保護に関しては，2016年に GDPR をはじめとした規則作りが行われているし，直近では ChatGPT をはじめとした生成 AI の取り扱いについて，国際的なルール作りが検討されている。

　また，オンラインでのコミュニケーションが一般化しつつあり，学校での授業やオフィスでの仕事が在宅に切り替わってきた。特に新型コロナウイルス感染症はその流れを加速したが，オンラインとオフラインの使い分けには議論の余地があると考えられる。ウクライナのゼレンスキー大統領が，世界各国を訪問し，直接対談を行なっていることからも，オフラインで実際に会うことの必要性も伺える。

　テクノロジーの扱いには課題も多い一方で，本章でも見てきたとおり，先進国にいながら途上国に金銭的，技術的な支援をすることも可能にする。そのことは，世界に存在する社会問題の解決に，今までよりも多くの人が参画できるようになったことを意味するだろう。

　冒頭でも述べた通り，SDGs17の目標は，パートナーシップである。つながりを活かすことで，世界の持続可能性を高めることに寄与できる。テクノロジー

が世界を変えつつある中，日本をはじめとした先進国がどのように途上国をはじめとした社会問題に貢献できるかは，今後も検討が必要である。日本は以前よりODAを行なってきているが，その効率性には改善の余地があり（山重, 2016），個人で貢献できる範囲には伸び代がある。そして，SDGsの目標にも掲げられている通り，世界に平和と公正を届けられる可能性が広がっている。

　相対的に恵まれた日本にいると気が付くことが時に難しいが，世界に目を向けると，平和とは程遠い現状が存在する。SDGsの目標にも含まれる貧困や飢餓，各国内や各国間の不平等は，紛争を引き起こす原因にもなっていると考えられる。

　先に事例で挙げたHAKKI AFRICAは，金融包括により貧困や不平等を減らす試みであるが，他にもつながりとテクノロジーを活かして，農業，医療をはじめとした問題の解決を試みている人々がいる。さらに，公共サービスのデジタル化も進んでおり，インターネットの普及が汚職の削減につながる可能性も指摘されている（テクノロジーを用いた開発について詳しくは，リチャード他(2022)を参照のこと）。

　加えて，紛争の起きている地域に対しても，つながりとテクノロジーを通じた支援は始まっている。例えば，ロシアがウクライナに侵攻した際には，Amazonのウイッシュリストを通して，ウクライナに必要な物資が届けられた。また，民泊で知られるAirbnbを使い，（実際には泊まることがない）ウクライナの民家に宿泊予約をすることで，支援金を直接ウクライナの住民に届ける試みも行われた（Jaclyn, 2022）。これらは，テクノロジーが発展する以前には考えられなかった支援のあり方であり，物理的な距離を超えて，人と人がつながり助けを差し伸べることのできる可能性が広がっている。

　本章で見てきたように，世界の人々が少しずつ協力し合うことで，困難に直面する人々の力になることができる。そして，延いては世界の公平性が改善され，争いが減り，多くの人の命を救うことにもつながることが期待される。

　個人の努力や挑戦，他者への想いがつながることで，未来は拓かれていくだろう。

小亦めぐみ

注

(1)　Internet of Things の略であり，物と物がインターネットを介してつながることで，情報を大量に収集し，活用することが可能になる。

(2)　エコチェンバー効果とは，思考の類似する人と人がつながることで，得られる情報に偏りが生じる現象を指す。同様に，SNS は個人の特性に応じて個別化した情報を流すため，フィルターバブル効果も生じやすい。フィルターバブル効果とは，個人に適した情報を提供することで，異なる情報が提供されなくなる現象を指す。

演習問題

1．本論で述べたように，「強いつながり」と「弱いつながり」を用いて，人と人との関係性を説明することができる。それらのつながりが，社会問題の解決に役立っている例を挙げ，つながりがどのように機能することで，問題解決につながっているかを説明せよ。

2．近年話題になっているテクノロジーを1つ挙げ，説明せよ。また，そのテクノロジーが社会に与える正の影響と負の影響について論ぜよ。

3．本論で述べたコペルニクや HAKKI AFRICA のようなソーシャルイノベーションの事例を調べ，社会に対する影響や将来性について論ぜよ。

引用・参考文献

伊藤亜聖（2020）『デジタル化する新興国——先進国を超えるか，監視社会の到来か』中公新書

サイド，マシュー（2021）『多様性の科学』ディスカヴァー・トゥエンティワン

総務省 HP　「諸外国におけるフェイクニュース及び偽情報への対応」（2023年5月4日閲覧）

内閣府「日本経済2016-2017」

中井弘晃（2022）『個人と組織の未来を創るパラレルキャリア——「弱い紐帯の強み」に着目して』日本生産性本部　労働情報センター

中村俊裕（2014）『世界を巻き込む。』ダイヤモンド社

——（2022）「途上国での「実証実験」をシステムチェンジの突破口に」『スタンフォード・ソーシャルイノベーション・レビュー』英治出版

西口敏宏（2009）『ネットワーク思考のすすめ——ネットセントリック時代の組織戦略』東洋経済新報社

西口敏宏，辻田素子（2016）『コミュニティー・キャピタル——中国・温州企業家ネットワークの繁栄と限界』有斐閣

野中郁次郎（2021）『共感が未来をつくる——ソーシャルイノベーションの実践知』千倉書房

ヒークス，リチャード　竹内知成他訳（2022）『デジタル技術と国際開発』日本評論社

山重慎二・北條愛・高林優花・三浦真実（2016）「途上国における保健医療の開発援助

——公民連携による ODA 事業の改善と新たな展開」『Hitotsubashi Health Economics Research Papers』2016年 4 月

BBC（2022），「民間軍事会社の需要が急増，戦地経験者など募集　ウクライナ」（2023年 5 月 5 日閲覧）

Burt, R. S.（1992），*Structural holes : The social structure of competition*, Harvard University Press.

——（1997），"The Contingent Value of Social Capital" *Administrative Science Quarterly*

Granovetter, M. S.（1973）"The strength of weak ties," *American journal of sociology*, vol. 78, no. 6

Hargadon, A.（2003），*How breakthroughs happen : The surprising truth about how companies innovate*, Harvard Business Press.

Meta（2016），"Three and a half degrees of separation"（2023年 5 月 4 日閲覧）

Milgram, S.（1967），"The small world problem" *Psychology today*, vol. 2, no. 1

Peiser, Jaclyn（2022），"People are booking Airbnbs in war-torn Ukraine to donate directly to owners : 'It was important for me to do something'", *The Washington Post*（2023年 5 月31日閲覧）.

Putnum, D. R.（1993），*Making democracy work : Civic traditions in modern Italy*, Princeton University Press.

Perry-Smith, J. E.（2006），"Social yet creative : The role of social relationships in facilitating individual creativity," *Academy of Management journal*, vol. 49, no. 1

Schumpeter, J. A.（1934），*The theory of economic development*, Cambridge, MA. Harvard University Press.

Tortoriello, M.（2015），"The social underpinnings of absorptive capacity : The moderating effects of structural holes on innovation generation based on external knowledge" *Strategic Management Journal*, vol. 36, no. 4

World Bank HP World Bank. Mobile cellular subscriptions（per 100 people）（2023年 5 月 4 日閲覧）.

理解を深めるための読書案内

ジャクソン，マシュー O.　依田光江訳（2020）『ヒューマン・ネットワーク——人づきあいの経済学』早川書房
　人的ネットワークが社会に与える影響について，理論も交えて分かりやすく説明されている。

ヒークス，リチャード　竹内知成他訳（2022）『デジタル技術と国際開発』日本評論社
　テクノロジーの中でも情報通信技術が，国際開発にどのように用いられているかを豊富な事例と理論とともに説明されている。

伊藤亜聖（2020）『デジタル化する新興国——先進国を超えるか，監視社会の到来か』中公新書
　新興国で現在進行しているデジタル化の現状や，日本のとるべき戦略について考察さ

れている。

中村俊裕（2014）『世界を巻き込む。』ダイヤモンド社

　事例で取り上げたコペルニク創業者が筆者であり，NGO の立ち上げから現地での支
援まで詳しく書かれている。

終　章	Sustainability サステナビリティ　持続可能な社会へ

　21世紀だけを切り取ってもアフガニスタン，イラク，シリアなどでの紛争やテロの頻発，ミャンマーに代表されるような内政の不安定さ，アメリカや中国などによる大国間の覇権争いなど世界の分断は進み，混迷を極めている。また，経済や社会格差も拡大し，貧困の問題も深刻になっている。加えて，我々が生活する地球は，気候変動（危機）への対応，難民問題，差別や多様性への理解の推進等の世界全体で，その解決に取り組むべき問題が山積しており，気候変動のパリ協定や持続可能な開発目標（SDGs）のような国際的な枠組みや目標が整理されてきた。しかしながら，自国第一主義の出現，COVID-19の世界的なパンデミックやロシアのウクライナ侵攻による世界の対立等，国家間の対立や社会の分断が進み，このような国際的な協調体制が機能しづらく，問題の解決どころか問題はさらに深刻になっている。そこで本章では，我々が暮らす地球と社会の現状，そして今後の在り方についてSDGsを中心に整理する。

キーワード

SDGs　SDGsの限界　気候変動　難民　MDGs　人間の安全保障　ブルーエコノミー　リオサミット　ファレスシティ

1　持続可能な開発目標　Sustainable Development Goals

　開発途上国の貧困問題などの諸問題の解決に向けては，第二次世界大戦以降，国際的な協力の枠組みのもとでその解決に向けて取組まれてきた。黒崎（2003）に整理されている通り，時代の議論やニーズに応える形で，先進国が主導し，ビッグプッシュ，ベーシックヒューマンニーズ（BHN），コンディショナリー等さまざまな経済政策の議論がなされ，それに基づき協力がなされてきた。

　しかしながら，こうした国際協力の成果は一部のアジアの国々では発現したものの，とりわけアフリカ地域の貧困の状況は1990年代に入っても大きくは改善しなかった。加えて，1990年には東西冷戦が終結し，世界を取り巻く環境も大きく変化する。巨大なイデオロギーの争いが終焉したことで，旧ユーゴスラビアやルワンダなどのように内戦や紛争が増加し，難民・避難民も増加した。また，詳細は後述するが，1992年にブラジルのリオデジャネイロで開催された国連環境開発会議（地球サミット，通称リオサミット）で国際社会のコンセンサスが形成されたように自然災害も増加した。こうした状況を踏まえ，1995年の世界社会開発サミットに向けて，1993年から94年にかけて国連開発計画(UNDP)により「人間の安全保障」の概念が打ち出される。

　人間の安全保障は，国連難民高等弁務官であった緒方貞子とインド人の経済学者アマルティア・センが中心となり，「だれ1人取り残さない」社会の実現のためにまとめられた概念である。従来の安全保障は国家の安全保障が中心とされていたのに対し，紛争や自然災害が増加する中で，1人1人の尊厳は従来の国家の枠組みでは守れないとの考えに基づき，人間の安全保障は，1人1人の尊厳に焦点をあてた。すなわち個人を守ることに焦点を当てたことから大きなインパクトがあった。

　その流れを受けて，2000年に開催された国連ミレニアム開発サミットでは，新しい世紀を迎えるにあたり，2015年を目標に貧困問題等の諸問題の解決を目指すべくミレニアム開発目標（MDGs：Millennium Development Goals）が採択された。MDGsは**表終−1**のとおり8つの目標から構成されていた。このうち主要な目標のひとつであった世界の貧困の半減は，**表終−2**のとおり1990年と2002年を比較すると，一見大きく前進したかのように見えるが，これは中国やインド等のアジア諸国の経済成長によるところが大きく，アフリカ地域等では，かえって貧困状況が悪化した国もあった。このようにMDGsは貧困問題等の解決を基本的には開発途上国の問題としてとらえ，これらの国々主体でその解決を求めたことから効果は限定的であったとされることが多い。

　MDGsの達成目標年が近づくにつれ，2015年以降に向けた世界の協調体制の議論が進む。持続可能な社会の実現に向け，先進国を含めた国連の全加盟国

表終-1　ミレニアム開発目標

目標1	極度の貧困と飢餓の撲滅
目標2	普遍的初等教育の達成
目標3	ジェンダーの平等の推進と女性の地位向上
目標4	乳幼児死亡率の削減
目標5	妊産婦の健康の改善
目標6	HIV／エイズ，マラリアその他の疾病の蔓延防止
目標7	環境の持続可能性の確保
目標8	開発のためのグローバル・パートナーシップの推進

(出所) UNICEF[1]

表終-2　貧困人口比率の推移(1990・2002年)

単位：%

	1990年	2002年
東アジア・太平洋諸国	29.6	14.9
中国	33.0	16.6
その他	21.1	10.8
南アジア	41.3	31.3
ヨーロッパ・中央アジア	0.5	3.6
中東・北アフリカ	2.3	2.4
サブサハラアフリカ	44.6	46.4
ラテンアメリカ・カリブ	11.3	9.5
世界全体	27.9	21.1
中国を除く	26.1	22.5

(出所) 山形 (2008) より抜粋

が2030年までに達成すべき目標として持続可能な開発目標 (Sustainable Development Goals, SDGs) を含む「アジェンダ2030」が2015年の国連総会で策定された。SDGs は，表終-3 のとおり，世界が直面する問題を17のゴールと169のターゲットに整理した。

　MDGs から SDGs 策定の期間に国際社会にも変化があった。まず，2008年のリーマンショック等の影響もあり先進国における貧困問題がより顕在化したことである。2点目は，気候変動 (危機) への対応や食料問題，差別や多様性への理解等，世界全体で協力して取り組むべき多くの問題が顕在化したことである。加えて，MDGs まではその達成の担い手は国際機関による支援や二国間の開発協力 (主に政府開発援助 (ODA) を通して) が中心であったが，SDGs は

表終-3　SDGs の17個の目標

目標1　あらゆる場所であらゆる貧困に終止符を打つ
目標2　飢餓をゼロに
目標3　あらゆる年齢のすべての人々の健康的な生活を確保し，福祉を推進する
目標4　すべての人々包摂的かつ公平で質の高い教育を提供し，進学習の機会を促進する
目標5　ジェンダー平等を達成し，すべての女性と女児のエンパワーメントを図る
目標6　すべての人々に水と衛生へのアクセスを確保する
目標7　手ごろで信頼でき，持続可能かつ近代的なエネルギーへのアクセスを確保する
目標8　すべての人々のための包摂的かつ持続可能な経済成長，雇用およびディーセント・ワークを推進する
目標9　レジリエントなインフラを整備し，持続可能な産業化を推進するとともに，イノベーションの拡大を図る
目標10　国内および国家間の不平等を是正する
目標11　都市を包摂的，安全，レジリエントかつ持続可能にする
目標12　持続可能な消費と生産のパターンを確保する
目標13　気候変動とその影響に立ち向かうため，緊急対策を取る
目標14　海洋と海洋資源を保全し，持続可能な形で利用する
目標15　森林の持続可能な管理，砂漠化への対処，土地劣化の防止および逆転，ならびに生物多様性損失の防止を図る
目標16　公正，公平かつ包摂的な社会を推進する
目標17　持続可能な開発にむけてグローバル・パートナーシップを活性化する

（出所）国連広報センター[(2)]

　その担い手を民間企業や市民社会にも広げた。このような背景もあり SDGs は先進国，開発途上国の分け隔てなく世界全体でその目標達成に向け取り組むべきものと整理された。

　また，SDGs は定期的に国・地域別に17のゴールごとの達成状況をモニタリングし，結果が公表されている。Sustainable Development Solution Network（SDSN, 2022）のランキングでは，2022年時点の達成状況は，1位フィンランド，2位デンマーク，3位スウェーデン，4位ノルウェーと北欧4ヵ国が上位を占めるなどランキングの上位はヨーロッパの国々が多い。日本は，ジェンダーや気候変動への取組みが不十分のため19位となっている。

　SDGs は，世界の抱える問題を17個のゴールに整理し，それぞれに分かりやすいロゴを採用したことで，日本でも若年層を中心に社会問題への関心が限定的であった人々の関心を惹起した点で成果があったと考えられる。また，社会の SDGs への関心が強まることで，消費者の企業や組織の SDGs や ESG（Environment Social and Governance 環境，社会的責任，企業倫理）の取組みへの関心も高くなり，企業・組織にその遵守が求められるようになったとも考えられる。

　世界全体でのSDGsの達成状況だが，物価の高騰，気候変動の影響や2020年からのCOVID-19の世界的なパンデミック等が多くのゴールに影響を与えている。例えば，SDGsのゴール1は「あらゆる場所であらゆる貧困に終止符を打つ」を掲げているが，世界銀行（世銀）によると，COVID-19の影響で今後1.5億人が新たに貧困状態に陥るとしており，経済的な貧困の状況が悪化することが懸念される[3]（2022年4月の地域別の貧困人口比率は表終-4のとおり）。[4]

　また，食料問題も深刻で，UN（2022b）では，2020年時点で世界の10人に1人が飢餓に苦しみ，約3人に1人が定期的に十分な食料を得られていない状況だと報告されている。2030年のSDGsの達成目標年が近づく中で，その目標達成に向けて世界全体でのさらなる協働が必要な状況である。

表終-4　地域別の貧困人口比率
　　　　（2022年4月）　　　　　単位：％

東アジア・大洋州諸国	1.5
ヨーロッパ・中央アジア	1.3
ラテンアメリカ・カリブ	4.1
中東・北アフリカ	6.4
南アジア	調査データなし
サブサハラアフリカ 　東部・南部アフリカ 　西部・中央アフリカ	40.0 44.6 33.2
その他高所得国	0.7
世界全体	9.1

注：2017年の各地域の購買力平価に基づく
（出所）World Bank（2022）より作成

2　気候変動（危機）

　近年の気候変動の進行が，世界各地に異常気象をもたらし，大雨や旱魃等による負の影響が多く生じている。そのため，もはや気候変動ではなく気候危機と呼ばれるような状況に世界は陥っている。日本国内でも毎年のように「何十

年に一度」や「観測史上初」の高温，大雨，豪雪等といった報道を耳にする機会が増えている。世界に目を向けると，2022年にパキスタンをモンスーンが襲い，大雨により国土の3分の1が水没する被害をもたらした。また，アフリカでは記録的な旱魃により穀物の収穫量が大幅に減少し，2022年には，国連食糧計画（FAO）により，1,300万人が深刻な飢餓の状態に陥る危険があると報告されている。加えて，地球の温度上昇（温暖化）にともない南極等の氷が溶け出し，その結果，海面が上昇し，大洋州の国々を中心に島嶼国の多くが水没の危機に瀕している。2021年に大洋州のひとつ，ツバルの外務大臣が水没の危機を訴えるため，スーツのまま海に入り演説を行った映像を記憶の方もいるだろう。

　19世紀の産業革命以降，人間の経済・消費活動により地球の平均気温は1度上昇したとされており，世界気象機関（WMO）が，過去50年で世界の気象災害は約5倍に増加したと報告するなど，我々が暮らす地球に大きな影響を及ぼしている。世界の多くの科学者が，地球の平均気温が産業革命前と比べて1.5度上昇すると，海面上昇による陸地の水没，自然災害のさらなる増加，健康被害，生態系の変化や新たなパンデミックの出現等甚大な被害が生じると警鐘を鳴らしている。地球の温暖化による我々への負の影響は甚大であり，温暖化を食い止めるために，我々の行動を今すぐに変容する必要がある。

（1）気候変動への取組み

　SDGsのゴール13にもある気候変動への対応だが，1992年のリオサミットでは，気候変動も含む持続可能な開発のための取組み規範である「アジェンダ21」とそれに紐づく国連気候変動枠組み条約（UNFCC）が採択された。UNFCCに基づき，国連気候変動枠組み条約締結国会議（通称COP）が定期的に開催されており，1997年には，COP 3で京都議定書が採択される。同議定書は，2020年までの地球温暖化対策の具体的な目標（温室効果ガスを2008年から2012年の間に1990年と比較して5％削減）を定め，その実現のために参加する先進国ごとに目標を設定したが，途中でアメリカが離脱するなど目標達成が困難となった。

　京都議定書を引き継ぐ形で，2015年のCOP21で採択され，2016年に発行さ

れたのがパリ協定である。同協定は，2020年以降の世界の気候変動対策として，地球の気温の上昇を産業革命前と比較して2度以内（努力目標1.5度以下）とする等の目標が定められた。京都議定書は，参加する先進国の温室効果ガスの削減目標のみを示していたのに対して，パリ協定は開発途上国の削減目標も示している。近年，開発途上国も経済成長に伴い，温出効果ガスの排出量が増加しており，先進国には自国の温室効果ガス削減だけでなく，開発途上国の目標達成のための技術移転等を通じた協力による貢献も求められている。

　また，前述のパキスタンの例など自然災害等の気候変動による被害をより多く被るのは社会・経済的に脆弱な開発途上国である。開発途上国は，30年前からその支援を求めてきたが，2022年11月にエジプトで開催されたCOP27では，議長国のエジプトが初めてそのことをCOPの正式議題としたことで，「損失と損害（Loss and Damage）」が大きな議論となり，詳細の決定は先送りになったが損失と損害基金を創設することで合意した。

　周知の通り，地球の温暖化に影響を与えるのは，温出効果ガスの排出量の増加であり，特に二酸化炭素（CO_2）が影響している。CO_2の排出量が多い産業として，電力分野が挙げられる。火力発電では，他の燃料と比較して安価な石炭が使用されることが多かったが，CO_2の排出量が多いため，近年LNGへの転換が進んでいる。加えて，環境負荷のより少ない太陽光，風力，水力，バイオマスといった再生可能エネルギー（再エネ）の転換，導入も進められている。特に欧州や北米，中国では再エネの導入が進んでおり，日本貿易振興機構（JETRO）によると2020年時点でEU全体の電源構成のうち22.1％を再エネが占め，スウェーデンでは再エネが占める割合が，60％になっている。[7]環境負荷を低減させる観点から，再エネの導入をさらに促進する必要がある。

　また，我々の日常生活に目を向けると他にも温室効果ガスの削減につながると考えられるものがある。例えば，移動手段として自家用車の使用を控え，路線バス等の公共交通機関の利用や自転車，徒歩などの代替手段を利用することがある。また，公共交通機関を含めて電気自動車(EV)等を導入することもCO_2の削減効果がある。交通手段の中でも特にCO_2の排出量が多いのが旅客機である。航空会社は，旅客機で使用する燃料のバイオマス由来等環境負荷の低いも

のへの変更を進めるとともに，フランスをはじめとするヨーロッパの国々では近距離の旅客便の廃止し，電車を利用することが模索されている。[8]

　しかしながら，このまま地球の温暖化が進行した場合の影響は甚大である。大雨や旱魃がさらに深刻化し，食糧の確保が困難になることや水源の枯渇も生じ，飲料水の確保も難しくなることが危惧される。資源を巡る紛争や温暖化により物理的に現在の居住地で生活できなくなることでの難民の発生も懸念される。

（2）ブルーエコノミー

　また，気候変動の影響は陸地にとどまらず，海洋にも大きな影響を与えている。海洋とその資源の保全，持続可能な活用は，SDGsのゴール14で掲げられている。地球の地表の多くは海であり，海洋は我々が生活をしていく上で必要不可欠な存在である。人類は，魚介類等の海洋生物の恩恵を受けてきただけでなく，海路は古くから人や物の移動に重要な役割を果たしてきた。また，海洋はCO$_2$の重要な吸収源となっており，地球の温暖化の抑制，環境を支える上でも重要な役割を果たしてきた。さらに，近年では海上に風力発電を設置する洋上風力発電や海洋温度差発電（OTEC）など再エネの電源としても，海洋は活用されている。

　しかし，近年プラスチックごみ（マイクロプラスチック）などの廃棄物が海洋に流出し，生態系に影響を与えている。そのため海ガメやクジラの体内からプラスチックが見つかる事例に接することも多い。また，海水温の上昇によりCO$_2$の重要な吸収源であるサンゴ礁の白化や魚類の生息海域への影響も生じている。加えて，人口増加や人々の健康意識の高まりなどにより，魚介類が乱獲され，海洋資源が枯渇する危機にも直面している。我々の生活に欠かせない海洋資源をいかに保全し，共存するかも重要な問題のひとつである。

　同観点から，近年注目を集めるのが，ブルーエコノミーの概念である。ブルーエコノミーの定義は必ずしも統一的なものはないが，国際協力機構（JICA）によると共通認識として，海洋・内水面（河川，湖）の資源の有効活用と環境保全，これら水域に関連する社会経済開発の強化により，雇用創出や産業振興に

裏打ちされた持続的な発展を目指すものと捉えられており，水産，海運・輸送，貿易，観光，エネルギー，環境など多岐にわたる分野を対象とされておりこれらを跨る包括的な取組みが必要とされている。⁽⁹⁾

ブルーエコノミーの概念は，1992年のリオサミットで打ち出され，2012年に同じくブラジル・リオデジャネイロで開催された国連持続可能な開発会議（リオ+20）で，小島嶼開発途上国（SIDS）などが持続可能な開発と貧困削減のために，グリーンエコノミーのような「ブルーエコノミーの推進」を提唱した。2017年6月に開催された国連海洋会議で，行動規範が採択され，同規範に沿って国際社会などもブルーエコノミーの推進に向けた支援を実施している。

SIDS は，海洋資源への依存度が高く，これらの国々にとってブルーエコノミーの促進は死活問題である。大洋州の国々や豪州，ニュージーランドが参加する大洋州諸島フォーラム（PIF）では，2022年に「2050 Strategy for the Blue Pacific Continent」を採択した。この中で，大洋州に生活する人々のウェルビーイングの実現のために，人類と海洋資源とが共存し，大洋州でひとつの Blue Pacific Continent（青い大陸）として行動することが掲げられている。⁽¹⁰⁾

3 難民

難民は複数の分野を跨ぐため，SDGs の特定のゴールではないが，多くのゴールと関連する問題である。1990年に東西冷戦が終結すると内戦や紛争が増加し，難民・国内避難民の数も増加する。UNHCR によると，ロシアによるウクライナ侵攻の影響等もあり，その数は2022年に初めて1億人を超えた。⁽¹¹⁾世界の人口は，約80億人であり，世界の8人に1人が難民状態にある。

しかしながら，難民の受け入れ国の多くは，開発途上国であり，経済・社会上の問題を多く抱える中で，こうした難民を受入れる事例が多い。また，自国での紛争が終結しても宗教や部族等の違い等による帰国後のスティグマを恐れ，そのまま避難先に留まる元難民も一定数いる。例えば，アフリカ南部のザンビアはモザンビーク，アンゴラ，ルワンダ等周辺の情勢が不安定な国から多くの難民を受入れてきたが，元アンゴラやルワンダ難民の一部は，母国の紛争が終結しても，そのままザンビアに滞在していた。そのため，元難民の現地統合や

コラム　ザータリ難民キャンプ（ヨルダン）

シリアとの国境に近い，ヨルダンのマフラック県にシリア難民向けのザータリ難民キャンプ（Za'atari Refugee Camp，ザータリキャンプ）が設置されたのは2012年7月である。筆者は，ザータリキャンプ開設直後の2012年9月から約1年半，国際NGOの一員として，国連諸機関とともにキャンプの住民に対する水と衛生（WASH）の啓蒙活動，住民の組織化，物資の配布業務等に従事した。

ザータリキャンプは，広大な砂漠地帯にあり，開設当初は難民の居住用テントが数個並ぶだけだった（写真終-1）。しかし，次第にシリアからヨルダンへの難民流入が増加し，キャンプの人口も増加した。それに伴い，道路やプレハブの住居，病院などのインフラも整備され，難民キャンプというよりも街の様相をなしていった。開

写真終-1　キャンプ開設当初　（2012年9月）のザータリキャンプ

写真終-2　2013年夏頃の同キャンプ

設から半年後の2013年初には，10万人以上が暮らすヨルダンでも大きな"街"のひとつとなった（写真終-2）。現在は，Google Mapでも「ザータリ難民キャンプ」として表示される。

ザータリキャンプの特徴のひとつは，難民の多くがスマートフォンや携帯電話を所有しており，SNS等を通じて瞬時に情報が拡散することであった。そのため，デマ等が拡散することがあり，支援団体の活動を難しくしていた。

また，ヨルダンは，冬を迎えると気温がマイナスになり，雪が降ることもある。ザータリキャンプで暮らす難民は，着の身着のままシリアから避難しており，越冬支援も優先的な取組みのひとつとなった。日本のアパレルブランドの協力を得て，ザータリキャンプ内で冬物の古着を配布し，難民に大いに感謝された。私たちの日常生活の中での何気ない取組みが役に立った事例のひとつである。

シリアの内戦が開始され既に10年以上が経過している。しかしながら，

UNHCRによるとシリアからの国外難民・避難民数は，2023年1月時点で約542万人おり，ヨルダンにも約66万人が滞在している。そのうち，約13万4000人がザータリキャンプを含む難民キャンプで未だに生活を送っている[12]。長期化する難民への国際社会の継続的な支援も必要である。

ザンビアの貧困政策への参加を目的に，国連が中心となり，2001年からザンビア・イニシアティブ（the Zambia Initiative）を開始。2014年頃から新たな枠組みで元難民の現地再統合に向けた取組みを実施している。同様の難民の現地統合の取組みは，ウガンダなど他のアフリカ地域の国でも実施されているが，アフガニスタンやシリアの紛争による難民の自国外での滞在が長期化しており支援が必要となっている。また，近年，中東，アフリカ地域の難民が船に乗りヨーロッパを目指し，その途中に亡くなる事例も後を絶たないことから，難民問題の根本的な解決に向けた国際社会が引き続き取組必要がある。

4　SDGsの限界と日本，そして未来へ

　ここまでSDGsの成立過程や気候変動について整理してきた。では，このままSDGsの17の目標達成に世界各国が取組むことで，SDGsが目指す，持続可能な「だれひとり取り残さない」社会は実現するのであろうか。

　世界経済フォーラムが，2019年に先進国・中進国28ヵ国を対象に実施したSDGsの認知度調査では，SDGsを認知している人口の割合は調査対象国の平均が26％であるのに対し，日本は対象国中最低の8％であった。その後，日本国内では，SDGsの啓発活動が広く行われたこともあり，大手新聞各社の報道ベースで幅はあるものの，ここ1，2年日本国民のSDGsの理解度は70％〜90％と世界各国と比べても異常に高い数値として報告されている[13]。

　しかしながら，SDGsの認知度の上昇が，その認知を通して，世界の課題の理解や行動変容をもたらしているかは疑問である。一例として，筆者の大学でもエコバックの利用や節電に取組む学生は多いが，その動機はプラスチック製のビニール袋代の節約や高騰する電気代の抑制であることが多い。同様の指摘は他の先行研究でもなされている。もちろんSDGsをきっかけに気候変動等の問題に関心を持ち，その緩和のために取組む学生もいるし，理由はなんであれ

結果的にプラスチックやエネルギー使用量の削減の効果があるのも事実である。しかしながら，本来最も重要である，SDGs の認知を通して，世界の問題やその解決の必要性を理解した上で，行動変容する学生は残念ながら少数なのが現実である。

　これは他の年代でも同じであろう。言い換えれば，日本では世界の抱える問題の理解は横に置いたまま，SDGs は良いもの，それに取組むことがトレンドとなっており，社会問題に取り組んでいる姿勢を見せるための一種のアリバイとして SDGs が利用されている側面があるのかもしれない。このような状況は，うわべだけで取組みがなされており，中身が伴わないという意味で，「SDGs ウオッシュ」と非難されている。

　同観点では，気候変動対策の取組姿勢も象徴的と言える。欧米各国はその対策強化と早期のカーボンニュートラルの実現のために取組を進めており，先述の通り欧州では再エネの導入をさらに加速させるとともに，本年４月の G ７エネルギー・環境大臣会合でも二酸化炭素の排出量が多い石炭火力発電の廃止について，共同声明に具体的な廃止時期の記載を望んだが，火力発電への依存が強い日本が反対し，共同声明への記載は見送られた。[14] これだけ日本国内で SDGs の必要性が訴えらながら，反対の方向に進んでいるともいえる。

　SDSN の SDGs 達成度ランキングで上位を占めるのは北欧諸国など欧州の国々である。これらの多くは2015年に SDGs が策定される以前から気候変動やジェンダー，不平等の是正等の SDGs が目標として掲げる諸問題の影響やリスクが認識され，その解決に取り組んでいた。例えば，筆者が15年以上前にノルウェーで生活した際もゴミの細かい分別やペットボトルの再利用等の気候変動対策が進み，クオーター制による男女平等，移民・難民の積極的な受け入れ，大学での障害者や子育て中の学生への十分な配慮のように，１人１人の尊厳が保たれるなど，SDGs で謳われている社会に近い環境が整備されていた。これらの国々では SDGs があろうがなかろうが，１人１人の尊厳を守る必要性が認識され，先行して常に社会が変容するだけでなく，同様の問題の解決のために他国への協力もなされている。言い換えれば，SDG の認知は重要ではなく，解決すべき世界の問題を認識し，その解決に向けて個人やより大きな社会レベ

ルで取組んでいるといえる。そのため欧州各地では，既存の社会制度に疑問を感じる市民たちが「ファレスシティ」と呼ばれる運動を起こしていることがその象徴であろう。

　また，気候変動や経済格差の拡大（貧困）に代表される現在進行形の問題は，問題がより深刻化してからその対策が議論されても遅く，今すぐ行動を起こす必要がある。しかしながら，SDGsにおけるこうした問題に関連する項目の達成目標は抽象度が高いものが多い。また，SDGsで直接言及されている目標ではないが，先に述べた地球温暖化の1.5度目標も我々市民が日常生活を送る中で常に意識を持ち続けることは難しく，我々の行動による貢献も限定的である。そのため，将来こうした問題の影響をまともに受けるZ世代の若者が，抽象的なSDGsのゴールでは不十分でありより厳格かつ現実的に達成可能なものに変更すべきとの声を国際社会に向けている。気候変動問題を惹起したスウェーデンのグレタ・トゥンベリ氏や生理の貧困問題をイギリスで惹起し，政府を動かしたアミカ・ジョージ氏はまさにこうしたZ世代を代表する存在であろう。

　現在のSDGsの達成状況からみても，SDGsが描く世界により近いのは北欧諸国のような「社会福祉国家」といえる。周知の通りこれらの国々は高い税金と引き換えに手厚い社会保障が公的に提供されている。一般的にこのSDGsが描き出す姿は，日本を含む資本主義，とりわけ新自由主義的な政策を取る国々の目指す姿（ある意味で，弱肉強食の社会）とは相容れないのではなかろうか。その観点から，SDGsが，我々に問いかけるのは，富める者がさらに富める社会を目指すべきかあるいはある程度の負担を強いられても1人1人のウェルビーイングが満たされる社会を目指すべきなのか，その選択ともいえる。

　本章1節に記載の通り，SDGsが策定された背景には，MDGsまで，開発途上国の抱える問題の解決の主体を基本的に開発途上国自身に求めたことで，効果が十分に発揮されず，解決できなかった問題も多くあり，先進国を含め世界全体で取り組むべき目標，枠組みとして整理された側面がある。しかしながら，山形（2023）などでも指摘されているが，SDGsが策定され，先進国も自国のSDGsの目標達成が求められるようになったことで，特に日本では自国の目標達成が優先される機会が多くなった。最重要であるはずの開発途上国の問題へ

の関心が薄くなり，その問題が置き去りにされてしまうことで，社会が脆弱であり，本来であれば一番に取組まれるべき開発途上国の問題が置き去りにされてしまう矛盾も生じている。

　最後に，SDGs は広く世界の問題を捉えたため目標が17個と多岐に渡っている。しかしながら，そのことが却って優先すべき分野をぼやかしている。また，本来は17個の目標すべてが達成されることが，持続可能な社会の実現には不可欠だが，17の目標のうちひとつでも取組めば良いという雰囲気が醸成されており，こうしたことが日本国内で SDGs の本来の意味が忘れさられ，ひとつでもいいから SDGs に取組めばいいというトレンドにつながっているとも考えられる。

5　おわりに

　以上の考察からも残念ながら SDGs は，その目標年度である2030年時点での目標達成は極めて困難な状況であり，多くの問題に我々は継続して直面する懸念がある。2030年以降の世界を考えると UN（2022a）の予測では，世界の人口は増加し続け，2050年頃に100億人に近づくとしている。既に多くの先行研究で明らかなように，人口増加と気候変動の深刻化により，食糧や水資源に代表される資源の不足や枯渇がおおきな問題となる恐れがある。その解決のために代替食品等が提案されているが，健康の懸念等も同時に指摘されており，問題を根底から覆し，すべてを解決するようなアイディアや技術は現状ないと言える。そのため，単純なことかもしれないが，まずは（特に先進国に暮らす）人間が地球とそこに暮らす人々を守るためにも行動変容を起こすことが重要だ。例えば，開発途上国では，先進国に暮らす我々の嗜好品の栽培のために現地の住民の食用の農作物の栽培が抑制されている現実がある。また，環境負荷の軽減が目的でバイオエタノールの普及を急速に進めたことで，食用のトウモロコシ等の流通が減少することも起きた。本来エシカルを目指した行動が逆の結果をもたらすこともある。そのため，1人1人が本当に必要なものを見直し，脆弱な開発途上国の人々のことを考え，行動することが早急に求められている。

　加えて，巨大な人口を抱えながら，経済発展が不十分な新興国・開発途上国

（グローバル・サウス）といかに共生していくかも，今後大きなテーマになるであろう。例えば，南アジアのインドは2021年の1人当たりGNIは2,150ドルであり，OECDのDACリストでも低中所得国に位置づけられている[15]。日本や他の先進国でも成長段階においてエネルギー等の資源の需要が増加したように，インドでもエネルギー等は必要不可欠であり，ましてや日本等と比較できない人口規模であるため，その国民の生活や社会を守るためにも食糧等も含めて必要な資源のニーズも膨大となる。こうした国々は，SDGsで描くような理想に共感するかもしれないが，現実的な問題として自国の社会や国民の生活を優先する必要がある。そのため，必要以上に先進国がSDGsのような理想を押し付けることで，国際的な分断が進んでしまう恐れもある。こうしたグローバル・サウスの国々と限りある資源や地球を守るために，どのような共生・協働の形があるのかを議論し，SDGsに代わる現実的な提案をし，世界が協力して取組む必要がある。

　日本は世界とつながることで多くの利益を享受しており，それは今後も変わらないのは自明である。資源に乏しい日本は，その多くを海外，特に開発途上国に依存しており，少子高齢化が深刻になる中でこうした国々の人々との共存もますます必要不可欠である。SDGsの理念の原点にある「人間の安全保障」の概念やその実現のために日本はこれまで貢献しており，引き続き世界の安定のため，国際益として国際協力に取組む必要性は高い。しかしながら，現在の日本ではSDGsはトレンドワードになっており，本来，まず考えるべき世界が直面する問題やその解決のために何が必要か，その理解が進んでいない場合が多い。そこで，今一度我々が暮らす世界が抱える問題を1人1人が理解し（そのきっかけがSDGsでも良い），知識を蓄えることで，問題解決のための処方箋を描き，持続可能な社会を実現するために生活していくことが求められている。

佐々木弘志

注
(1)　https：//www.unicef.or.jp/about_unicef/about_mill.html（2023年2月19日閲覧）
(2)　https：//www.unic.or.jp/news_press/features_backgrounders/31737/（2023年2月

19日閲覧）

(3) https : //www.worldbank.org/ja/news/press-release/2020/10/07/covid-19-to-add-as-many-as-150-million-extreme-poor-by-2021（2023年 2 月10日閲覧）

(4) 経済的貧困は，大きく 2 つに分類される。まず，必要な食料が買えない，思い通り医療を受診できないなど人間としての最低限の生活を維持することが困難な状況にある絶対的貧困である。世銀の定義では， 1 日1.9米ドル以下（貧困ライン）での生活を余儀なくされている人々を指し，2019年現在世界で約6.8億人が該当されているとされる。多くは開発途上国で生活を送る人々である。 2 つ目は，主に先進国での貧困状況を図る際に使用される，相対的貧困である。これは特定の国や地域の生活や文化水準と比較して，経済的な貧困が原因で人間の尊厳が損なわれる恐れがある状況を指す。

(5) https : //ja.wfp.org/news/afurikanojiaowoxiuganhatsute1300wanrenkashenkenajienizhimian（2023年 2 月20日閲覧）

(6) 「倫理的エシカル消費──モノの過去，現在，未来を考えて」（東京新聞2023年 1 月29日曜版特集）

(7) https : //www.jetro.go.jp/biznews/2022/01/68625b0ed9de8564.html（2023年 2 月19日閲覧）

(8) https : //www.cnn.co.jp/world/35169269.html（2023年 2 月20日閲覧）

(9) https : //www.jica.go.jp/information/seminar/2018/20181128_01.html（2022年 2 月19日閲覧）

(10) 渡邊（2019）でも PIF の考えとして同様のものが示されている。

(11) https : //www.unhcr.org/jp/47371-pr-220523.html（2023年 2 月20日閲覧）

(12) https : //data.unhcr.org/en/situations/syria（2023年 2 月26日閲覧）

(13) SDGs の認知度76％に急上昇（朝日新聞2022年 2 月28日）https : //www.asahi.com/articles/ASQ2X671PQ2PULZU002.html，電通，第 6 回「SDGs」に関する認知度調査を実施（日本経済新聞2023年 5 月12日 https : //www.nikkei.com/article/DGXZRSP654920_S3A510C2000000/など

(14) 「石炭火力発電，廃止時期は明記せず　G 7 環境相が共同声明」産経新聞2023年 4 月16日 https : //www.sankei.com/article/20230416-LPBOQBMNSNPS3P53QGS2ZKHF4E/

(15) World Bank のデータに基づく。https : //data.worldbank.org/indicator/NY.GNP.PCAP.CD?locations=IN

演習問題

1．本文の通り SDGs の理想とする社会は「社会福祉国家」といえるが，資本主義，とりわけ新自由主義的な政策とは，容易には相容れないと考えられる。そこで，社会福祉国家の代表ともいえる北欧諸国と新自由主義の特徴をそれぞれ考察した上で，今後日本が向かうべき社会について自分の考えをまとめよ。

2．SDGs については，その達成が必要と考える人々と本文で紹介した「SDGs ウオッ

シュ」のように批判的な立場の人々がいる。SDGs を巡る最近の議論を考察し，賛成・反対それぞれの主張をまとめた上で，自分自身の考えをまとめよ。

3. SDGs の17項目の目標のうちひとつを選び，その目標について具体的にどのようなターゲットが設定されているかを調べること。その上で，各目標は①そのターゲットの達成で満たされるのか，②ターゲットの内容の問題提起は十分なのか，追加で考慮すべき点はないか自分なりに考察し，考えをまとめよ。

引用・参考文献一覧

アジア開発銀行　澤田康幸監訳（2021）『アジア開発史——政策・市場・技術発展の50年を振り返る』勁草書房

黒崎卓・大塚啓二郎編（2015）『これからの日本の国際協力——ビッグ・ドナーからスマートドナーへ』日本評論社

黒崎卓・山形辰史（2003）『開発経済学——貧困削減へのアプローチ』日本評論社

国際協力機構（2017）『ザンビア国　元難民現地統合に係わる情報収集・確認調査　ファイナルレポート』

斎藤幸平（2020）『人新世の「資本論」』集英社

白井さゆり（2022）『SDGS ファイナンス』日本経済新聞出版

セン，アマルティア　大石りら訳（2002）『貧困の克服——アジア発展の鍵は何か』集英社

――東郷えりか訳（2006）『人間の安全保障』集英社

長友紀枝（2012）『入門　人間の安全保障』中央公論社

平野克己（2022）『人口革命　アフリカ化する人類』朝日新聞出版

福富満久（2014）『岩波テキストブックス　国際平和論』岩波書店

藤田早苗（2022）『武器としての国際人権——日本の貧困・報道・差別』集英社

文部科学省及び気象庁（2022）気候変動に関する政府間パネル（IPCC）「第6次評価報告書第1作業部会報告書　政策決定者向け要約　暫定訳（2022年12月22日版）」https://www.data.jma.go.jp/cpdinfo/ipcc/ar6/IPCC_AR6_WGI_SPM_JP.pdf（2023年2月20日閲覧）

山形辰史（2008）「世界の貧困削減への取り組みとその現状」，山形辰史編『貧困削減戦略再考——生産向上へのアプローチの可能性』岩波書店

――（2023）『入門　開発経済学——グローバルな貧困削減と途上国が起こすイノベーション』中公新書

山田美和（2021）「問われる企業の社会的責任——新型コロナウイルス危機が示す「ビジネスと人権の本質」，佐藤仁志編『コロナ禍の途上国と世界の変容』日本経済新聞出版

渡邊敦・小林正典（2019）「ブルーエコノミーの世界動向」，笹川平和財団海洋政策研究所編『海洋白書2019』48-56頁

渡部正樹（2006）「ザンビア・イニシアティブ——人間の安全保障へとつながる新たな取り組みの可能性について」『国際協力研究』国際協力事業団国際協力総合研究所，

第122巻, 第1号 https：//www.jica.go.jp/jica-ri/IFIC_and_JBICI-Studies/jica-ri/publi cation/archives/jica/kenkyu/06_43/pdf/06.pdf（2023年2月10日閲覧）

Alix-Garcia, Jennifer, Walker, Sarah, etc（2017）, "Do refugee camps help or hurt hosts? The case of Kakuma, Kenya", *Journal of Development Economics*, no. 130, 2018-01,

Pacific Islands Forum Secretariat（2022）, "2050 Strategy for the Blue Pacific Continent" https：//www.forumsec.org/wp-content/uploads/2022/08/PIFS-2050-Strategy-Blue-P acific-Continent-WEB-5Aug2022.pdf（2023年2月26日閲覧）

Senate committee on commerce, science and transportation, the United States Senate （2009）, "The Blue Economy：The role of the oceans in our nation's economic future Hearing before the subcommittee on oceans, atmosphere and coast guard of the committee on commerce, science and transportation United States one hundred eleventh congress first session June 9, 2009"

Sustainable Development Solution Network（2022）, "Sustainable Development Report 2022" https：//dashboards.sdgindex.org/（2023年2月16日閲覧）

UNEP（2018）, "Single-use plastics：A roadmap for sustainability" https：//www.unep. org/resources/report/single-use-plastics-roadmap-sustainability（2023年2月16日閲覧）

UNHCR（2005）, "Handbook for Planning and Implementing Development Assistance for Refugees（DAR）programmes" https：//www.unhcr.org/publications/operations/4 4c487872/handbook- planning-implementing-development-assistance-refugees-dar-prog rammes.html（2023年2月16日閲覧）

―― （2022）, "Global Trend 2021" https：//www.unhcr.org/62a9d1494/global-trends-r eport-2021（2023年2月16日閲覧）

United Nations Department of Economic and Social Affairs（2022）（UN（2022a）, "World Population Prospects 2022" https：//www.un.org/development/desa/pd/sites/ www.un.org.development.desa.pd/files/wpp2022_summary_of_results.pdf（2023年2 月20日閲覧）

United Nations Statistics Division and Department of Economic and Social Affairs （2022）（UN（2022b）, *The Sustainable Development Goals Report 2022.* https：//un stats.un.org/sdgs/report/2022/（日本語版要約（国際連合広報センター）https：//www. unic.or.jp/activities/economic_social_development/sustainable_development/2030age nda/sdgs_report/（2023年2月16日閲覧）

World Bank（2022）, "Global Poverty Monitoring Technical Note April 2022 Update to the Poverty and Inequality Platform（PIP）" https：//documents1.worldbank.org/cur ated/en/099422404082231105/pdf/IDU02070690808ee7044720a1e6010de398e6a75.pdf

理解を深めるための読書案内

黒崎卓・山形辰史（2003）『開発経済学――貧困削減へのアプローチ』
　第二次世界大戦以降の開発経済学の歴史とエッセンスがコンパクトにまとめられており，経済学を通じて国際協力のアプローチの変遷を学ぶための入門書といえる。

中尾武彦（2020）『アジア経済はどう変わったか──アジア開発銀行総裁日記』中央公論新社

　アジア開発銀行（ADB）の前総裁であった筆者が総裁在任時代を振り返り，東南アジア向けの経済政策の変遷や台頭する新興国，アジア政策投資銀行（AIIB）とのかかわりについてまとめられている一冊。ASEAN や南アジアの新興国の経済動向を理解するとともに国際機関の在り方についても考察できる一冊。

マブバニ，キショール・スン，ジェフリー　黒澤米司訳（2018）『ASEAN の奇跡──平和の生態系』新日本出版社（Mahbubani, Kishole and Sng, Jeffery, *The ASEAN Miracle : A Catalyst for Peace*, NUS Press）

　ASEAN（東南アジア諸国連合）は2017年に設立50周年を迎えたが，EU と異なり宗教，文化，民族が大きく異なる東南アジアの機構である ASEAN がなぜここまで発展し，地域の共同体に成り得たのかを ASEAN の一員であるシンガポール人研究家の視点からまとめた一冊。グローバル・サウスの中核と成り得る東南アジア地域について理解を深められる。

斎藤幸平（2020）『人新世の「資本論」』集英社

　「人新生」と呼ばれる時代において，気候変動を中心に SDGs や資本主義の在り方についてまとめた一冊。人間が気候や地球に与える影響について理解するとともに SDGs の理想と意義について改めて考えるきっかけともなる。

人名索引

事項索引

《執筆者紹介》 担当章　＊は編著者

＊**福富満久**（ふくとみ・みつひさ）**序章第1講・第1章翻訳・第6章**

　　略歴は奥付《編著者紹介》を参照

阿部達也（あべ・たつや）**序章第2講・第2章・第9章**

　2008年　京都大学大学院法学研究科博士後期課程（公法）修了，博士（法学）
　現　在　青山学院大学国際政治経済学部国際政治学科教授
　著　書　『大量破壊兵器と国際法』東信堂，2011年
　　　　　"ICJ Practice in Determining the Existence of Customary International Law", *Japanese Yearbook of International Law*, 62, 2019

Michael Rainsborough（マイケル・レインズボロー）**第1章**

　1991年　博士（ウォースタディ，ロンドン大学キングス・カレッジ）
　1997年　ロンドン大学キングス・カレッジ，ウォースタディ学部在籍（2016年〜2019年まで学部長）
　現　在　オーストラリア・ウォー・カレッジ（キャンベラ）アカデミック・プリンシパル。戦略理論教授
　著　書　*The Strategy of Maoism in the West : Rage and Radical Left*, Cheltenham, UK/Northampton, USA : Edward Elgar, 2022
　　　　　Asian Security and Rise of China : International Relations in an Age of Volatility, Cheltenham, UK/Northampton, USA : Edward Elgar, 2022
　　　　　The Political Impossibility of Modern Counterinsurgency : Problems, Puzzles and Paradoxes, New York : Columbia University Press, 2015
　　　　　＊著書は筆名 M. L. R. Smith で発表

Tornike Sreseli（トルニケ・スレセリ）**第3章**

　2009年　ジョージア・トビリシアジア・アフリカ大学大学院国際関係研究科国際関係専攻修士課程修了
　　　　　早稲田大学大学院アジア太平洋研究科国際関係専攻修士課程修了
　現　在　一橋大学大学院社会学研究科博士後期課程在学中

牟禮拓朗（むれ・たくろう）**第4章**

　2019年　チュニジア民主主義移行観測所（l'Observatoire Tunisien de la Transition Démocratique）研究員（−2020，2022-2023年）
　現　在　一橋大学大学院社会学研究科博士後期課程在学中
　　　　　公益財団法人国際宗教研究所宗教情報リサーチセンター研究員
　著　書　「現代チュニジアにおける民主化維持の要因に関する研究──権威主義体制期の女性政策の意図せざる結果としての Twin Tolerations」『一橋社会科学』第11巻，51-68頁，2019年

大門（佐藤）毅 （だいもん（さとう）・たけし）**第5章・第10章**

2000年　コーネル大学大学院地域科学研究科修了，Ph.D.（コーネル大学）
現　在　早稲田大学国際学術院教授
著　書　*Sino-Japanese Competition and Possibilities for Cooperation*, Lexington, 2023（forthcoming）
　　　　『中國周邊外交——台日韓三方比較新視野』（共著）五南圖書出版，2023年
　　　　『SDGs を問い直す——ポスト／ウィズ・コロナと人間の安全保障』（共著）法律文化社，2023年

松永秀樹 （まつなが・ひでき）**第7章**

1995年　ジョンズ・ホプキンス大学高等国際関係大学院修了
　　　　世界銀行中東・北アフリカ地域チーフエコノミスト・アドバイザー等を経て，
現　在　JICA（国際協力機構）中東・欧州部長
著　書　*The Reconstruction of Iraq after 2003 : Learning from Its Successes and Failures*, World Bank Group, 2019
　　　　How to Fill the Implementation Gap for Inclusive Growth : Case Studies Covering Urban Transportation Sector Development in Egypt（with Mayada Magdy）, Brookings Institute, 2015 等

船橋幸穂 （ふなばし・さちほ）**第8章**

2017年　ロンドン大学キングス・カレッジ，ウォースタディ学部国際紛争学科修士課程修了
現　在　ロンドン大学東洋アフリカ研究学院博士課程在学中
　　　　一橋大学大学院社会学研究科博士後期課程休学中
著　書　書評 Peacebuilding Paradigms : The Impact of Theoretical Diversity on Implementing Sustainable Peace, edited by Henry F. Carey, Cambridge, Cambridge University Press, 2021, *International Peacekeeping*（30）4, Routledge, 2023

岡田篤旺 （おかだ・あつお）**第11章**

2019年　オックスフォード大学 MPhil in Development Studies 修了
　　　　在スーダン日本大使館，在ニュージーランド日本大使館を経て，
現　在　外務省領事局旅券課勤務

小亦めぐみ （こまた・めぐみ）**第12章**

2023年　一橋大学国際・公共政策大学院公共経済プログラム修了
現　在　監査法人系コンサルティングファームに勤務
　　　　一橋大学大学院社会学研究科博士後期課程在学中

佐々木弘志 （ささき・ひろし）**終章**

2023年　一橋大学大学院社会学研究科後期博士課程単位取得満期退学
　　　　特定非営利活動法人ジェン，JICA（国際協力機構）総合職を経て
現　在　玉川大学観光学部観光学科講師
著　書　「総説シンガポールによる技術協力の考察」『玉川大学観光学部紀要』第10号，玉川大学観光学部，2023年

《編著者紹介》

福富満久 (ふくとみ・みつひさ)

2009年　パリ政治学院 (Sciences Po Paris), Ph. D. 国際関係プログラム
　　　　(Programme doctoral Relations internationales) 修了
2010年　早稲田大学大学院政治学研究科博士後期課程修了
　　　　Ph. D. (国際関係学, パリ政治学院), 博士 (政治学, 早稲田大学)
　　　　英国王立地理学会フェロー (FRGS, 地政学)
現　在　一橋大学大学院社会学研究科教授 (国際政治学・国際関係論)
著　書　"Could humanitarian intervention fuel the conflict instead of ending it?", International
　　　　Politics, 59, Springer Nature, Palgrave Macmillan, 2022
　　　　『戦火の欧州・中東関係史──収奪と報復の200年』東洋経済新報社, 2018年
　　　　『岩波テキストブックス　国際平和論』岩波書店, 2014年等

新・国際平和論
対峙する理性とヘゲモニー

2023年10月20日　初版第1刷発行　　　　　　　　〈検印省略〉

定価はカバーに
表示しています

編 著 者　　福　富　満　久
発 行 者　　杉　田　啓　三
印 刷 者　　藤　森　英　夫

発行所　株式会社　ミネルヴァ書房
　　　　607-8494　京都市山科区日ノ岡堤谷町1
　　　　　　　　　電話代表　(075)581-5191
　　　　　　　　　振替口座　01020-0-8076

©福富ほか, 2023　　　　　　　　　　亜細亜印刷・坂井製本

ISBN978-4-623-09643-5
Printed in Japan

山内 進 著
グロティウス『戦争と平和の法』の思想史的研究　A5・336頁 本体6,500円

マイケル・S・ナイバーグ 著／南塚信吾・秋山晋吾 監修／稲野強 訳
戦争の世界史　四六・228頁 本体2,600円

南塚信吾 責任編集
国際関係史から世界史へ　A5・376頁 本体5,000円

渡邊 勉 著
戦争と社会的不平等　A5・352頁 本体6,500円

大矢根聡 編著
戦後日本外交からみる国際関係　A5・388頁 本体3,500円

マーク・トラクテンバーグ 著／村田晃嗣・中谷直司・山口航 訳
国際関係史の技法　A5・336頁 本体3,200円

伊藤之雄 著
東久邇宮の太平洋戦争と戦後　A5・484頁 本体6,500円

片山慶隆 編著
アジア・太平洋戦争と日本の対外危機　A5・330頁 本体6,500円

草野大希・小川裕子・藤田泰昌 編著
国際関係論入門　A5・370頁 本体3,200円

小笠原高雪・栗栖薫子・広瀬佳一・宮坂直史・森川幸一 編集委員
国際関係・安全保障用語辞典［第2版］　四六・418頁 本体3,000円

ミネルヴァ書房
https://www.minervashobo.co.jp/